漂流の島

江戸時代の鳥島漂流民たちを追う

Takahashi Daisuke
高橋大輔

草思社

目次

カバー写真　鳥島（写真提供　松島健氏）

本州以南(東京都)の島々

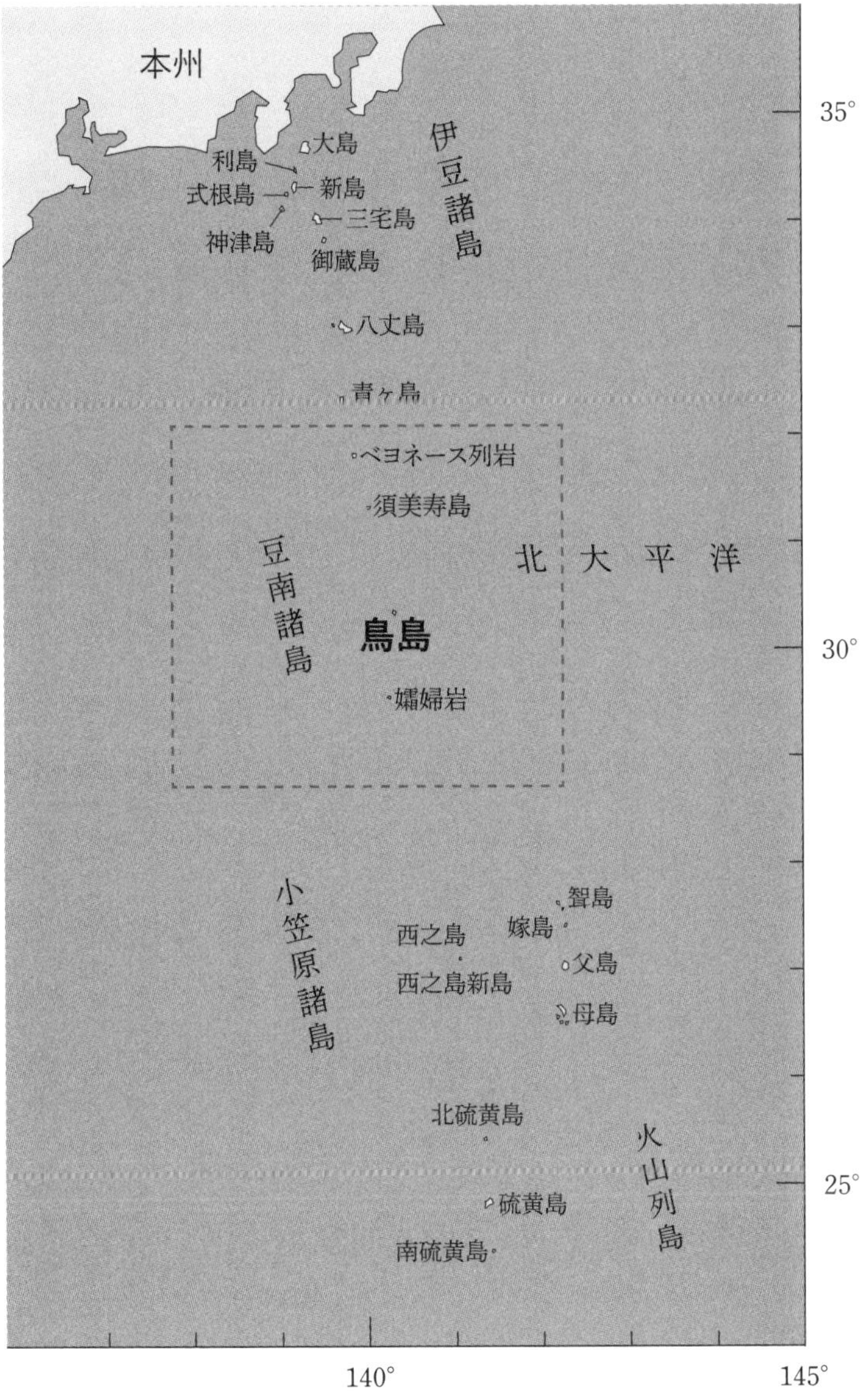
本州
伊豆諸島
大島
利島
新島
式根島
三宅島
神津島
御蔵島
八丈島
青ヶ島
ベヨネース列岩
須美寿島
豆南諸島
北大平洋
鳥島
孀婦岩
小笠原諸島
聟島
嫁島
西之島
父島
西之島新島
母島
北硫黄島
火山列島
硫黄島
南硫黄島
35°
30°
25°
140°
145°

表記について

一　引用した原文はわかりやすさを重視して、旧字を新字、難しい字を平仮名に換えた箇所がある。また適宜、現代語訳や意味補足等の加筆をした

二　歴史の年代表記に関しては西暦年と和暦年を併記し、月日は和暦とした

漂流の島

江戸時代の鳥島漂流民たちを追う

プロローグ

約束の時間になり、重い扉が静かに開いた。

見上げるほどの大男が部屋に入ってきた。初対面だが金属フレームの眼鏡をかけた丸い顔はテレビで知っている。作家で博物学者の荒俣宏氏だ。彼は軽い足取りでわたしに歩み寄り、あいさつをすると椅子に座った。

二〇〇九年五月。企業PR誌の企画で荒俣氏との対談に招かれた。テーマは探検の現代的な意味についてだという。世界地図から空白が消えて久しい。世間一般では地球上のほとんどが踏査し尽くされたと思われている。そんな現代にあってなぜ探検をするのか。何を求め、どこに向かおうとしているのか。荒俣氏はロビンソン・クルーソーの住居跡を探し出したわたしの探検について尋ねた。

きっかけは一九九二年に遡《さかのぼ》る。わたしは偶然手にした洋書『世界探検史』でロビンソン・クルーソーにモデルがいたことを知った。スコットランド生まれの船乗りアレクサンダー・セルカーク（一六七六―一七二一）だ。

南太平洋の無人島に漂流した彼は野生のヤギを捕らえて食べ、自力で小屋を作り、一七〇四年から一七〇九年までの四年四ヵ月間を一人きりで生き延びた。その体験を元に小説家のダニエル・デフォーは『ロビンソン漂流記』（一七一九）を書いたという。

フィクションと思い込んでいた物語に実在のモデルがいた。彼が漂流した島は南米のチリにあり、ロビンソン・クルーソー島という名前がつけられている。ただし彼が島のどこで暮らしていたのか、つきとめた者はいないらしい。世界中に読者がいるロビンソンの住居跡が未発見のままだとは――。誰も見つけた者がいないならば、自分にもチャンスはあるはずだ。わたしの気持ちはむらむらと燃え上がった。

学生時代から冒険に憧れ、サハラ砂漠やアマゾンの密林、ヒマラヤの高峰などに出かけていたわたしにとって『ロビンソン漂流記』はバイブルのような存在だった。過酷な環境の中で頼れるのは自分しかいない。飲み水や食べ物、住居はもちろん、安全さえ自分の力で確保しなければならない。一人きりで無人島に漂着し、約二十八年後に生還を果たすロビンソンはまさに精神的支柱だった。

わたしは勤務していた広告代理店の上司を説得し、一九九四年の年末から一ヵ月間の休みをもらった。南米チリに行って、ロビンソンの住居跡を探し出してやろうと思っていた。

島には七百人ほどの住民がいた。固有種の珍しい植物が生えているため国立公園に指定され、時たま観光客が訪れる。ブーメランの形をしている島の面積は、四十七・一平方キロメートル。東京都で言えば練馬区の面積（四十八・一平方キロメートル）に相当する。島としては小さい方だから住居跡探しはさして難しくないだろう。高をくくっていたが、切り立った岩山に阻まれて思うように島を歩き回れない。ブフックベリーの硬いトゲに守られた茂みを突破するのも容易ではない。結局、遺跡は探せなかった。

島に再度出かけるチャンスが訪れたのは二〇〇〇年のこと。それまでのロビンソン追跡をまとめた本がきっかけで、テレビ番組の話が舞い込んだ。住居跡探しをあきらめきれずにいたわたしは、地元の人の案内で山中に埋もれた石積みの遺跡にたどり着くことができた。

文献に照らし合わせると、そこにセルカークが暮らしていた可能性が高い。詳しく調べるためには考古学者と組み学術調査を行う必要がある。帰国して準備を進めようとしたが、会社勤めをしながらでは思うようにいかなかった。ようやくつかんだチャンスだ。ここで投げ出したら一生後悔するだろう。わたしは会社を辞め発掘プロジェクトに賭けてみようと決意した。

再び南米チリに渡ったのは二〇〇三年のこと。かつてクルーソー島で出会った森林保護局の知人を訪ね、協力を仰いだ。賛同を得てすぐに準備に取りかかったが困難は難攻不落の城壁のように立ちはだかった。国立公園に指定された島で発掘調査をするには専門家による環境アセスメントを行わなければならない。現地の役人たちはスペイン語が話せず、専門的な知識もないわたしを突き放した。とはいえこちらも退路を断ち、乾坤一擲《けんこんいってき》でやって来た身だ。何もしないで帰るわけにはいかない。

わたしはクルーソー島で発掘の経験があるというチリの考古学者やセルカークに興味を持つ英国の考古学者に参加を呼びかけ調査計画を練った。環境アセスメントの結果、自然破壊につながらないことが明らかとなると次第に役所の担当者もプロジェクトの意義を理解してくれるようになった。

実現にこぎつけるためには資金確保も必要だった。わたしはチリから米国へ飛び、ナショナルジオグラフィック協会を訪ねることにした。探検の殿堂がどんな所かひと目見たいと憧れ、手紙を書いて訪問したのは十年以上も前のこと。その時、建物の中を案内してくれた職員が協会では様々な探検プロジェクトを支援していると教えてくれた。いつか協会から支援を受けて未知の世界を拓く旅に出たい――。わたしは夢を語った。

世界中に読者がいるロビンソンの謎を解くプロジェクトこそ彼らの支援に値するはずだ。わたしは本部があるワシントンDCに着き、協会を訪ねた。するとかつて案内してくれた職員は協会に在職していて、探検計画を持って舞い戻ってきたわたしに全面的に協力すると激励してくれた。わたしは協会の幹部らに会い、プロジェクトへの支援を呼びかけた。学術調査を支援する探検審議会に諮《はか》ってもらえることになり、数ヵ月の審査期間を経て全面的な支援を受けられることになった。そして同じ頃、チリ政府からも発掘の許可が下りた。

チリ、英国の考古学者らが参加する国際学術調査にこぎつけたのは二〇〇五年のことだ。自ら発案した計画をナショナル ジオグラフィックの探検隊として組織し、現場でリーダーを務める。長年抱き続けてきた夢のスタート台に立った瞬間でもあった。

ところが調査が始まって間もなく現場から十九世紀の屋根瓦が出土した。期待に反し、石積みの遺跡はセルカークの時代より新しいものだと判断せざるを得なかった。

全てが水の泡だ。取り乱しかけたわたしに英国の考古学者が言った。あきらめるのはまだ早い。掘り進めれば、より古い時代の遺跡が見つかるかもしれない。

わたしは気持ちを立て直して地面を掘り続けた。すると地中約二メートルの所に、たき火跡が姿を現した。たき火の炭に交じって十六ミリメートルの針先も出土した。

後で行った分析により、たき火の炭はセルカークの時代に該当することがわかった。針先はディバイダ（航海道具）の一部と判明した。本来、名前が入った遺物でも出ない限り、個人を特定するのは難しい。ただしディバイダという航海用の道具を持つ人間は限られている。十七〜十八世紀初頭にかけてクルーソー島に着船した船の記録は少ない。その中でも航海士として船に乗っていたセルカークはまさにディバイダを日常的に使う職務に就いていた。彼が漂流中に所持していた物品のリストとも一致していた。

手にした証拠は決定的と言ってよかった。微小な針先が大きな決め手となり、わたしはついにロビンソンの住居跡を発見することができたのだ。

振り返ると追跡を始めてから十三年もの月日が過ぎ去っていた。会社を辞め、通帳の預金残高は底を尽いていた。安定した生活や社会的信用と引き換えに、わたしはたき火跡とわずか十六ミリの金属片という物的証拠をつかんだのだ。

話を聞いていた荒俣氏の表情が緩んだ。

「そこまでして無人島の漂流者を追いかけるとはね。で、髙橋さんは、日本でリスペクトされているんですか？」

予想外の質問にわたしは苦笑した。

「いやあ……」

インタビューや対談などをいくつもこなしてきたが、彼のような質問を受けたのは初めてだ。むしろ「すごいですね」とお世辞の言葉をかけられることばかりだった。

なぜ荒俣氏はわたしにそんな質問をしたのだろう。

考えてみれば彼の質問には社交辞令など一切抜きの、本質をえぐる鋭さがあった。安定した職をなげうって夢を追いかける。青年実業家が言うのなら話はわかるが、探検はハイリスクなだけでハイリターンを期待できない。せいぜい自己満足が得られるぐらいのことで、利益を追求する手段とはなりえない。

欧米にはナショナル ジオグラフィック協会や探検家クラブ、王立地理学協会といった探検家が集う組織がある。それらが地上のみか宇宙や深海で探検を活発に推進しているのに比べ、日本ではフィールド調査を行う研究者はいても組織はない。探検家も希薄な存在だ。それを職業だと思っている人はどれだけいるだろう。わたしは探検家として講演するたびに、収入の方はどうなっているのかと主催者から質問されて困ってしまう。まさに講演料が収入源の一つとなるのだが、それすら理解されないようでは歯車が嚙み合わない。「探検する」という言葉にしても子どもの遊びか、「夜の歓楽街を探検」のような使われ方をする。どう考えてもリスペクトされるにはほど遠い。

探検とは本来、人が足を踏み込まない土地に出かけ、誰も知らない何かを探し出したり検証したりすることだ。日本ではそのような探検に市民権が与えられているとは言い難い。なぜなのか。考えられる理由の一つは、日本に探検できそうな未知の場所がなくなってしまったからかもしれない。全国にくまなく道路網が張りめぐらされた国で生活しているわれわれにとって、探検できそうな場所など容易に思いつかない。探検と言えば遠い外国遠征のことであり、日常生活からはかけ離れている。多くの日本人にとって、具体的にイメージしにくいものになっている。わたしは荒俣氏にそのようなことを言おうとして、頭の中で言葉をめぐらせた。

口を開くより先に、彼が語り始めた。

「日本にもロビンソンのような漂流者が住んでいた島があります」

わたしはすぐに伊豆鳥島《とりしま》を連想した。たった一人で生き延びたことから日本のロビンソンと称される土佐の長平《ちょうへい》や、米国に渡ったジョン万次郎らが漂着した島だ。わたしはそこを次なる探検の候補地として検討していた。ところが彼の口から出てきたのは鳥島ではなかった。

「小笠原諸島ですよ。そこは昔、欧米人がボニンアイランズって名づけたんだけど、なんでボニンって言ったかわかる？」

わたしは首を横に振った。

「江戸時代の日本人は小笠原諸島をブニンシマ（無人島）と呼んでいた。それを知った欧米人が島の名前と勘違いしてボニンと名づけたんです」

彼の話は止めどなく続いた。

欧州で製作された地図にボニンアイランズが記されると世界の探検家たちはこぞって調査に乗り出した。十九世紀、小笠原の父島《ちちじま》に到着した英国船の乗組員はそこに漂流していた二人の英国人と出会った。彼らはまさにロビンソン・クルーソーさながらの生活を送っていたという。

「小笠原諸島も探検してみたらどうでしょう」

荒俣氏はわたしにそう言った。

彼と別れた後、すぐに小笠原諸島の歴史を調べてみた。『小笠原諸島異国船来航記』（一九八五）によれば一八二七（文政十）年、英国の海洋調査船ブロッサム号が小笠原諸島に到着した。父島には数年前に遭難した捕鯨船ウイリアム号の船員だったウィットラインら二人の英国人が暮らしていた。他の船員は近くを通りかかった船に救出されたが、彼らはなぜか島に残ることを志願したという。難破船の廃材で住居を造り、豚や鳩を飼いならし、畑ではジャガイモやサツマイモ、豆類を栽培しながら生活していた。

誰がそれらの動植物を島に持ち込んだのかはわからない。小笠原諸島は容易に畜産や農業ができるほど温暖で豊かな島だったのだろう。とはいえウィットラインらの漂流生活についてそれ以上のことはわからなかった。現地で調べれば英国人漂流者がいたという知られざる歴史に光を当てられるかもしれない。

それにしても荒俣氏は、なぜわたしに小笠原の探検を勧めたのだろう。

地図が完成されて探検は死語とみなされるようになった。しかし地理的な踏査だけが探検なのではない。知られざる歴史が埋もれたままの土地はある。現地に赴き、それを明らかにしようとする限り、探検は終わらない。

わたしのロビンソンの追跡はまさにそれだった。日本で探検はリスペクトされないと言ったも同然の彼がわたしに小笠原行きを勧めたのは、探検をさらに続けるようにというエールだったのではないか。彼こそ尋常ならざる探検好きだ。そして彼はわたしの探検を心底リスペクトしてくれているのだと気づいた。

資料を読み進めるうち興味深い事実に行き着いた。小笠原諸島には英国人だけではなく江戸時代の日本人も漂流していた。しかもその漂流者は、わたしが興味を注いでいた伊豆の鳥島とも浅からぬ因縁があるという。

江戸の商人、宮本善八《みやもとぜんぱち》の船に乗っていた船乗りたち十七人は一七三九（元文四）年、八戸から江戸に戻る途中で強風に遭い、約千キロメートル南にある小笠原諸島に流された。彼らは壊れた本船を捨て小船で脱出を試みたが、再び嵐に遭って漂流。四百キロメートルほど北に位置する伊豆鳥島にたどり着いた。一度ならず二度までも漂流するのだから相当運の悪い人たちだ。

鳥島に上陸した彼らはそこでも特異な体験をする。洞窟の中に化け物のような男たちがいた。髪の毛やひげは伸び放題で、鳥の羽毛を身につけた鬼神のような姿をしていた。遠州《えんしゅう》（静岡県）生まれの船乗り甚八《じんぱち》ら三人であった。彼らは嵐に遭って鳥島にたどり着いたはいいが救いの船を待ち続けて十九年二ヵ月も経ってしまったという。

世界各地で起きた漂流の事例をひも解いても、それほどまで長期間、一つの無人島に置き去りにされた人間の記録は見当たらない。奇しくも甚八らが海上で遭難した一七一九（享保四）年は『ロビンソン漂流記』が英国で刊行された年に当たっている。何ということだ！　ロビンソンのモデルを追跡してきたわたしは見過ごすことはできなかった。

セルカークが無人島生活を送ったのは四年四ヵ月間だ。『ロビンソン漂流記』の作者デフォーは漂流期間を二十八年に引き延ばして小説を書いた。人間が本当にそれほど長い年月を無人島で生きられるかはわからない。フィクションだから仕方がない。そう思っていたわたしにとって、小説さながらに二十年近くも絶海の孤島で生き延びた男たちがいたというのは驚くべき話だ。しかもそれが日本人だったとは！

セルカークが漂流したロビンソン・クルーソー島には、小説と同じく樹木が豊かに生い茂り、食料となるヤギも川の水もあった。一人きりでも努力と工夫次第で生きられる豊かな島だった。

それにひきかえ、鳥島の自然環境は比較にならないぐらい厳しいものだ。そこは火山島で、川もなければ地下水もない。雨水を溜める以外に真水を得る方法はない。不毛の地なので自生する野菜や果実、あるいは動物など口にできそうなものはほとんどない。辛うじて浜辺で貝や魚を捕まえるか、冬に渡ってくるアホウドリの肉に頼るしかない。しかも火山がひとたび噴火すれば島は焦土と化してしまう。嵐に遭って命からがら上陸した漂流民にとってそこは救いの土地であるどころか、むしろ地獄のような場所だった。人間が生き延びられる余地は限りなく少ない。閉じ込められたら最後、余命いくばくかと宣告されるも同然だ。実際のところ鳥島は、江戸時代に流刑地とされこの世の果てと考えられていた八丈島からさらに二百九十キロメートルも南に位置している。

日本本土からの単純な距離で比較するなら、小笠原諸島の方が遥かに遠い。英国人が家畜を育て、菜園を造って生活していたことからもわかる通り、小笠原諸島は暮らしやすい南の島だ。鳥島の方が本土に近いとはいえ、その過酷な自然環境はまさに冥土のような場所だ。

鳥島漂流は歴史の中でも異彩を放っている。

記録上最古に当たる一六八一（延宝九）年からジョン万次郎が漂着した一八四一（天保十二）年までの百六十年間、十三回の事例が知られる。およそ十二年に一度という割合だ。

漂流の歴史が要領よくまとめられている『日本人漂流記』（一九六七）によれば、八丈島への漂着船は十八世紀から十九世紀の二百年で二百件近くもあった。ちなみに八丈島から七百キロメートルほど離れた小笠原諸島となると漂流民の記録は数例しかない。本土に帰り着くには遠すぎるため、たとえ脱出できたとしても生還できた者は少なかったのだろう。中には島に住みついたまま異境の土となった漂流民もいたに違いない。

鳥島の場合、八丈島により近いことから漂流者はもっといたはずだ。生還できなかった者は記録に残らない。運よく記録に残った鳥島漂流民は十二年に一度。つまり十二支が一巡する間に一度の割りでしか生還できなかったことを意味する。

奇跡的に鳥島から生還した者の体験談は、同時代の人々に大きな衝撃を与えた。八代将軍徳川吉宗は江戸城吹上《ふきあげ》御殿で漂流民と対面した。老中松平定信の随筆や杉田玄白の日記にも登場し、歌舞伎でも演じられた。

とはいえそれから時がだいぶ経ち、漂流民の名前はおろか島の存在すら忘れられてしまった。今さら鳥島の漂流民を調べてみたところで現代のわれわれにとって何の役に立つのか。好奇心はそそられても、所詮は過去の話ではないか。

ただしそこには見過ごせないことが一つある。彼らの体験や鳥島を舞台とした文学作品が何本も生み出されていることだ。

埋没しつつあった歴史の奥底から鳥島の漂流民を掘り出し、息を吹き込んだのは井伏鱒二、織田作之助、吉村昭といった作家たちだった。実在した漂流者にインスピレーションを得て『ロビンソン漂流記』が誕生したように、日本でも鳥島を舞台にした漂流小説が書かれた。また新田次郎は鳥島で気象観測の任務に当たった昭和期の男たちを主人公に二つの作品を世に送り出している。四人の作家に五つもの文学作品を生み出させた無人島など世界中を探しても容易に見つけられはしない。

昭和を代表する作家たちを突き動かしたものとは何だったのか。彼らが漂流者や無人島に仮託して表現したかったこととは何か。小説が今なお読み継がれていることからすれば、そこには現代人が求める価値なり意義があるに違いない。だとすればそれはどのようなことなのか。

漂流者は運命に弄《もてあそ》ばれるように大自然に放り出される。彼らは命知らずの冒険家ではない。どこにでもいる一般の人たちであり力を合わせ奇跡の生還を成し遂げる。多くの人に勇気と感動を与えるのは、普通の人の大冒険だからだろう。

鳥島での漂流民の生活はどういうものだったのか。わたしはまずそれを知りたいと思った。彼らは何を食べ、どこに暮らし、何を思っていたのか。なぜ無人島で希望を失わず生き抜くことができたのか。生きる力はどこから湧いてきたのか。いかにして無人島から脱出して、生還することができたのか。

関連する文献を読み込んでいくと鳥島の漂流民たちはいずれも上陸後、島を歩き回り、雨風がしのげそうな洞窟を見つけた。ロビンソンを追跡した時と同じように、彼らの住居を探し出せればリアリティに迫ることができるはずだ。

わたしが鳥島漂流民の洞窟に興味を持ったのは他にも理由があった。

資料によれば洞窟には鍋や釜、鉄釘などの生活道具の他、書き置きも残されてあった。漂流民は誰かが残していった道具を使って生き延び、島を離れる時は後から来る漂流者のために持てる限りの品を残していった。そのように代々の漂流者が同じ洞窟に身を寄せた例は世界でも見当たらない。わたしは彼らのことをもっと知りたいと思った。できることなら洞窟を探し出し、どんな場所なのかを確かめたい。荒俣氏からの提案を機に、漂流民への思いは加速した。

鳥島に行けないだろうか。漠然とした憧れとは裏腹に、そこは国の天然記念物に指定され、一般人の上陸は固く禁じられている。調査のため上陸を許される人はアホウドリの研究者や火山学者などわずかしかいない。火山噴火予知連絡会が示した火山活動度によれば鳥島は最も高いランクAに指定されている。いつ噴火してもおかしくない。また東京から五百八十キロメートルほど離れ交通の便など皆無だ。船をチャーターするにしても莫大な資金が必要となる。現在も島には真水もなければ、食料もない。

関心を持つまで意識したこともなかったが、江戸時代の漂流民を調べていくうちにわたしは鳥島が歩んできた劇的とも言える歴史を知ることになった。

江戸から平成にかけて、島には様々な日本人がやって来た。

江戸期の漂流民。明治や昭和初期の開拓民。明治の開拓民の中にはアホウドリを乱獲して巨万の富みを稼ぎ出した男がおり、火山の噴火とともに命を奪われた労働者もいた。太平洋戦争中には敵国と戦った兵士が常駐していた。戦後になると気象庁の観測員が島にやって来て、昭和四十年に火山噴火の危険が迫って撤退するまで命がけで観測に当たった。そして現在でも無人島に通い続ける鳥類学者や火山学者がいる。何と冒険に満ちた、ドラマチックな歴史なのだろう。そこは本当に日本なのだろうかと驚かされる。

今は誰も住んでいない鳥島だが日本人の足跡が残されている。そこには歴史という時間ばかりか無人島という隔絶された空間に埋もれてしまった名もなき人々がいる。彼らもまたわれわれと同じ国に生き、文化と歴史を共有した日本人なのだ。存在さえ知られないまま忘却の彼方に葬り去っていいはずがない。

鳥島での人間ドラマは文学作品に記された。作家たちの創作意欲を刺激し、書かずにいられなくさせた実話とはどのようなものだったのか。それを文学として読むだけでなく、歴史として、ドキュメントとして追いかけてみたい。

鳥島には発見されるべき歴史があり現場がある。知られざる世界は日本にまだある。掘り起こされ、日の目を見る時が来るのを待っている。

荒俣氏と対談をしてからわずか数ヵ月。気がつけばわたしは日本のロビンソン・クルーソーを追って、新たな探検へと乗り出していた。

第一章　命をつなぐ洞窟

どんよりとした雲から今にも雨が落ちてきそうだ。

遠くで鳴いているせみの声も蒸し暑さの中に沈み込んで力がない。

二〇〇九年七月二十八日。わたしは東京駅からＪＲ横須賀・総武快速線で船橋へと向かい、京成本線に乗り換えて五つ目の京成大久保駅で下車した。

駅を出て商店街を抜けると東邦大学の正門が見えてきた。すでに夏休みとなったキャンパスに人影はまばらだ。

地図を見ながら理学部一号館の建物を探し、三階へと上がる。廊下にはアホウドリのデコイ（鳥の模型）が無造作に置かれていた。

部屋の扉は開いていた。周囲は静まり返ったままで人の気配は感じられない。わたしは扉をそっとノックしてみた。

静けさの中で椅子のきしむ音がして豊かなあごひげを生やした人物が出てきた。

その威厳ある風貌から、すぐに長谷川博教授（当時）であるとわかった。

彼は日本のアホウドリ研究の第一人者だ。三十年以上も繁殖地の伊豆鳥島に通い続け、調査と保護活動を行ってきた。

研究室を訪ねることになったのは、わたしが手紙を書いたのがきっかけだった。鳥島の漂流民について調べていくうち彼に現地の様子を尋ねてみたいと思ったのだ。

手紙をポストに投函してから一ヵ月以上待っても音沙汰はなかった。鳥類学者に漂流民のことを尋ねるのは見当外れに違いない。無視されたとしても仕方がない。あきらめかけた時、返事が届いた。彼はしばらく鳥島に行っていたという。

手紙には「冒険・探検はどんなことであれ、心躍る活動です」と書かれ、都合のいい時に大学に来るようにとあった。

彼は口数少なくわたしを迎え、大きな作業台が置かれた部屋に通した。そして顔をのぞき込むなり、言った。

「飲むよね」

まるで旧知の友を迎えるような対応にわたしは一瞬、戸惑った。

鳥島の話を聞くのは貴重な体験だ。テーブルに地図を広げて言葉を聞き逃すまいとメモを取る必要もある。緊張感をもってやって来たのに、最初から飲んでしまってだいじょうぶだろうか。

酒には人間同士の距離をぐっと近づけてくれる不思議な力がある。初対面の人とでも腹を割って話すことを可能にする。逆に一線を越えてしまうリスクもある。気が大きくなって言ってはならないことを口走り、全てがご破算となってしまうことだってある。初対面ではどちらに転ぶか、ますます計りしれない。

とはいえ研究室の中は蒸し風呂のようだった。額から汗が滲み出て、喉はからからだ。

わたしはうなずいた。すぐに冷蔵庫から冷えた缶ビールが出てきた。

二人で向かい合わせになってぐっと一口飲むと彼は何かを思い出したように立ち上がった。

「つまみが欲しいところだ。もうこれしか残ってないんだ」

そう言いながら新聞紙の中から魚の干物を取り出し、ガスコンロに火をつけた。

直火で炙《あぶ》るとすぐに青白い煙が立ち上り、研究室に強烈な臭気が漂った。クサヤだ。

新鮮なムロアジやトビウオを魚醤のような発酵液に浸して天日干しにした伊豆諸島の特産品で、江戸時代に臭いからクサヤという名前がつけられたという説がある。彼が焼き始めたものには八丈島伝来の秘伝のたれが染みているらしく、かなり臭い。

まさかいきなりクサヤが出てくるとは！　予想もしない展開にわたしはたじろいだ。しかしふと思い直した。ひょっとすると、これはある種のテストなのかもしれない。もし拒絶してしまえば鳥島行きの資格はないと判断されかねない。鳥島へ渡るには八丈島を起点にしなければならないのだ。クサヤが嫌いでは八丈島にもたどり着けないだろう。

わたしはこれまでにも似たような場面に遭遇したことがある。

鹿児島の坊津《ぼうのつ》ではピンポン玉ほどもあるカツオの目玉の煮つけが出てきた。メキシコのカンクンではイモムシ入りのメスカル（蒸留酒）で接待された。他にもアマゾンのアルマジロ、中国のサソリ、グリーンランドのホッキョクグマ……。

それらは現地で最上の珍味とされるがゆえに注意が必要なのだ。どれもひとくせあるため口に合うものは少ない。なまじ拒絶すると相手に失礼になる。場合によっては人間関係にもよからぬ影響が出るだろう。そうなると現地の人の協力を得にくくなる。探検にとっては致命的だ。

つまりそれは食べ物であって食べ物ではない。地元民がわたしを受け入れるかどうかを判断する踏み絵のようなものなのである。

クサヤにしても食べなければ何事も先へは進まないだろう。わたしは息を止めて異臭のする魚肉にかぶりついた。口の中がクサヤ臭で満たされ、めまいがしそうになった。

皿の上の一物をどうにか平らげ、クサヤのたれでベトついた手が気になってわたしは指をしゃぶった。ボールペンに異臭のたれがつくことを恐れたためだが、それを見た彼は何となく満足そうだった。どうやらわたしは合格したらしい。彼はビールを飲み干して言った。

「鳥島の漂流民は興味深いテーマだと思うよ」

わたしはバッグから資料を取りを出した。

「彼らの洞窟を探し出したいと思っているんです」


鳥島の洞窟について知ったのは、史実をもとに書かれた三つの小説だった。

初めは『ロビンソン漂流記』のモデルを追い始めた二十代後半のこと。日本にも似たような体験談はないだろうかと調べたのがきっかけだった。図書館の書棚で井伏鱒二の『ジョン万次郎漂流記』（一九三七）が目に留まった。

土佐の漁師の家に生まれた中濱《なかはま》万次郎（通称ジョン万次郎）は出漁中、嵐に遭って四人の仲間とともに伊豆諸島の鳥島に流れ着いた。数え年で十五歳となる一八四一（天保十二）年だった。

鳥島は東京の南に点在する伊豆諸島の南端に位置している。同じく伊豆諸島に属する八丈島はその北二百九十キロメートルほどにあり、鳥島から約四百キロ離れた南には小笠原諸島がある。

鳥島は直径二・七キロほどの丸い形をした火山島で、面積は約四・六平方キロメートル。練馬区の大きさの十分の一に満たない。周囲は断崖絶壁に囲まれているため上陸することさえ困難だ。万次郎は島のどこかに洞窟を見つけて仲間と身を寄せた。アホウドリを捕まえたが、火を持っていなかったので海水で洗って生のまま食べ、わずかの雨水で露命をつないだという。井伏鱒二は次のように書いている。

磯を見おろす岩根のかたわらに、二間四方もある岩窟が見つかった。その入口には貝殻がいっぱい散らばって、かつて人の生棲した跡ではないかと思われた。

（『さざなみ軍記・ジョン万次郎漂流記』一九八六）

二間（約三・六メートル）四方と言えば、大きさは八畳程度の部屋に当たる。五人の男たちが入るには少々狭い。火を持たず暗い洞窟の中で日々を過ごさなければならない不安や恐怖が偲ばれる。寒い時には身を寄せ合い、時には言い争いやけんかをしたことだってあっただろう。小説によれば万次郎は洞窟の入口付近で貝殻を見ただけでなかった。山の上で墓石や井戸など昔の人の痕跡も見つけたらしい。

彼らの体験は鳥島漂流だけでも十分にスリリングなのだが、話は想像もつかない方へと転がっていく。島に上陸してから約五ヵ月後、米国の捕鯨船に救われて鳥島を脱することができた。ハワイに到着すると万次郎はホイットフィールド船長に従って本土東海岸にあるマサチューセッツ州へと渡った。そして学校に通い、英語、数学、測量、航海術などを学んだ。彼がハワイにいた仲間のうち二人と帰国を果たしたのは漂流から十年後のことだ。開国前夜の日本では坂本龍馬や岩崎弥太郎《やたろう》など幕末の志士に大きな影響を与えたとされる。

万次郎の漂流記の魅力は、鳥島での壮絶な体験がプロローグにすぎないことである。無人島漂流と異国漂流。本来どちらかであることが多い漂流記の要素をどちらも兼ね備えている。読者はドラマチックな展開に息を呑み、物語の中に引き込まれていく。一方、わたしには物足りない部分があった。『ロビンソン漂流記』のような無人島サバイバルの話はほんのわずかなのだ。彼が鳥島にいたのは約五ヵ月だったことを思えば仕方がないのかもしれない。

しばらくしてようやく好奇心を満たす別の本に出会った。鳥島でのサバイバルを描いた吉村昭の『漂流』（一九七六）だ。

ジョン万次郎と同じく土佐生まれの船乗り長平、他三人は一七八五（天明五）年、海上で嵐に遭い鳥島に漂着した。彼らも火打石を持っていなかったので、アホウドリの生肉に食らいつくしかなかった。アホウドリの干し肉を作って食料不足に備え、羽を縫い合わせて敷物や衣服を作った。漂流から二年と経たないうちに仲間三人が次々と命を落とし、長平一人だけが無人島に取り残されてしまう。絶望の淵に追いやられても彼はあきらめなかった。その後、島には大坂船（十一人）と日向国志布志《しぶし》（鹿児島県）船（六人）が漂流してきた。皆で力を合わせて洞窟を拡張したり井戸を掘ったりした。生き残った十四人は五年がかりで流木を集め船を造って奇跡の生還を果たした。吉村昭の作品はそんな長平らの苦闘を描いた歴史小説だ。

ジョン万次郎のような派手さはない。長平の漂流はただ忍の一字に尽きる。鳥島漂流民の中で仲間を失い単独で生き延びたのは長平だけだった。それゆえ彼は日本のロビンソン・クルーソーと形容される。彼は無人島で一人で生きていく意味はないと自殺を考えたこともあった。それでもどうにか思い直し、生きる道を選んだ。それを可能にしたものとは何だったのか。

彼は仲間が死ぬたびに弔い、後で合流した漂流者たちと力を合わせて墓石に名前や出生地などを刻んだ。自分が生きるか死ぬかの瀬戸際に追いやられていながらも死んだ仲間を心から敬おうとした。彼は生きていることを感謝し、生を全うしようとした。

『ロビンソン漂流記』の中で、ロビンソンは自分の置かれた境遇を悪いことと良いことに分けて比較する。

悪いこと　私は救出される望みもなく、この絶島に漂着した。
良いこと　しかし私は生きていて、船の他の乗組員は全部溺死した。

長平の姿は不幸を常にポジティブにとらえ、生き抜こうとするロビンソン・クルーソーの思考と重なるところがある。

島で約十二年四ヵ月を生き抜いた長平にとっても洞窟が頼りだった。

吉村昭は長平が見つけた洞窟を次のように記している。

広い洞穴があって、腐った鍋のようなものがあった。人が住んでいたのだ。

（『漂流』一九八〇）

この一節が目に留まり、わたしは井伏鱒二の小説の一節を思い出した。ジョン万次郎は洞窟で昔の人が捨てた貝殻を見つけたと書かれていた。長平も万次郎も洞窟の中で過去の人間の痕跡を見つけている。

時系列を確かめてみる。長平が鳥島に漂流したのはジョン万次郎の五十六年前に当たる。何か、因果関係があるのではないか。ひょっとするとジョン万次郎が見つけたという洞窟や貝殻は長平たちのものだったのかもしれない。そんな想像が一瞬、脳裏をよぎった。

わたしはジョン万次郎の資料に当たってみた。貝殻の記録は見当たらないが、長崎で刊行された木版本「満次郎漂流記」（鈍通子《どんつうし》記録　一八五三）には彼が山の上で墓や井戸を見たと記されていた。それはひょっとすると長平たちが作った墓や井戸だったのかもしれない。万次郎と長平は時代を超えてつながっていたのではないか——。そんな思いつきや想像はわたしに鳥島の歴史を見る新しい視点を植えつけた。

荒俣氏と対談をしたことがきっかけでもう一つの文学作品を手にした。

織田作之助の『漂流』（一九四二）だ。

遠州新居《あらい》（静岡県湖西《こさい》市）を出帆した船に乗った甚八ら十二人は一七一九（享保四）年に遭難し、命からがら鳥島に漂着した。織田作之助の小説は甚八らの体験をもとに書かれたものだ。

結果的に彼らは小笠原諸島から漂着した船のおかげで生還できたが、十二人いた仲間は三人になっていた。甚八らは十九年三ヵ月もの間鳥島に閉じ込められていたというのだから、ジョン万次郎（五ヵ月）や長平（十二年四ヵ月）よりも長い。日本史上、最長の無人島漂流記録だ。帰国するや、その体験はすぐに世間の耳目を集めた。将軍徳川吉宗も彼らと面会した。吉宗はいたく憐れみ、生活に困ることがないよう生涯扶持を命じたという。無人島漂流者が将軍に上覧し、報いられた稀な話だ。

織田は甚八たちが身を寄せた洞窟のことを書いている。

少々窪んでおりますところの砂を掘り出して見ますと、下に炭のようなものが見えました。

（『漂流』一九五六）

甚八たちが洞窟の中で見たものは先人が残した炭だという。これは資料の「遠州船無人島物語」（筆者不詳）にも見える。わたしの脳裏には洞窟を通して漂流民たちがつながっていたことが再び立ち上がった。

遠州の甚八らが鳥島に漂着したのは長平の六十五年前だった。史実に当たると、生還した長平から事情を聞いた調書「無人島漂流記」に行き着いた。長平は鳥島に上陸し洞窟を見つけた。そこには思わぬものが残されていたという。

先年遠州舟一艘《いっそう》右島（鳥島）へ、漂着仕《つかまつり》　候《そうろう》由《よし》、外《ほか》に江戸塩町宮本善八舟一艘元文《げんぶん》三年正

月漂流之由（中略）右二艘共書置《かきおき》（をし）、岩穴の内に板書記《いたがき》し有之《これあり》候（中略）鍋釜の類と相《あい》見候鉄の腐り有之候形、たしかに相分り不申《もうさず》候（その形はわからなかった）

（『日本庶民生活史料集成　第五巻　漂流』一九六八。かっこ内は髙橋注。以下同）

洞窟の中には遠州の甚八たちの他、小笠原諸島から流れ着いてともに帰国を果たした宮本善八の船の者が記した板書きが残されていたというのだ。また鍋釜なども置かれていたという。

長平が見つけたのは遠州の甚八が身を寄せた洞窟だったようだ。

甚八と長平はお互いを見知ることはなかったが、鳥島に残された洞窟や遺留品によりつながっていたのだ。

その関係はさらに時代を遡るかもしれない。記録では甚八らよりも二十三年早く鳥島に漂着した少左衛門らがいる。江戸後期の医師であり本草家《ほんぞうか》の曽槃《そうはん》がまとめた「日州船漂落紀事」によれば、彼らも洞窟の中で灯火の痕跡、食肉を調理した板、アホウドリの古い骨を見つけた。また記録上最古にあたる「延宝九年酉歳御浦方記録写」を見ると、一六八一（延宝九）年に流された土佐の者たち（室津弥三右衛門船と清太郎船）は岩屋をかたどった茅の小屋に身を寄せていたとされる（39ページ 表1）。

鳥島にたどり着いた多くの漂流民たちが洞窟に身を寄せた。彼らは先人の遺跡を見てどう感じたのだろう。それは彼らにとってどんな存在だったのか。

答えを求めてわたしは資料を漁った。

甚八が帰国し、長平が漂流する前の一七五四（宝暦四）年一月、和泉国《いずみのくに》箱作村（大阪府阪南市）の五人の男たちが鳥島に流れ着いた。彼らのうち三人が鳥島で命を落とし、生き残った藤八と幸助は五年後にやって来た漂流民二十三人たちとともに帰国を果たした。

「土佐國船無人嶋漂流之記上」によれば箱作村の藤八らは洞窟で甚八らの書き置きの他、鍋、釜、包丁類、火打道具などを見つけた。その時の心情が次のように綴られている。

木板に記し（た書き置きが）岩窟之中に御座《ござ》候。是亦《これまた》後世の流人を教示するの深切《しんせつ》ニて候《そうら》はめ

（『土佐国史料集成　土佐國群書類従』二〇〇五）

深切（親切）と書かれているが、書き置きや鍋は漂流者に生きる術や勇気、生きて帰ろうという目標さえ与えたのではないか。洞窟の中に残されていた人間の生活の痕跡が鳥島の漂流民に物質的にも精神的にも生きる糧となったはずだ。

生還を果たした者が残した生活道具や伝言。そこに込められたのは未来の絶望者たちに差しのべられた深い思いやりだった。洞窟の中には人間の温かい心が宿っていた。

次々と流されてくる遭難者たちをやさしく包み込み、希望を与え、命をつないできた鳥島の洞窟。そんな場所があるとは知らなかった。しかも自分が住む日本にあるとは！　わたしは鳥島に行って、洞窟をひと目でいいから見てみたいと思った。

表1 鳥島の主な漂流民たち(本書に登場する6グループ)

	船所在地	鳥島にいた期間	脱出のきっかけ	洞窟の中で 見つけたものなど
室津弥三右衛門船 (5人) 清太郎船(2人)	土佐室津 土佐矢井賀浦 (高知県)	1681(延宝9)年 1～6月 (5ヵ月)	漂着した7人は破船の廃材で船を造り約半年後に帰国	記録に残る最初の鳥島漂流民。岩屋をかたどった茅の小屋で暮らした
弥三左衛門船 (少左衛門ら5人)	日向国志布志 (鹿児島県)	1697(元禄10)年 1月～閏2月 (2ヵ月半)	アホウドリが落とした餌を拾って食べた。小船を修理して5人が帰国	洞窟で灯火の痕跡、調理用の板、アホウドリの古い骨を見た
筒山五兵衛船 (甚八ら12人)	遠州新居 (静岡県)	1720(享保5)年 1月～ 1739(元文4)年4月 (19年3ヵ月) ＊海上で遭難したのは1719年	1739年に宮本善八船の17人が小笠原諸島から漂着。船を補修し甚八ら3人と帰国	洞窟の地面のくぼみを掘ると下に炭があった
五郎兵衛船 (藤八、幸助ら5人)	和泉国箱作村 (大阪府)	1754(宝暦4)年 (宝暦3とも) 1月～ 1759(宝暦9)年1月 (5年)	鳥島で3人が死亡。生き残った藤八と幸助が漂着してきた23人とともに帰国	鍋、釜、包丁類、火打道具、甚八らの板書きを見つけた
松屋儀七船 (長平ら4人)	土佐赤岡 (高知県)	1785(天明5)年 2月～ 1797(寛政9)年6月 (12年4ヵ月) ＊長平は天明6年9月～天明8年2月単独で生き抜く(1年5ヵ月)	1788(天明8)年、大坂北堀江の備前屋亀次郎船11人が漂着。 1790(寛政2)年、日向国志布志の中山屋三右衛門船6人が漂着。 生き残った14人が流木で船を造り自力で帰国	遠州船(甚八ら)と宮本善八船の漂流民らによる板書き、鍋釜などを見つけた
漁船 (万次郎ら5人)	土佐宇佐 (高知県)	1841(天保12)年 1～5月 (5ヵ月)	米国の捕鯨船に救出される。万次郎はアメリカ人陸へ。ハワイで1人が死亡。1人は在留。1851(嘉永4)年、3人で帰国	山の上に墓石と井戸を見つけた

※船についた人名は所有者を表す

第二章　アホウドリ先生

「鳥島で漂流民の洞窟を探すのは難しいよ」

困ったことに、長谷川氏はいきなり核心を突いてきた。わたしのほろ酔い気分は一気に覚めてしまった。鳥島に通ううち漂流民に関心を持つようになったが、彼らの洞窟は見たことがないという。

「昭和の初め頃までは残っていたらしい。でも大噴火が二度もあって、島の形がだいぶ変わってしまったからね」

二度の大噴火とは明治と昭和に起きたものだ。それらの火山活動により島の地形は江戸時代の景観とはおよそ似ても似つかないほどになってしまったという。

わたしは尋ねた。

「人間の痕跡はもう何も残っていないのですか？」

「気象観測所の廃墟はあります」

それは気象庁の建物で一九四七（昭和二十二）年から使われていたものだ。江戸後期にジョン万次郎が漂流してから約百年後、気象観測員がやって来て淡々と気温や気圧、湿度などを計測していたというのは、ちょっとシュールな感じがする。

とはいえ一九六五（昭和四十）年、再び群発地震が発生し噴火の恐れが出てきた。観測員らは島から全員撤退することになったという。小説家の新田次郎はそんな極限の地での任務を題材に『孤島』（一九五五）と『火の島』（一九六六）を書いた。

鳥島にやって来る人は地震や噴火の危機に直面する。まるで上陸者全てに生死を賭《と》した冒険が課せられているかのようだ。

長谷川氏は思い出すように続けた。

「島には明治や昭和の開拓民のものも少し残っているかな」

「何ですか」

「水槽とか、レールの跡とか」

わたしは内心ちょっと安心した。

二つの火山噴火の影響を免れたものがあるらしい。江戸時代の漂流民の遺跡もどこかに残されているかもしれない。水槽やレールの跡はまだその可能性があることを教えているようだ。

わたしは資料の一つ『鳥島』（一九六七）を開いた。島から撤退した気象庁の関係者がまとめた記録だ。

ページをめくり、掲載されている地図を指差しながら言う。

「『がら場』と書かれた場所を見てください。『ほら穴』という文字が二つ見えます」

地図によれば島の北西部、兵庫浦に臨む場所に冷え固まった溶岩の荒れ地が広がり、そこにほら穴が二つあるらしい（次ページ 地図1）。

彼は黙ったまま、首をかしげた。

「しょっちゅう行く場所ではないけど、見たことはないな」

わたしは兵庫浦のほら穴を何とか確かめてみたいと伝えた。もちろんすでに崩れてしまった可能性はあるが、入口が見えにくいだけで、まだ見つけられるかもしれない。

地図1 兵庫浦のほら穴

兵庫浦の溶岩地帯に
2つのほら穴が記されている

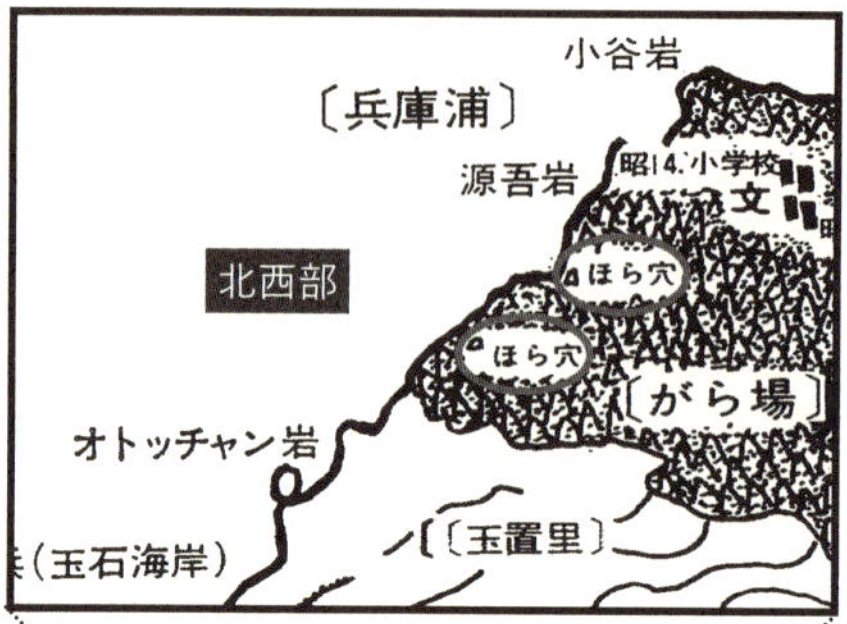

出典：『鳥島』昭和期の地図

「気象観測所にいた人に昔のことを聞いてみるしかないね」

彼は相談できそうな知人が二人いると言い、住所と名前をメモしてくれた。

気象庁の人たちが島を離れてすでに四十四年の歳月が過ぎている。もし記憶に残っていたとしても、兵庫浦のほら穴が漂流民の洞窟だとは限らない。『鳥島』の地図は明治と昭和の大噴火の後で作られたものだ。大噴火の溶岩流によってできた空洞かもしれない。

「何かわかるといいけど」

彼はそう言いながら冷蔵庫から冷えたビールをまた二本取り、一本をわたしに渡した。

開け放たれた窓から風が吹いてきた。遥か南から渡ってくる夏の海風だ。まだ見ぬ八丈島やその先にある鳥島のことを思い浮かべながらぐっとあおる。

わたしが漂流民の洞窟にこだわるのには理由があった。

『ロビンソン漂流記』のモデル、アレクサンダー・セルカークの住居跡を発見し、意外なことが浮き彫りとなった。それは三、四本の柱を組んで地面に建てただけの三角錐の住居だった。『ロビンソン漂流記』に書かれている立派な住居に比べ、あまりにも対照的だったのだ。

その簡素さは何を意味するのだろう。

小説のロビンソンは猛獣など危険な動物の侵入を避けるために頑丈な棒杭で家の回りに垣根を造った。植えた生垣は数年で成長し、暑い日差しを避けられるようになったという。

セルカークの住居にはそのような様子は微塵もなかった。彼にとって島の自然は猛威ではなかった。危険な野獣がおらず、雨風、日照り、気温など気候も比較的温暖だったからだ。『守りを固めるような家を造る必要がなかったのだ。それは定住者の住居ではなく、ほんの数ヵ月をしのぐに足る程度のものであった。仮住まいのような住居は彼の心情さえ浮き彫りにする。島は航海者（海賊）たちが水や食料を補給する拠点だったので、島を脱出する日が間近に来ると信じていたのだろう。住居をしっかりとしたものにしようとは思わなかったのだ。このことは記録を読むだけではわからないことだった。

無人島で漂流者はいかに生き抜いたのか。現場で知る手がかりは住居に残されている。修羅場の中にあって、そこが肉体的にも精神的にも救いをもたらし、辛うじて生命をつなぎ止めるライフラインの中心的存在だからだ。わたしはロビンソンの住居跡探しの経験を通してそれを知った。だから鳥島の漂流民についても住居となった洞窟を探し出せれば生活の様子はもちろん、心の中までうかがい知ることができるに違いない。

長谷川氏はわたしの洞窟調査に賛同してくれるだろうか。

恐る恐る尋ねると彼はあっさりと答えた。

「繁殖期を避けてもらって、コロニー（群れ）から離れた場所ならば特に問題はないでしょう」

アホウドリは絶滅の危機に瀕する国の特別天然記念物だ。大型の海鳥で翼を広げると二メートル半に達する。夏はアリューシャン列島やベーリング海などにまで渡って過ごすと推定され、冬になると繁殖のため日本にやって来る。かつてはコロニーが各地にあったようだが、現在では鳥島と尖閣諸島ぐらいにしか見られない。

「アホウドリが鳥島にいるのはいつですか」

「十月から翌年の五月ぐらいまで」

彼はその時期に合わせ、毎年一人で鳥島に渡る。八丈島から漁船に乗って出かけるらしい。

「よく荒れる海でね。船が極端に苦手なもんで、酔わずに済んだことはこれまで一度もありません」

「鳥島までどのくらいかかりますか」

「十七、八時間といったところかな」

彼は無人島に一人きりで数ヵ月間滞在するよりも、船中の十数時間の方が恐ろしいという。

わたしはそこに妙なリアリティを感じた。

季節外れの台風や秋雨前線の停滞、さらに八丈島では「にし」と呼ばれる冬の季節風も吹く。まさに航海の難所だ。海が荒れ出すと、うねりがおさまるまで足止めされる。出発できないまま八丈島にとどまるならまだいいが、鳥島に閉じ込められると厄介だ。

海が少し荒れただけで船は島に接近できなくなる。滞在が予想に反して大幅に延びれば持ち込んだ食料が少なくなり耐乏生活を余儀なくされることもある。飲料水と食料を多めに持たなければならない。

一つ間違えば生きるか死ぬかの危険にさらされる。現代でも江戸時代と変わらず過酷なのだ。

そのような厳しい環境にもめげず三十年以上も鳥島のアホウドリを調査し続けてきた長谷川氏の根っこには何があるのだろう。わたしの質問に彼は口元を緩ませて答えた。

「絶滅したと考えられていたアホウドリが、今では二千羽を超えるまでに回復したんです」

「鳥島では毎年、何羽ぐらいのヒナが育つのですか？」

「ようやく今年で三百羽を超えました。まだ安心できる数字ではありません」

アホウドリが再び絶滅の道を歩む危険性はあるという。

一九八七年に燕崎《つばめざき》（鳥島の南東部）で地滑りが起こり、卵やヒナが押し流されてしまった。再び大規模な土石流が起これぱコロニーは全滅してしまう。そこで彼は仲間とともに安全なコロニーの候補地を島の西部（初寝崎《はつねざき》近く）に見つけ、デコイなどでアホウドリを誘導した。

島の中央部にある硫黄山《いおうやま》が噴煙を上げた二〇〇二年以後はヘリコプターでヒナを小笠原諸島の聟島《むこじま》に運び、コロニーを移し替える計画も始められた。

終わりのない闘い。彼の意志には揺らぎがない。何よりアホウドリへの愛情に満ちあふれている。

わたしは尋ねてみないわけにはいかなくなった。

「鳥島に一人で行って、火山が爆発したらどうするんですか」

「その時はその時ですよ。覚悟はできていますから」

感情を交えずに語られる言葉は朴訥《ぼくとつ》として、鬼気迫るものがある。

漂流民の洞窟探しの件で来たはずなのに、わたしは命がけでアホウドリの保護に取り組む彼とその世界に引き込まれていった。

ふと、いっしょに島に渡ってみたいという気持ちになった。

江戸時代の漂流者はアホウドリの肉を食べて生き延びることができた。アホウドリのことを知らずして、漂流民のことを理解できないだろう。

その一方で心の中に別の言葉が立ち上がった。彼と行くならわたしも火山が爆発した時の覚悟を決めなければならない。噴火したらそれはその時と思えるだろうか。そこまで腹をくれるだろうか。

わたしは意を決して言った。

「船にいっしょに乗せていただくことはできますか？」

彼はひげに手を当て、じっとわたしの顔を見つめた。

「アホウドリがいない六月ならば可能です。ただし調査の許可を髙橋さんご自身で取る必要があります」

「どういう手続きが必要なのですか」

「現状変更の申請です」

鳥島は天然記念物（天然保護区域）に指定されているので一般人の上陸が禁止されている。石を動かしたり地面に穴を開ける発掘調査はもちろん上陸することさえ島の現状を変更する行為とみなされる。文化財保護法により文化庁から許可を取った者でないと島に渡ることはできない。実際には窓口となる東京都を通じて申請し、アホウドリ保護の観点から環境省とも協議しなければならないという。

「許可が取れたらいっしょに船で行くこともできるでしょう。でも同行者が許可なしで現状変更したとなれば、今度はわたしの活動に支障が出てきます」

彼は窓口となる東京都の連絡先を調べてあげようと言ってくれた。まずは担当者に相談し、手続きなどについて問い合わせればいいという。

長谷川氏と会い、先が少し見えてきた。

いや、それ以上に得難いものをつかむことができた。わたしの鳥島に対する認識が江戸時代の漂流民の島だけではなく、現代の鳥類学者がアホウドリの調査や保護活動で奮闘する島へと大きく広がったのだ。

別れてから数日後、彼からメールが届いた。約束していた東京都文化財保護係の担当者の連絡先だった。

わたしは都庁の担当者に手紙を送った。

返事が来たのは一週間後のこと。メッセージには「ご要望の内容の実現は困難だと思います」と書かれていた。

アホウドリの保護が最優先のため、鳥島では漂流民の足跡を調査した人はいない。過去の噴火で島の様子もだいぶ変わってしまい、遺跡など見つかるはずもない。返事はそう結ばれていた。

鳥島での調査の難しさはともかく、漂流民の遺跡を探そうという試みを頭ごなしに否定してかかる対応には違和感を覚えた。

第一、鳥島でアホウドリの研究を担ってきた長谷川氏がわたしの調査の意義を認めてくれているではないか！

命がけで生き抜こうとした漂流者が日本にもいた。ロビンソン・クルーソーと同じ英雄を生んだ島が日本にもある。それらは作家たちにインスピレーションを与え、珠玉の文学作品が誕生した。放置されていたその現場を明らかにするのは大きな価値がある仕事に違いない。

そう思う一方、改めて問い直した。なぜわたしはそこまでして漂流民に心を傾けるのか。

なぜ——。

それは現代の探検にとって大きなテーゼだ。

なぜ山に登るのか。マロリーは「そこに山があるから」と答えたという。本当に彼の口から出た言葉かどうかはともかく、それは登山にとどまらず冒険や探検を一つの哲学へと変えた。

なぜ行くのか。なぜ探すのか。問いは常につきまとう。机上に答えはない。探検とは行動をもって問いに向き合うことである。歩いた経験の中に答えを見つけ出すことである。

かつてロビンソンの住居探しをしている時にも同じような疑問に直面したことがあった。頭に浮かんだ答えは単純だった。なぜやるのか。それはまだ世界中の誰も成し遂げていないテーマだからだ。もちろん同じ一人の人間として、荒野に放り出された漂流者がどのように危機を乗り切ったのか。それを知りたいという思いが根底にある。

江戸時代の無人島漂流を現場検証するといった試みについても同じことが言えた。これもまた、いまだ誰も手をつけていない領域なのだ。

そもそも漂流とはわれわれ日本人にとってどのようなものなのか。

江戸期の漂流民はユニークに分類されている。ロビンソン型とガリバー型の二つだ。無人島漂流を題材にした『ロビンソン漂流記』と異国体験がテーマの『ガリバー旅行記』。世界文学の名作をたとえにしたところがおもしろい。

ガリバー型の異国漂流民には江戸後期、ロシアに漂流した大黒屋光太夫《だいこくやこうだゆう》や米国に渡ったジョン万次郎、日本人で初めて世界一周を果たした津太夫《つだゆう》などがいる。彼らの経験を綴った漂流記は対外交渉史や民族学、文明論、鎖国論、言語学など様々な角度から活発な考察が進められてきた。

ロビンソン型の漂流民の扱われ方は対照的だ。無人島の漂流民は歴史の表舞台には登場しない。資料をもとにした研究や著作はあるものの、無人島まで足を運び、現地調査をした研究報告はない。無人島でいかに生きたかという問題についてフィールドワークがなされていないのだ。

江戸期の漂流記が注目され始めるのは明治の半ば頃のことである。少年雑誌などを編集していた石井研堂《いしいけんどう》が青少年向けに『日本漂流譚』(一八九二)を刊行したことに端を発する。『ロビンソン漂流記』や『十五少年漂流記』といった海外の児童文学が広く読まれるようになったことや、日清戦争(一八九四)を直前にして日本人の意識がナショナリズムとともに海外に向かっていた時代でもあった。

昭和に入ると中央気象台出身の荒川秀俊による『異国漂流記集』(一九六二)、郷土史家で日本海事史学会に所属する川合彦充《ひこみつ》の『日本人漂流記』(一九六七)、池田晧《あきら》編『日本庶民生活史料集成　第五巻　漂流』(一九六八)などが刊行された。それらの研究では漂流に至った原因やルート、季節、たどり着いた場所の仮定などが行われた。

無人島漂流は児童教育の題材として、あるいは気象学や海事史、地方史、庶民史という分野で地味に研究が進められてきたことがうかがえる。

日本で鳥島の漂流民が知られていない原因はそこにある。

ジョン万次郎はガリバー型漂流民として研究されてきた。その分、知名度は高い。しかし彼の鳥島での体験は今も漠然としたままだ。さらに他の鳥島の漂流民にいたっては一般的に全く認知されていないに等しい。

無人島漂流。そのテーマに真っ向から挑んでいるのは文学だ。ただしどんなに史実に忠実な作品だとしても小説である以上、鳥島や漂流者たちは文学的な存在にとどまったままなのだ。現地に出かけ、事実として検証する試みが行われて初めて、埋もれた史実に現実の空間と時間軸が与えられる。現場から見つめること。探検して事実を掘り起こすこと。それによりロビンソン型の漂流民は単なる文学の登場人物という枠を打ち破って現実社会の中で存在意義を示すことができる。それにより文学的価値だって再認識されるはずだ。

注目すべきは、江戸時代の鳥島漂流民の体験が文学作品になるのは昭和に入ってからという点だ。それらは遠い昔のできごとでありながら、今なお現代人が関心を向けるテーマだと言える。鳥島の漂流民を追跡する価値は今なおある。

鳥島に上陸できるチャンスは少ない。それがまたわたしの探求心を刺激し、破裂しそうなくらい大きくふくらませていくのだった。

第三章　残された日誌

鳥島の漂流民が身を寄せた洞窟は今もあるのだろうか。

それを探るためには古い記録を徹底的に調べて洞窟の正確な位置を知る必要がある。具体的に示しているものが少ない中、「無人島談話」所載の地図は注目に値する。この文献は江戸後期に本草家の曽槃が志布志（鹿児島県）の漂流民から話を聞いて書いたものだ。彼らは長平らに合流した六人の漂流民で、上陸した時には長平以外に大坂船の漂流民たち十一人もいた（39ページ表1）。

地図を見ると島の北側に「故穴」「新穴」と呼ばれる洞窟らしきものが六つ集中している。「此所収二天水一」（ここに雨水を溜めた）という文字も見えることから、集落のような印象を受ける（地図2）。

「無人島談話」の本文には次のように書かれている。

漂落《ひょうらく》していたる時（漂流して鳥島に到着した時）、西崖に二洞あり（中略）北崖に三洞あり（中略）寛政元年の秋、一洞をほり、また翌年一洞をきり、その後また一洞をきり、新洞すべて三所、みな北崖にあり（中略）新故すべて（新旧合わせて）八洞あり

（『石井研堂コレクション江戸漂流記総集』第一巻　一九九二）

地図中の北側に示された「新穴」を数えると三つ。「故穴」（元からあった洞窟）も三つで、洞窟の数は合計六つだ。本文の記録と合致する。そこが北崖なのだろう。

本文によれば西崖にも二つの洞窟があったらしいが洞窟の位置は図には記されていない。地図

地図2 江戸期の鳥島

島の北部に新穴と故穴が3つずつ記されている。
「此所収天水」（ここに雨水を溜めた）とも書かれていることから、
北崖の洞窟と考えられる

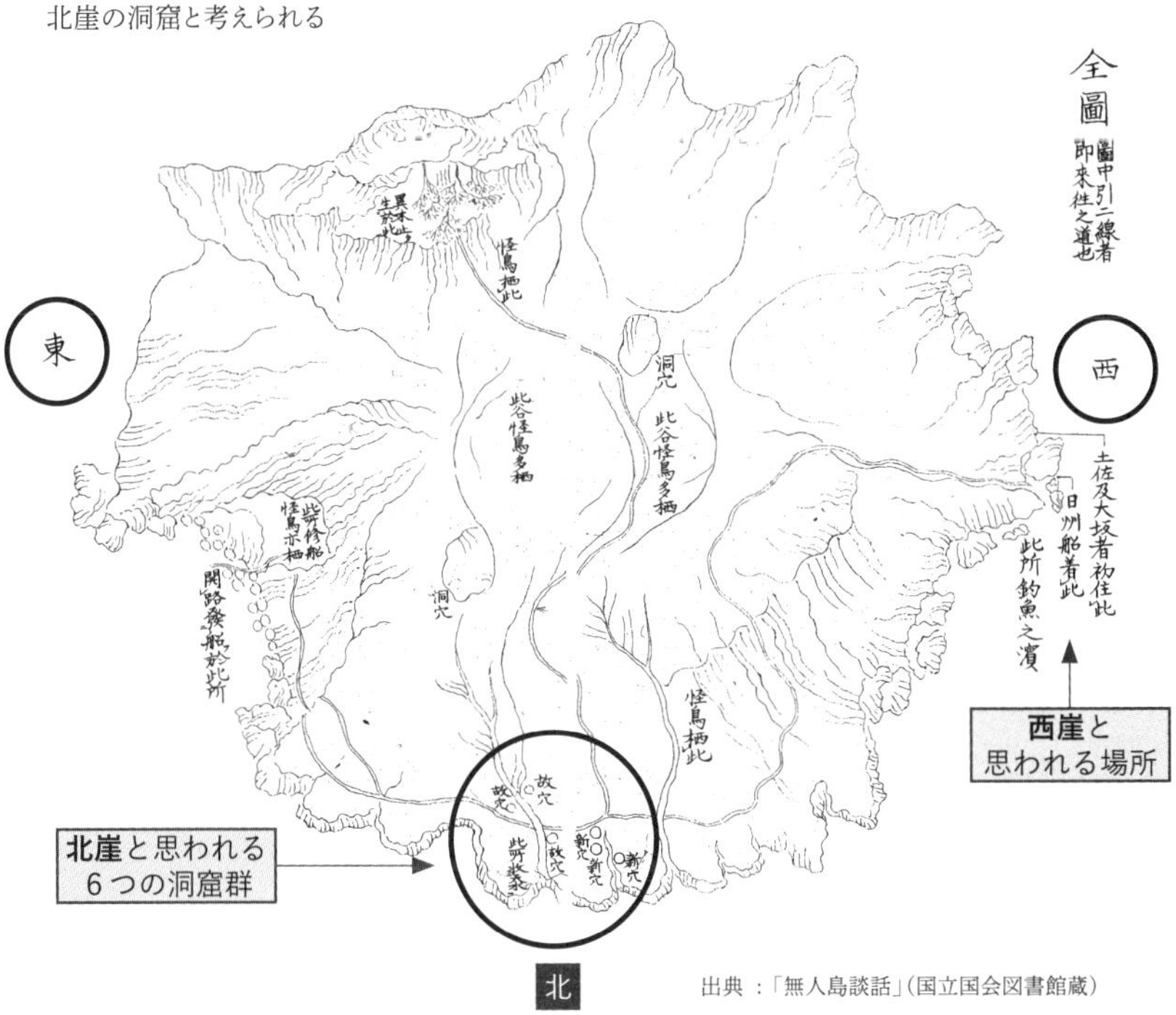

出典：「無人島談話」（国立国会図書館蔵）

では島の中央に「洞穴」と記された場所が二ヵ所ある。北崖の新穴や故穴と違って、穴がだいぶ大きく記されている。「わたり四五十尋（直径約六十〜七十五メートル）、ふかさ三十尋（約四十五メートル）ばかり」と本文にあるので地面に開いた大穴（窪地）だ。

「無人島談話」の本文には別の箇所にも西崖のことが書かれていた。

はじめいたる所の（最初に上陸した）西崖に、二洞あり、「この洞は、始め大坂の人住みける所なりと云ふ」

志布志船の漂流者たちは西崖の海岸から島に上陸した。二つの洞窟があり、大坂船の者が最初に住んだ所だった。地図には西部に「日州船着」此」「土佐及大坂者初住」此」とあり、西崖の位置が示されている。土佐とは長平のことだろう。

整理すると漂流民の洞窟は全部で八つあり、北部の北崖に六つ。西部の西崖に二つだった。位置をさらに絞り込むべく、わたしは江戸期の資料を渉猟した。ところがそれ以上は漠然としたままだ。

はっきりとしないのには理由が考えられる。ほとんどの漂流記は奉行所などによる帰国者の調書がもとになっている。海外渡航が禁止されていた時代。漂流者が外国人と接触していないか、キリスト教に改宗していないかどうかが調べられ、踏み絵を踏まされた。密貿易に関わったかどうかについても厳しく問いただされた。取り締まりが主なので、無人島で暮らした具体的な場所などには関心が及んでいない。

漂流記の中には奉行所の調書以外のものもある。漂流者は各藩からも関心の目が注がれた。帰国後に各地で聞き書きがまとめられ、外洋や異国の情報に飢えた人々によって写本が作られた。現在では原本が紛失して写本しか残っていないというケースも多い。同じ底本からの写本と見られるものでも異同があり、絵図が入っているものとないものがある。絵図はもともと原本にあったものかもしれないが、読者にわかりやすいよう後で挿入された想像図かもしれない。厳密な地理情報を知りたい場合には混乱を引き起こす危険性がある。また故郷に帰った漂流者が江戸や長崎の取り調べ時とは異なる発言をしている資料もある。そこに漂流者の人間心理をうかがうことができるが、厳密な事実を追いかけようとする場合、どちらが事実だったのか判断に困る。

関連する書籍に当たっているうち明治時代に鳥島を開拓した玉置半右衛門《たまおきはんえもん》の日誌があることを知った。江戸時代の聞き書きとは違い、玉置と行動をともにした者の見聞記録だという。

興味深いのは玉置が一八八七（明治二十）年に十二人の雇い人らと鳥島に上陸し、漂流民の洞窟を発見したことだ。その場所は「漂流里」と名づけられ、開拓民時代の地図にも記されているらしい。日誌と地図は東京都港区（二〇一二年に世田谷区へ仮移転）にある東京都公文書館に保存されているという。

歴史の追跡は不完全なジグソーパズルに似ている。ピラミッドにせよ、インカのマチュピチュ、卑弥呼や邪馬台国など今でこそ謎多きそれらも、元は一枚の絵のように理路整然と完結したものだった。時間とともに人々から忘れ去られ、粉々に砕けたピースとなってしまった。記録が失われて不揃いになってしまっただけでなく、伝説など尾ひれがついて新たに加えられたピースもあるだろう。残された正しいピース同士をつなぎ合わせ、失われたピースがあれば探し出し、絵を復元させる。そんな謎解きにこそ心が動かされる。

漂流民の洞窟についても同じことが言える。明治の開拓民や昭和の気象観測、現代のアホウドリ研究など、鳥島の全体に関わるピースを集めることで洞窟に関する空白部に察しがつけられるかもしれない。森を見ることで木が見えてくることだってあるはずだ。

二〇〇九年八月。新橋駅から東京臨海新交通臨海線（ゆりかもめ）に乗り、竹芝駅で下車した。東京都公文書館の閲覧室で老練そうな職員と目が合った。わたしは探したい資料について相談してみた。彼はすぐに「小笠原と鳥島関係」という目録を出してくれた。希望する資料を見つけ、閲覧番号を手帳にメモしていく。

「617・B4・8」「625・D4・19」

図書館で本を閲覧する時に必要となる番号は知られざる歴史にアクセスするためのコードのようなものだ。暗号解読でもしているかのような空気さえ漂う。

やがて司書から「鳥嶋在留日誌」が届けられた。

日誌は一八八七（明治二十）年十一月五日に始まり、十二月二十一日で終わる。上陸してから島を離れるまで、四十七日間のできごとが用紙二十七枚にわたって克明に記されたものだ。

彼らは上陸初日に当たる十一月五日の夜、島の内陸で洞窟を見つけた。中に入って火を点すと壁にぼんやりと人間の痕跡が浮かび上がった。

横四尺（約百二十センチメートル）、縦二尺程（約六十センチメートル）ノ小穴ヲ穿《うが》チ（開け）、其内《その》部ヲ石灰ノ敲塗ニナシ（石灰で塗り固め）神仏ヲ祭リタル跡アリ。斯《この》岩窟ノ間口ハ二間（約三・六メートル）アリテ、奥行ハ二間半余（約四・五メートル）アリ。是則《これすなわ》チ余輩《よはい》（日誌の筆者）ガ話シニ聞ク処《ところ》ノ漂着人穴居《けっきょ》ノ形蹟ナリ

（『東京市史稿・市街篇　第七十二』一九八一）

洞窟の壁にあったのは祭壇だった。江戸時代の漂流民たちが日々神仏に祈りを捧げていた痕跡だという。

玉置らの態度はそれに驚くことなく、淡々としている。最初から漂流民の洞窟のことを知っていたのだろう。もしかしたら意識的に洞窟を探し出そうとしていたのかもしれない。その証拠に今度は四日後の十一月九日、島の探査に出かけて洞窟群を発見する。

漂流民の生活痕が残る洞窟は八つあった。大きさはまちまちだが、間口が一間半から三間というから二・七メートルから五・四メートル。奥行は二間から三間半で、三・六メートルから六・三メートルとなる。

洞窟には古鉄（使い古しの鉄器）、壊れた鍋や釜、古い針、木材、煙管、タバコ袋、錆びた貨幣、ぼろぼろになった衣類、かぎ針などが散乱していたという。ウミガメの甲羅や嫁笠貝《よめがかさがい》（ツタノハガイ科の巻貝）の殻もたくさん落ちていた。漂流民は海岸に出て貝を採っていただけではなく、ウ

ミガメも捕まえて食べていたことになる。かぎ針は釣り道具だろう。

周辺には地面に掘られた穴もいくつかあった。雨水を溜めるために掘られたものらしく、形は円形もあれば方形もあった。大きさは直径や深さが三尺から六尺（約九十〜百八十センチメートル）だったという。

かなり大きく深い。とにかく水を溜めようという必死さを感じさせる。穴の内側は貝灰《かいばい》（貝殻を蒸し焼きにして作った灰）を土と混ぜたものなどで固めてあった。水が地面に染み込まないようにする工夫であり、漂流者の中に土木技術に長けた者がいたことがわかる。

洞窟の外には砕いた大石で門が造られ、坂には石が敷かれて階段ができていた。また棚やかまど、厠《かわや》まで石造りだったというから驚きだ。熟練の石工がいたのだろうか。

そればかりではない。玉置半右衛門は洞窟の近くに漂流民の墓石も見つけた。日誌には彫られていた文字が記されている。


碑表ニ仙台荒浜南無《あらはまなむ》忠八《ちゅうはち》、碑裏ニ寛政二年亥六月廿《にじゅう》三日ト彫刻シ（中略）表ニ寛政二年庚六月廿四日惣右衛門《そうえもん》、裏ニサツマ国シフシ町ト彫刻シ（中略）サツマ国善助《ぜんすけ》ト彫刻シ（中略）南無阿弥陀仏ノ六字ヲ彫刻シ（中略）九州肥前国五平衛《ひぜんのくにごへえ》ト彫刻シ（中略）古仏ト彫刻シ（中略）亦《また》古仏ト彫刻セリ

いずれの石碑の下にも白骨があり、特に古仏と記された石碑にはたくさんの骨が重なるように

盛られていたという。名前も知られず絶海の孤島で朽ち果てた者たち。彼らの遺骨は無縁仏のように合祀《ごうし》されていたのだ。

墓石に刻まれた名前や地名、年代からもっと詳しいことがわからないだろうか。

「寛政二年」は土佐の長平が鳥島にいた頃と重なる。

彼が仲間と死に別れ、島で一人きりとなった後、時期を隔てて大坂（十一人）と志布志（六人）の遭難船が漂着した。『土佐国史料集成　土佐國群書類從』所収の「無人嶋漂流記」を見ると、十八人に増えた漂流民の中に命を落としてしまった者が四人いて墓石に記された者と名前が一致する。

それらの墓が洞窟の近くにあったという点から、玉置半右衛門が見た洞窟群は長平たちが暮らした場所だったと考えられる。

玉置半右衛門はその洞窟群を「漂流里」と名づけた。まさに言い得て妙だ。「里」と呼んでも遜色がないような、人々の集落になっていた。

鳥島の漂流民追跡にとって玉置の「鳥嶋在留日誌」は第一級資料だ。漂流里はどこかに残っていないだろうか。今すぐにでも鳥島に飛んでいって、洞窟を探し出したい。わたしは静かな閲覧室の中で興奮を抑え切れなかった。

綴られた資料の中に地図が折り込まれていた。鳥嶋天然之図と書かれた地形図には島の陸地が緑色や茶色で塗られている。明治の開拓民が作った地図だ（65ページ 地図3）。「漂流里」と地名が見える。他にも地名が記されているので、およその位置関係を特定する参考になりそうだ。わたしは千歳湊《ちとせみなと》から反時計回りに並んでいる地名を書き出してみた。

千歳湊、舟見《ふなみ》原《はら》、漂流里、玉置里、明治《めいじ》浦《うら》、ハツネ浦。

漂流里があったのは舟見原と玉置里の間ということになる。

現在の鳥島ではどこに当たるのだろう。それらの地名、あるいは似たものを昭和期の地図から拾ってみる（地図4）。

千歳浦、船見岬、玉置里、初寝崎。

千歳浦は千歳湊のことで、船見岬と舟見原は近い場所（海側と内陸）だと考えられる。初寝崎はハツネ浦に対応する。

対照させた地名を新旧の地図上で比較してみる。すると漂流里の位置は昭和期の地図に見える船見岬と玉置里の間だったことになる。島の北部から北西部に広がる地域だ。

わたしは改めて江戸時代の地図を見た（57ページ 地図2）。北崖と見られる洞窟群は北の位置に記されている。明治期の漂流里は北部から北西部にあったと考えられることから、北崖と漂流里は同じものだったとみなすことができるかもしれない。洞窟の数は「無人島談話」（六つ）と玉置の日誌（八つ）で食い違いはあるが、双方の時代には九十年の隔たりがある。増えた洞窟はその間にやって来た漂流者が新たに掘ったものかもしれない。漠然とはしているが洞窟追跡の手がかりを得ることができた。

日誌によれば玉置は一週間ほどで鳥島を離れる予定だった。ところが暴風雨のため迎えの船は接岸できず、そのまま横浜に戻ってしまった。彼は再び船が来るまでの間、島に取り残されるこ

地図3 明治開拓民時代の鳥島

「漂流里」を中心として島の沿岸に千歳湊、舟見原、玉置里、明治浦、ハツネ浦などの地名が並ぶ　　出典：鳥嶋天然之図（東京都公文書館蔵）

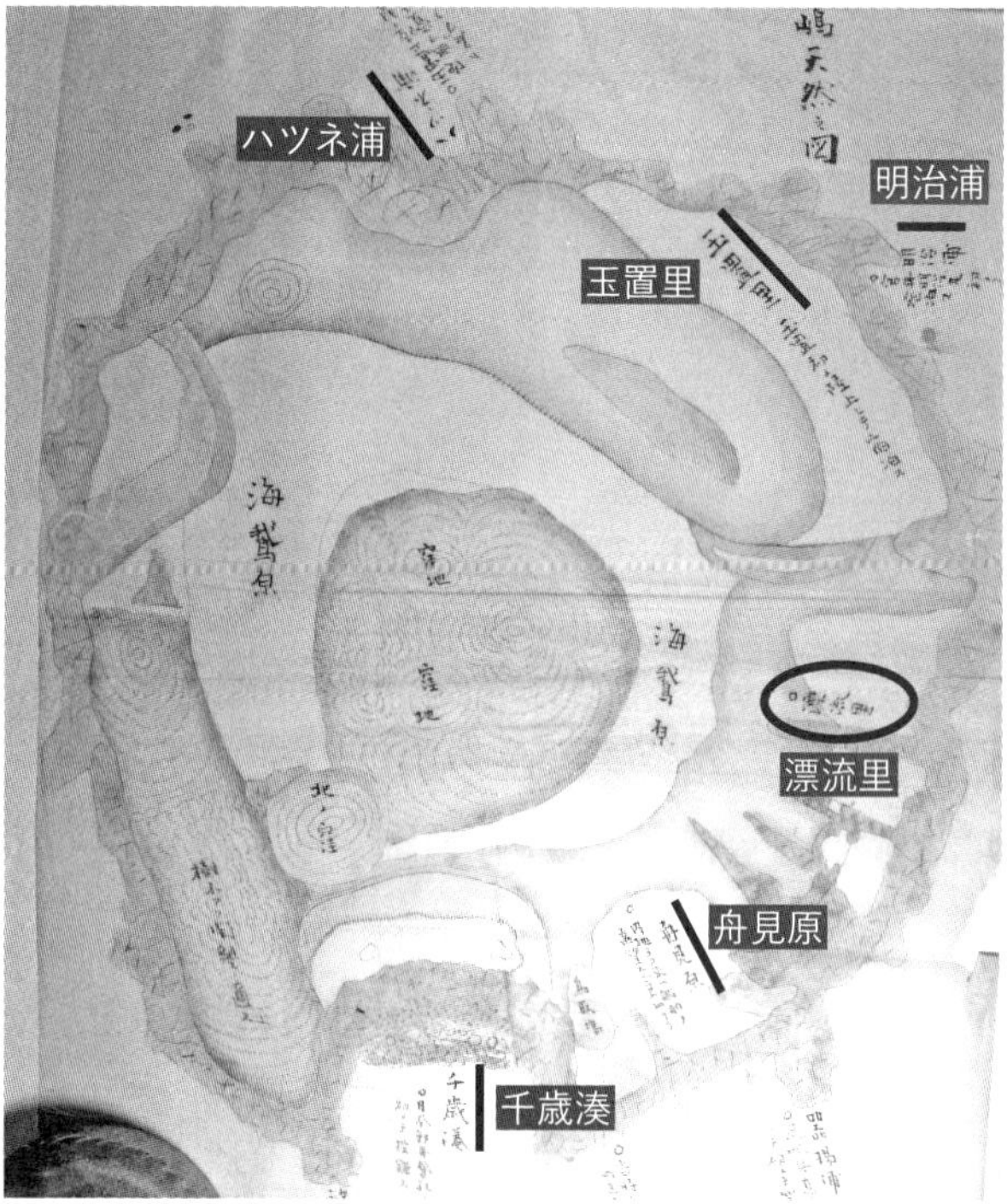

地図4 漂流里の位置はどこに?

鳥嶋天然之図（地図3）に記された地名の並びから、漂流里は船見岬と玉置里の間にあったと推定できる

出典：『鳥島』昭和期の地図

とになり、居残る予定の者たちと仮小屋を出て漂流民の洞窟に移り住んだ。洞内に板を敷き、かまどを作り、外にはトイレまで設けた。

彼らにとって漂流民はどのような存在だったのか。江戸時代の洞窟群を漂流里と呼び、そこを拠点に開拓を始めたことからすると無人島生活の先輩ぐらいに思っていたのではないか。確かに漂流民が代々にわたって生きてきた場所には生活に適した最小限の基盤が整っていたはずだ。

鳥島は明治の開拓民にとっても容赦のない土地だった。彼らは真水がないことを知っていたらしく煮炊きや洗濯、洗顔には海水を使った。それでも持参していた飲料水は上陸から一ヵ月で底をついてしまった。玉置半右衛門らは死の恐怖に追い立てられるように真水を探しに出かけた。一滴の水も見つからないとわかると、互いに顔を見合わせて途方に暮れた。そのままでは埒《らち》があかない。再び気を取り直して島の南東へ向かった。するとそこで一つの洞窟を見つけた。中には文字の書かれた木札が置かれていたという。日誌にその写しが書かれている。

水無キトキハ是ヨリ南ノ窪地ニアリ

彼らは早速出かけてみた。窪の中央に湿った所があった。アホウドリの羽や死体で汚れていたので直接口をつけて飲むことはできなかったが、それでも確かに水はあった！　玉置半右衛門は手ぬぐいを敷き、漉《こ》した水を口にたらし込んだ。

先人が洞窟に残した書き置きにより、彼らは一命を取り留めたのだ。

第四章　パイオニアたちの遺産

まるで物音さえ沈殿したかのようだ。

気がつけばわたしは静まり返った東京都公文書館の閲覧室にいた。いつの間にか机の向かいに若い女性が座り、古文書を山と積み上げ読みふけっている。顔の上で眼鏡のガラスが反射した。見たこともない深海魚の目のように見える。歴史に向き合うということは、音もない深海に潜るようなことかもしれない。それは静寂でドラマチックな世界だ。

わたしも潜水艦のようにまたゆっくりと歴史の海に沈んでゆく。

資料の中から鳥島の地図がもう一枚出てきた（地図5）。

紙が破れないようにそっと開く。机上に広がったのは想像を超えた世界だった。

当時、鳥島には朝日山《あさひ》（現在の旭山）、子持山《こもち》、月夜山《つきよ》の三つがあった。そのため三子島《みね》とも呼ばれていた。どれも不毛な岩山で、周辺にはカルデラと見られる窪地が点在していた。道が山の間を縦横無尽に走り抜け、島の各地に通じている。北部に開いた湾は千歳湊（千歳浦）といい、船着き場を取り囲むように家々が立ち並んでいる。玉置町の集落だ。

鳥嶋開拓以後之図というタイトル通り、明治期に開拓された鳥島の様子を描いたものだ。

わたしは繁栄ぶりに驚いた。生きることすら困難なはずの地に町が築かれたとは！

鳥島の開拓を成し遂げた玉置半右衛門とはどんな人物なのか。

合本された公文書の中に履歴書があった。彼は江戸時代の終わり、八丈島に生まれた。十代の頃から牧畜業に従事していたというが詳しいことはよくわからない。転機が訪れたのは小笠原諸島に大工として渡った一八六二（文久二）年のこと。その帰路たまたま鳥島に立ち寄り、茅草が

地図5 開拓された鳥島の様子（明治期）

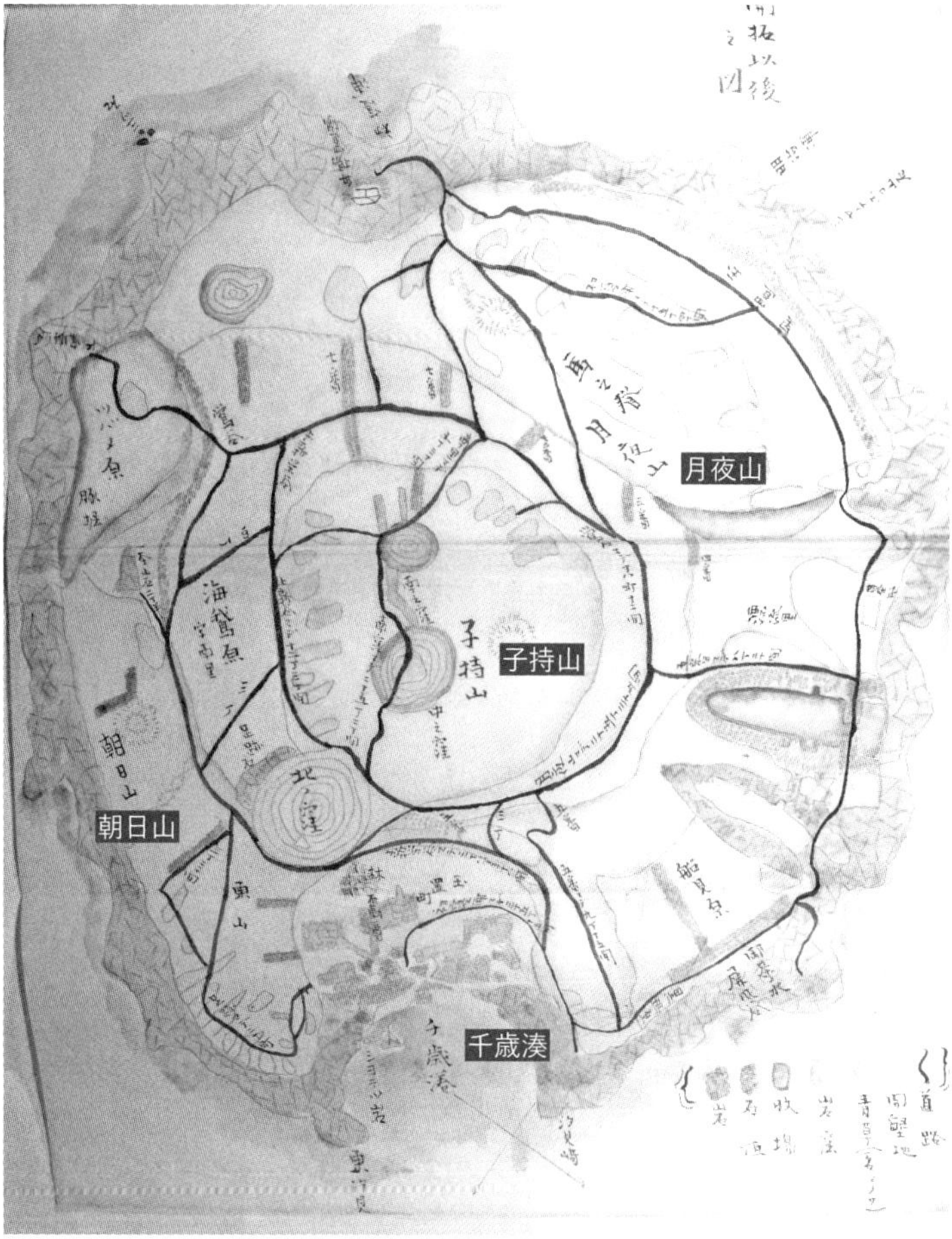

出典：鳥嶋開拓以後之図（東京都公文書館蔵）

広がっている丘陵地に目を留めた。そこが天然牧場に向いていると思いついたらしい。

江戸時代の漂流民が苦闘を強いられた場所で牧畜をしようというのだ。無謀としか言いようがない。真水がない火山島を選ばなくても有望な土地は他にもあったはずだ。彼を鳥島開拓へと駆り立てたものは本当に牧畜だったのかとさえ勘ぐりたくなる。

一八八七（明治二十）年に鳥島へと出発する直前、彼は開拓許可を求める請願書を東京府知事に提出している。「鳥嶋拝借並ニ定期船御寄島願」には、人間が鳥島に定住して定期航路が開かれれば漂流民が餓死するような惨事はなくなるはずだと書かれている。船の往来があれば、多くの漂流民は救われていたに違いない。長平やジョン万次郎の漂流も小説にされるほど壮絶を極めたものにはなっていなかっただろう。

鳥島開拓の根底には漂流民の悲劇を二度と起こしてはならないという人命尊重への思いがあったという。わたしは正義感あふれる言葉に男気を感じた。鳥島で命を落とした数知れぬ漂流民も浮かばれるのではないか。

とはいえ、何かがおかしい。

彼は漂流民の洞窟を足がかりにして鳥島開拓に乗り出したのだが、実際には開拓の許可が下りていなかった。「鳥嶋在留日誌」によれば、上陸から一週間と経たないうちにアホウドリを千羽以上殺して羽をむしっている。百二十羽分を一箱として梱包したという。

なぜいきなりアホウドリを大量に殺し、羽を集めたのか。『アホウドリと「帝国」日本の拡大――南洋の島々への進出から侵略へ――』（二〇一二）によれば、当時、水鳥の羽毛は欧州において高値で取引される貴重品だった。羽毛布団だけではなく帽子などにも使われ、ファッションとしても大流行していたという。

米一俵の値段が四円だった当時、アホウドリの羽毛は腹毛が百斤《きん》につき四十円、綿毛では九十円もの値がついていた。百斤の羽毛はアホウドリ三百羽分に相当する。つまり三百羽獲れば、米十俵の収入が得られた計算になる。「阿呆」と呼ばれたことから現在の名前になったアホウドリは陸上での動きが鈍かった。また地面を覆い尽くすほど群れていたのでこん棒を振り回せば三百羽などあっという間に捕まえることができた。

鳥島は数えきれないほどのアホウドリが集まることで知られ、江戸後期の儒学者、菅茶山《かんちゃざん》による随筆「筆のすさび」には「伊豆の海中に鳥柱といふものあり（中略）大なる白き柱を海中に立てたるがごとし」と書かれている。

玉置半右衛門の鳥島開拓の目的は牧畜開墾ではなく、最初からアホウドリの羽毛だったのではないか。

次第に実情が明らかになっていく。

翌年、彼は再び東京府に申請を行い、ようやく開拓許可を手にした。明治三十年までの九年間、無償で土地を貸与するという常識では考えられないような内容だった。彼はすぐに労働者を増やし、軽便《けいべん》鉄道を敷設してアホウドリのコロニーと千歳湊を結んだ。そして本格的なアホウドリ捕獲に乗り出した。販路確保も怠りなかった。横浜にあるウインクレル商会などと取引契約を結び、一年間に十万斤を超える羽毛を売りさばいた。たちまち実業家として知られるようになり、一八九四（明治二十七）年八月三十一日の読売新聞では「南洋事業の模範家」と紹介された。わずか七年のうちに全国の長者番付に名を連ねるようになったのだ。

ところが活動の実態はずさんなものだった。彼は港や道路、家屋などの建設を公共事業と称し、労働者に給料を支払わなかった。虐待の噂も絶えず、住民の一揆騒動が起こった。搾取同然だったのだ。

それればかりではない。鳥島の視察に訪れた小笠原島司《とうし》の阿利孝太郎《ありこうたろう》は驚くべき実態を「鳥島拝借願之儀ニ付副申《ふくしん》」（東京都公文書館蔵）に報告している。

道路開鑿《かいさく》ヲ始メトシテ或ハ開墾、牧畜耕作森林海湾工事、建築等ニ至ル迄悉《ことごと》ク成効（完成）若《も》シクハ着手セサルナキノ成蹟ヲ報告シ来リ（中略）半右衛門カ従来ノ目的ハ補鳥ヲ主トスルニアリシコト確然タリ

鳥島では道路や港湾は建設されていなかった。開墾や牧畜の事実もなく、でっち上げの報告だった。玉置の目的はアホウドリを撲殺することだったという。

漂流民の洞窟について調べていたわたしだったが、いつしか開拓民の生々しい人間ドラマにも引きつけられた。玉置半右衛門の猪突猛進ぶりはがめつく、露骨だ。開拓者なのだから、多少強引さがあっても珍しいことではない。むしろわたしが気になったのは当時の社会の反応だ。役所は無償で鳥島を貸し与え、マスコミは玉置を英雄視している。悪事が悪事とは思われないような

時代の風潮があった。

どんな時代だったのか。疑問を胸に抱えながら東京都公文書館を後にした。資料を一気に読み込むと好奇心が満たされる反面、消化不良を起こしそうな膨満感を覚える。詰め込んだ情報は無機物にすぎない。それを有機物に変換して吸収できるようにするには時間をかけて咀嚼《そしゃく》していくしかない。

わたしは駅に戻り、ゆりかもめの電車に乗った。ゴムタイヤがレールの上を転がっていく摩擦音と振動を身体に感じながら車窓の外を眺めた。

臨海副都心のビルが次々と流れていって視界から消えた。お台場と呼ばれるその周辺は江戸末期、黒船来航に備えて大砲の台場を作るために埋め立てられた場所だ。

わたしはふと玉置半右衛門が誕生したのも江戸末期だったことを思い出した。

立ち並ぶビルは彼が生まれた頃、居並ぶ大砲だった。当時の人はどのような思いで大砲や海を眺めていたのか。迫り来る異国船は恐怖や緊張感以外にも、憧れの感情をはらませたに違いない。

幕末に鎖国が解かれると、ざん切り頭や牛なべなど外国の文物や習慣が日本人の日常生活を変えていった。二百年以上にもわたって異国との接触を禁止され続けてきた人々の欲求は、堰《せき》を切った水のように外へと向かう。溜め込んでいたエネルギーを一気に爆発させた社会と時代を象徴するかのようだ。

熱狂が鳥島の存在にもパラダイムシフトをもたらした。悲劇の舞台であり、死の世界だったはずの火山島が、一気に宝の島になったのだ。

しばらくしてわたしは一つの論文に出会った。「玉置半右衛門と鳥島開拓――明治期邦人の南洋進出の視点から――」（一九九二）は彼を突き動かしたものが南進論だったと指摘する。開拓民を生んだ時代背景を知る鍵がそこに隠されているのではないか。

南進論とは欧米列強に対抗して南へと進出し、太平洋の島々や東南アジアとの交易拡大、移住事業を広げようとした思想だ。第二次世界大戦につながる日本の軍事行動を正当化した大東亜共栄圏構想の母体となったことでも知られる。

それは明治の世に探検ブームを巻き起こした。南太平洋への航海で知られる鈴木経勲《すずきつねのり》、シルクロードを西へと進んだ大谷光瑞《おおたにこうずい》、チベットに潜入した河口慧海《かわぐちえかい》、さらには白瀬矗《しらせのぶ》の南極探検にしても欧米に対抗しようとする当時の風潮が見え隠れする。明治時代は探検家にとっての黄金時代だった。

鳥島に向かった船にも南進論の性格が色濃く表れていた。一八八七（明治二十）年に横浜港から出航した明治丸の航海目的は小笠原諸島の南に浮かぶ硫黄島の探検だった。興味深いことに船には東京府知事の高崎五六《たかさきごろく》をはじめ農商務省の官僚、新聞記者なども乗っていた。彼らの目的は小笠原諸島の視察だったという。

鳥島で玉置半右衛門らを下船させた後、明治丸は小笠原諸島の父島を経て目的地である硫黄島に向かった。期待とは裏腹に硫黄島は不毛な場所で、新たな入植地として不適であることが判明した。そこを足がかりに南方進出しようともくろんでいた彼らの落胆は大きかった。

本土への帰路、明治丸は嵐に遭遇し、鳥島にいた玉置半右衛門をピックアップできなかった。

彼らが水不足にあえぎ、洞窟の中の書き置きを頼りに水場を見つけたことは「鳥嶋在留日誌」で読んだ通りだ（66ページ）。

そのできごとをマスコミは「鳥島置き去り事件」として騒ぎ立てた。社会的に注目が高まる中、東京府は日本郵船の芳野丸《よしのまる》を鳥島へと派遣した。運行費用には東京府の補助金が充てられたという。マスコミを煽《あお》ったのは地理学者として知られる志賀重昂《しがしげたか》だった。南進論の中心的役割を担っていた彼は明治丸の不手際を声高に主張し、玉置らの安否を確認するため自らも芳野丸に乗り込んだという。硫黄島の探検が期待外れなものと終わっただけに鳥島開拓だけは失敗に終わらせたくなかったのだろう。

鳥島開拓は一個人の試みにとどまらず、南進論者たちにとって重要な事業とみなされた。玉置がどれだけ非合法な振る舞いをしようとも南進論の名の下に時代も社会も黙認した。それどころか、人々は莫大な財産を築き上げた彼を成功者として崇めた。まさに社会が求め、作り上げた時代の寵児と言ってもいい。江戸から明治へ。外洋をめざす日本人の夢の具現者と期待された彼はそこにつけ込み、私腹を肥やし続けた。

一九〇二（明治三十五）年五月、彼は東京府から官有地払い下げの許諾を手にした。玉置町の周辺およそ四万坪の土地がわずか二百円足らずの金額で彼の手に渡ることになった。ちなみに同じ頃、東京帝国大学から講師として雇われていた夏目漱石の年俸は八百円だった。

玉置がさらに私利私欲に走ることは目に見えていた。しかし三ヵ月後の八月十六日頃。予想だにしないことが起こった。

突然、鳥島の火山が噴火した。小笠原を出航して横浜に向かっていた日本郵船の兵庫丸が偶然近くを通りかかった。その時の様子が『鳥島』に引用されている。

（鳥島の）陸岸に近寄ること三里（約十二キロメートル）乃至《ないし》一里（約四キロメートル）の距離において絶えず汽笛を以《もっ》て住民を呼べども更に人影および家屋を見ず、只《ただ》海底火山の噴出と山頂の黒煙を見るのみ、殊《こと》に鳥島千歳浦の如《ごと》きは海岸土砂崩壊湾形全く変じ、その惨状《さんじょう》言語に尽し難く実に惨憺《さんたん》を極む。

兵庫丸は危険を冒して接近してみたが、助けを求める開拓民の姿を見ることはできなかったという。いったん、横浜に寄港し、再度政府の命を受けて軍艦高千穂とともに鳥島に戻った。乗組員の中には内務省や警視庁の官僚、震災予防調査会の専門家らに交じって、またしても志賀重昂の姿があった。彼らは八月二十四日、鳥島に上陸し、二日間にわたって火山調査や開拓民の捜索を行った。玉置町があった場所は噴石で覆い尽くされ跡形もなかったという。残された名簿によれば島には百二十五人の開拓民（男性七十三人、女性五十二人）がいたらしい。どこを探しても動くものはなく、死体はおろか遺留品さえ発見できなかった。

被災者を悼む人の中にはそれをアホウドリの祟りと言う人もいた。

玉置半右衛門の名前は被災者名簿にはない。彼はアホウドリの数が減少しつつあった鳥島に見切りをつけ、別の無人島の開拓に乗り出していた。沖縄本島の東約三百四十キロメートルに浮かぶ大東諸島だ。

ところが新聞で鳥島大噴火の惨状が伝えられ、大きな社会的反響を呼んでいることを知ると彼は義捐金《ぎえん》の広告を掲載して自分の事務所を受け取り窓口とした。皇室をはじめ全国から莫大な額の義捐金が寄せられた。そして大噴火から一年と経たないうちに鳥島に新たな開拓民を送り込み、アホウドリの捕殺を再開した。被災者に対する鎮魂の念は見られない。火山が再び爆発する可能性があった中で、安全性確保や人命尊重の意識も感じられない。

鳥島のアホウドリは急速に姿を消していった。小笠原諸島、大東諸島などの繁殖地でも見られなくなった。国はアホウドリが絶滅の危機にあることを認め、一九〇六（明治三十九）年に保護鳥に指定した。鳥島は一九三三（昭和八）年に禁猟区となったが減少傾向に歯止めはかからず、結局、一九四九（昭和二十四）年の調査で一羽も確認されなかった。

北太平洋に広く棲息していたアホウドリは絶滅したと報告された。五百万羽以上が殺されたとされ、わずか六十年ほどのうちに姿を消したのだ。乱獲と言うには軽すぎる。人間が行ったアホウドリの大量虐殺だ。

火山の記録をたどるうち、わたしにとってショッキングなことが判明した。

一九〇二年の大噴火はすさまじく、噴火直後に現地入りした調査団がまとめた「震災予防《よぼう》調査會報告」第四十三号（一九〇三）によれば、漂流里がマグマ水蒸気爆発により吹き飛んだという。報告には次のように書かれている。

漂流里破裂口（中略）漂流里ト称スル所アリ曾《かつ》テ此《この》島ニ漂流セシ者ガ此所ノ岩窟中ニ住居セシ跡アリト云フ（中略）今回新タニ馬蹄《ばてい》形ノ湾ヲ生ジ

漂流里は木っ端微塵となり、新たな湾（兵庫湾）になったという（地図6）。『鳥島』の地図（地図7）で確認してみる。船見岬の西側に兵庫湾という地名が見える。漂流里はそこにあったらしい。

そこは島の北部に当たり、漂流民の洞窟群を北崖と呼んだ「無人島談話」にも合致する。北崖の洞窟は六つだったという。

地図7によれば兵庫湾の内陸に「昔の水槽」と書かれている。長谷川氏は明治期の噴火以前に使われていたものが残っているようだと言っていた。洞窟だって一つぐらいはあるかもしれない。「無人島談話」の地図（57ページ 地図2）を見ると洞窟は海に突き出した三つの岬の範囲に散在している。それがどれぐらいの規模かはわからない。

兵庫湾（破裂口）の東西の幅がおよそ二百メートルだ。そこにおさまらない洞窟があった可能性は捨て切れない。

兵庫湾から南西へ五、六百メートルほどの所に二つのほら穴がある。やはりその存在が気になる。漂流里の中心位置は兵庫湾付近だとしても、洞窟が点在していたとするならそこにも注意しておく必要がある。

洞窟が残存していることを願うわたしは考えられる可能性の全てを検証してみたいと思った。

地図6 明治の大噴火で吹き飛んだ漂流里

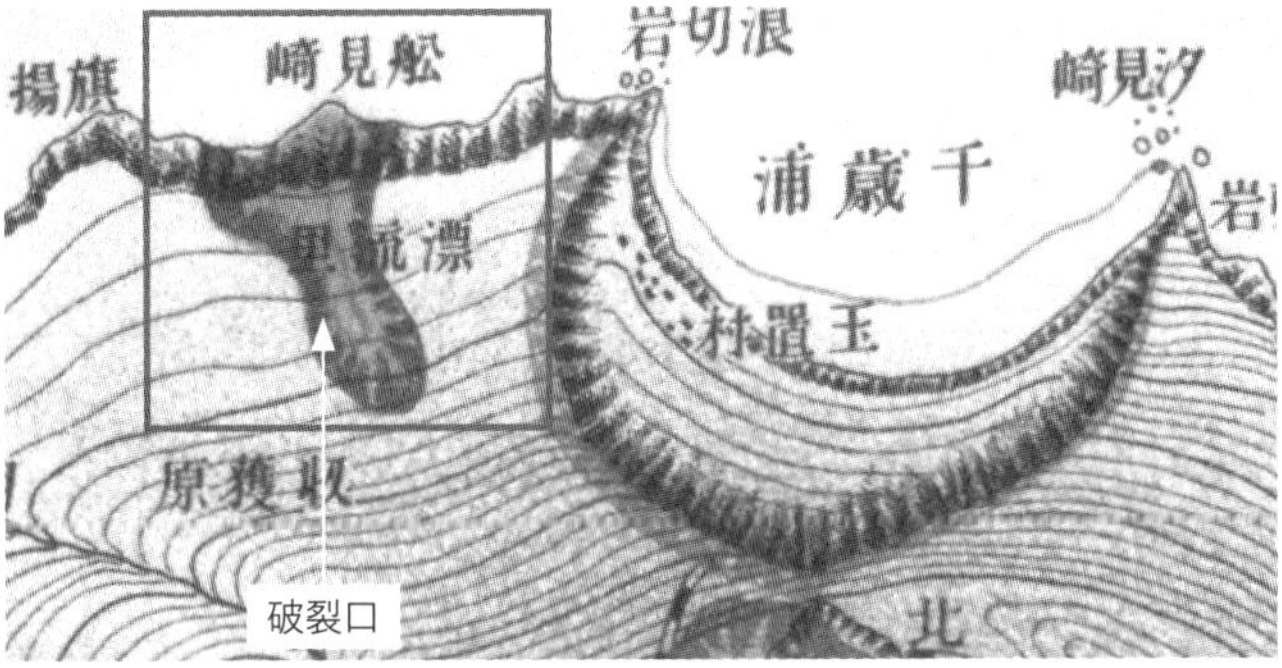

漂流里付近でマグマ水蒸気爆発が発生したことを示す図。漂流里の位置は舩見崎(船見岬)付近で、その破裂口に兵庫湾ができたという

出典:「震災豫防調査會報告」1903

地図7 昭和期の兵庫湾付近

● 漂流里(北崖)の位置(地図6をもとにした推定)

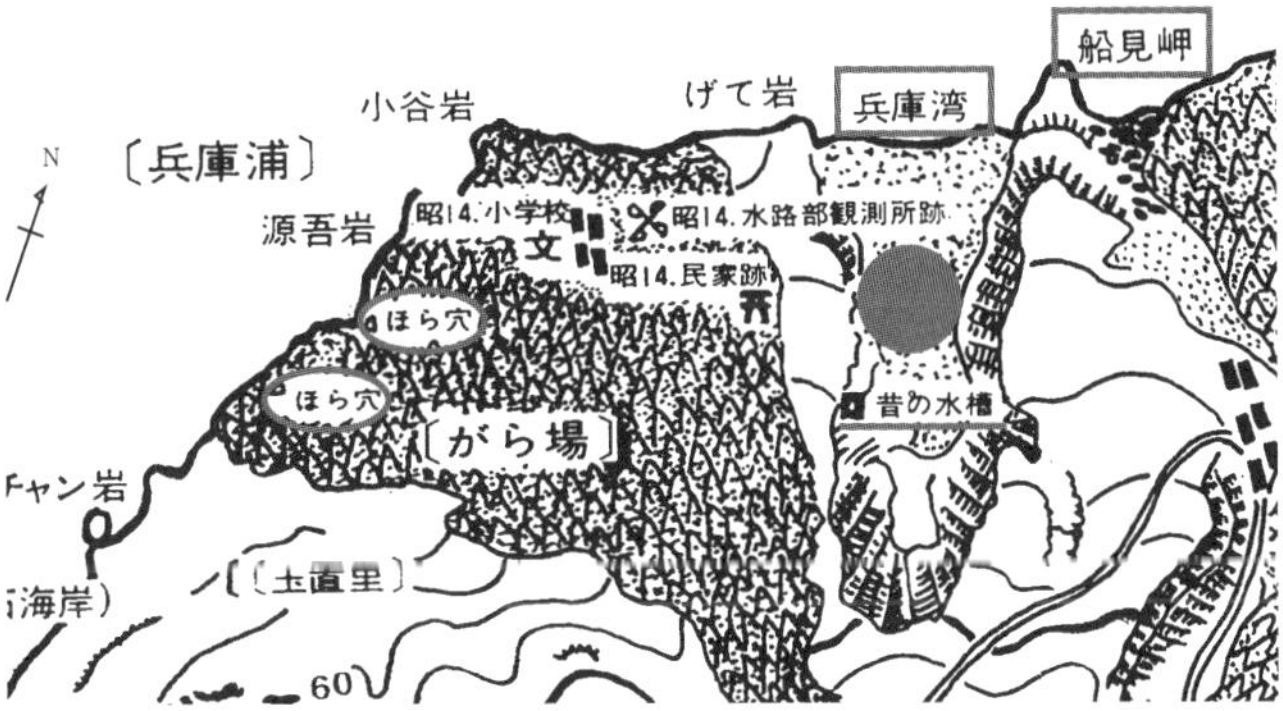

出典:『鳥島』 100m

そしてもう一ヵ所、漂流民の洞窟があった西崖も気になる。

西崖は「無人島談話」の地図に「土佐及大坂者初住」此」「日州船着」此」と記されている場所だ。

それは昭和期の地図ではどこに当たるのか。

双方を対照させてみる（地図8）。

西崖は「無人島談話」の地図で西部（真西）とされている。昭和期の地図上では初寝崎だ。

江戸期の地図情報を鵜呑みにすることはできないにしても、新旧の地図で北崖（漂流里）の位置は北部で一致していた。西崖についてもおよその位置は参考になる。

わたしは漂流民の洞窟の位置を島の二ヵ所に絞った（82ページ 地図9）。

北崖は兵庫湾から兵庫浦の溶岩地帯までの一帯。島の北から北西部の地区だ。西崖は初寝崎がある島の西部。それぞれの場所に何か残されていないだろうか。

確かめるためには、現地を知る人に尋ねてみるしかない。

地図8 西崖の位置を推定する

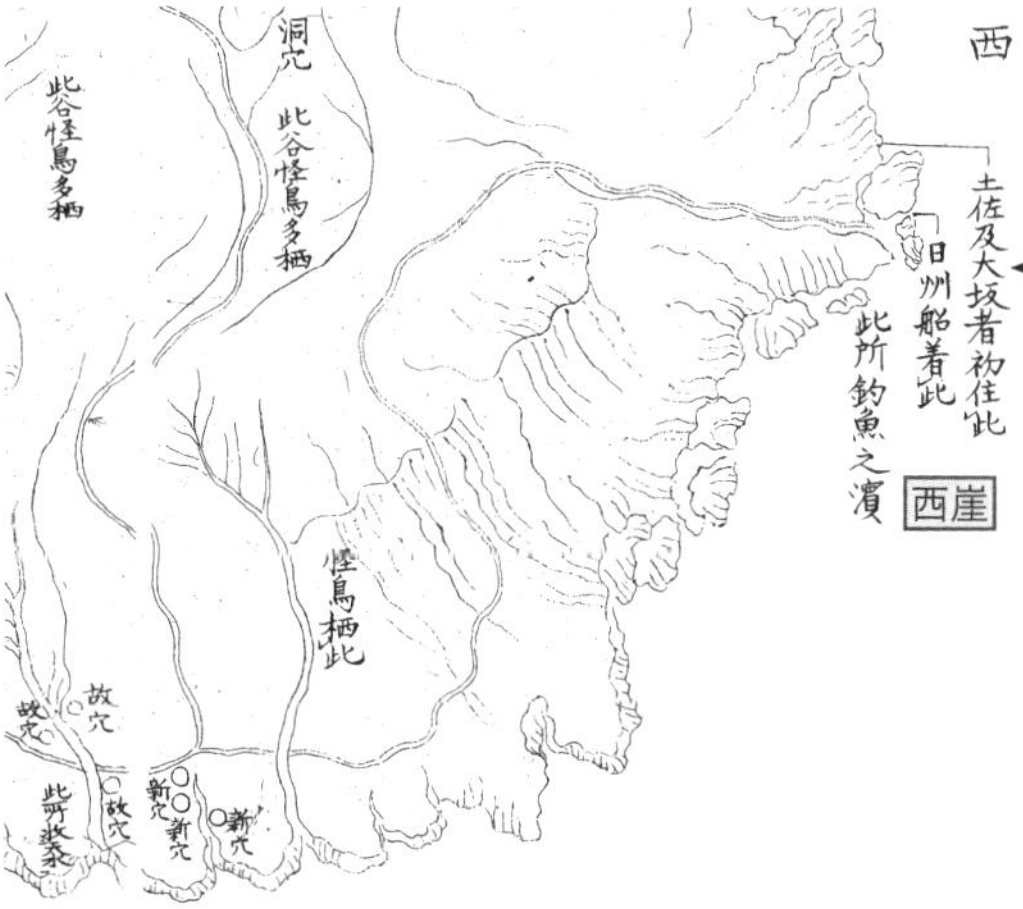

「土佐及大坂者初住此」「日州船着此」と書かれた場所が西崖に当たる

北崖
（漂流里）
北

出典：「無人島談話」
（国立国会図書館蔵）

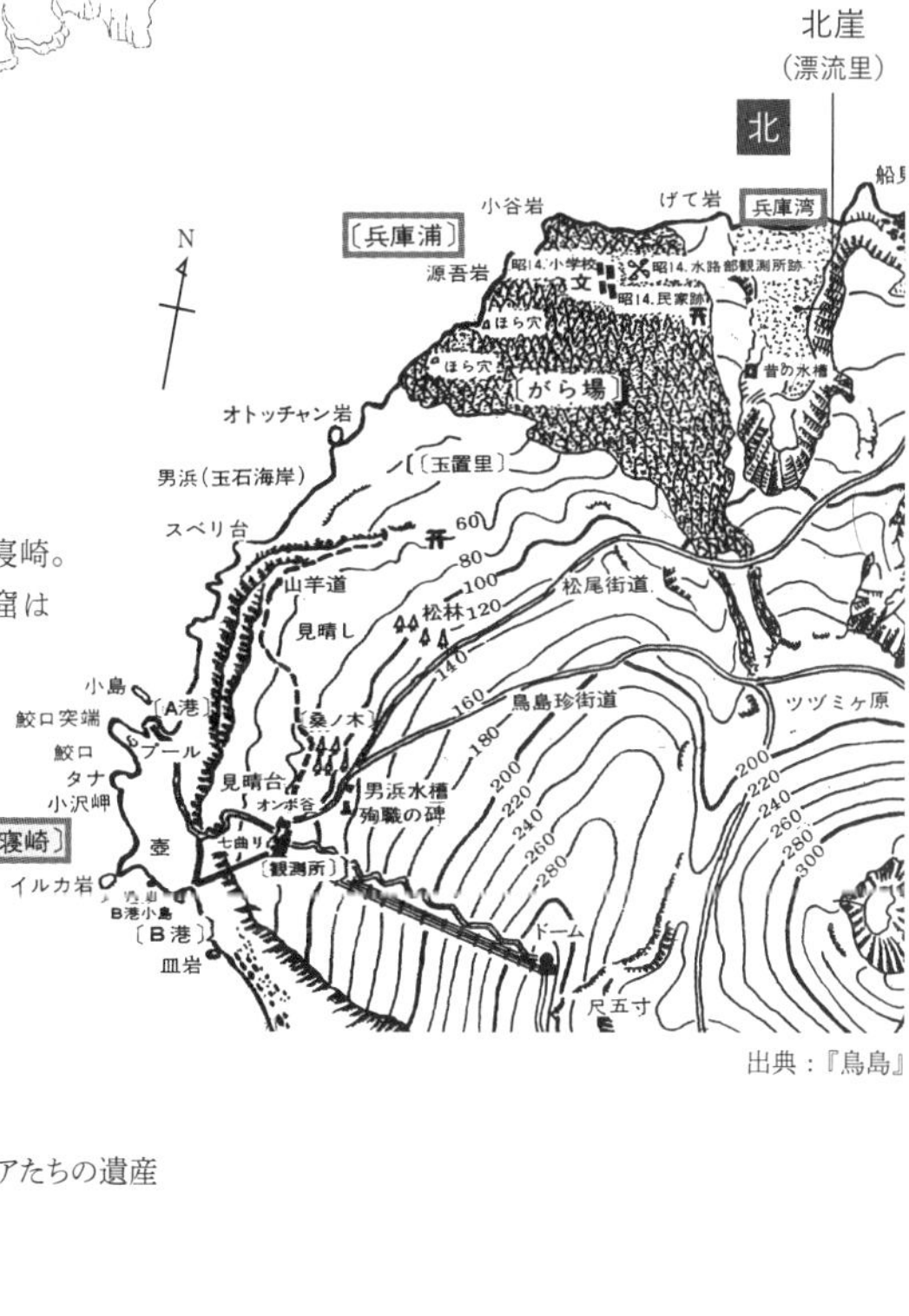

鳥島で真西に当たる初寝崎。江戸時代に西崖の洞窟はここにあった?

出典：『鳥島』

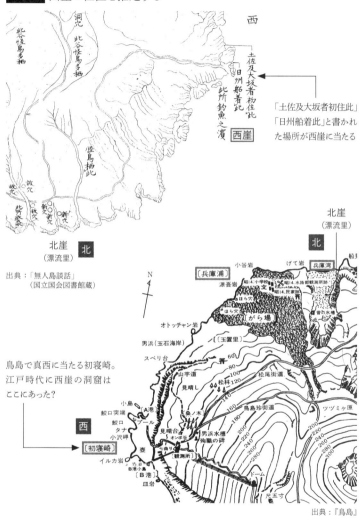

地図9 漂流民の洞窟の捜索範囲

北崖（漂流里）の中心位置は兵庫湾周辺だが、洞窟が散在していたことも考えて捜索範囲を兵庫浦の溶岩地帯まで拡大する。西崖は島西部（真西）の初寝崎周辺とする

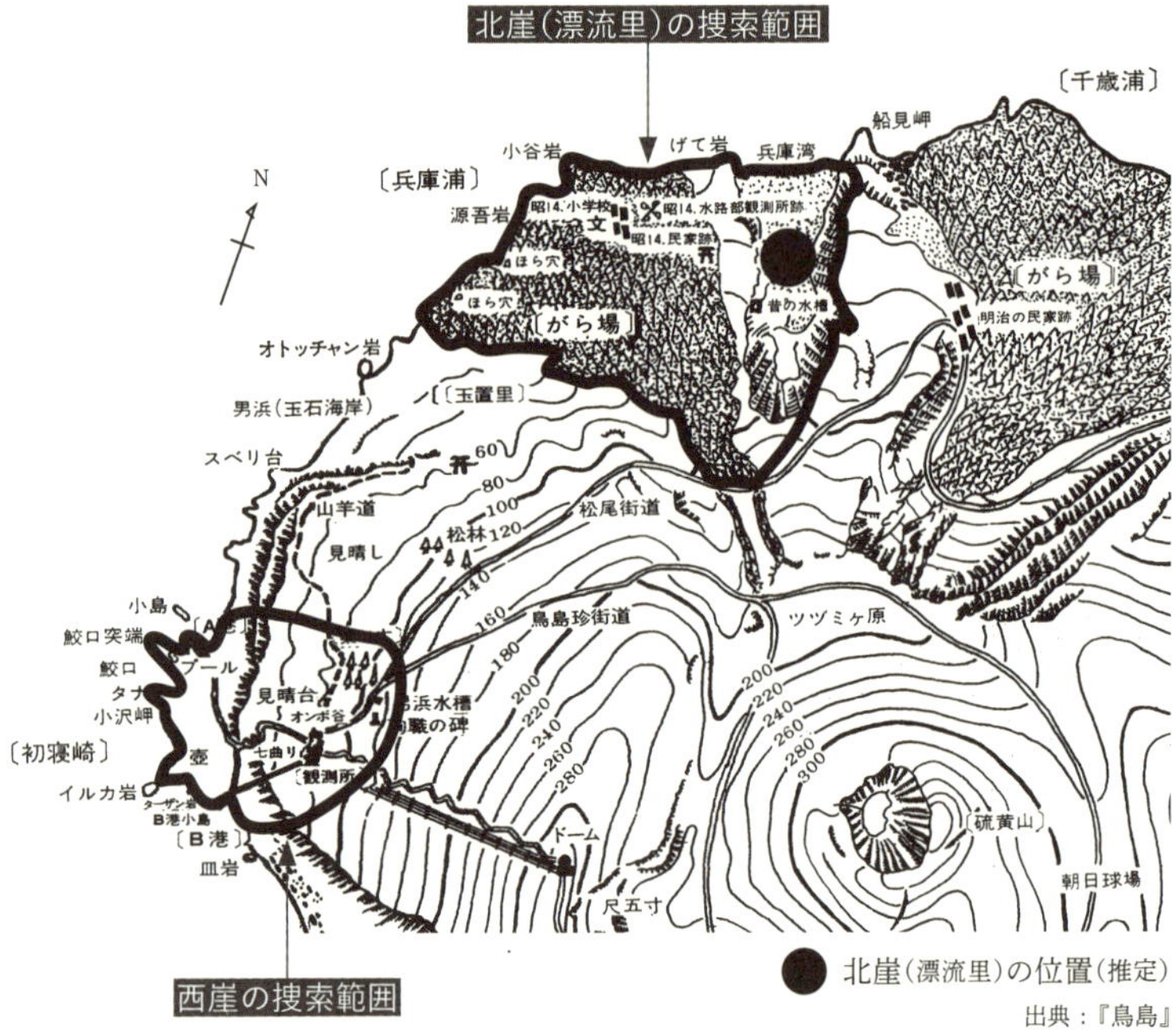

● 北崖（漂流里）の位置（推定）

出典：『鳥島』

第五章　気象観測員と火山

長谷川博氏に会った後、わたしは気象庁の元観測員に手紙を書いた。彼が紹介してくれたのは鳥島気象観測所に勤務していた渡部栄一氏と藤澤格《いたる》氏の二人だ。『鳥島』の地図に書かれた兵庫浦のほら穴とはどのようなものか。それは江戸時代の漂流民と関係があるのか。現在でも残っているのだろうか。地図が作成された当時のことに詳しい彼らであれば、何か知っているかもしれない。わたしは漂流民を追跡したいという一途な思いとともに、知っていることがあればぜひ教えてほしいと書いた。

最初に返事が来たのは藤澤氏からだった。一九六五（昭和四十）年、火山が噴火しそうになった鳥島から撤退した最後の観測隊の一人だ。彼は会って話したいというわたしの希望を受け入れてくれた。現在は病気で入退院を繰り返しているが、時間を取ってくれるという。

人に会いに行く時はいつも身が引き締まるような思いがする。老いて闘病をしている人となるとなおさらだ。身を削って語ってくれる話や時間を無駄にはしたくない。

わたしはさいたま新都心駅へと向かった。無事に落ち合い、喫茶店を探して入った。

静かな物腰の彼は情熱を内に秘めるようなタイプの人だ。わたしは鳥島での生活について尋ねた。

「何でも自分でやらなくてはならない。そんな場所です。おかげで機械には詳しくなりましたよ。今では壊れたパソコンを自分で何度も直して使うようになりました。新しいのを買えばよさそうなものですが、ここを直せばまだ動くじゃないかと考えてしまう」

彼は当時、高層観測に従事していたという。白いゴム気球を飛ばし、上空の気圧、気温、湿度などを測定する。

「なぜ真水も手に入らないような鳥島に気象観測所が作られたのでしょうか」

わたしの質問に、彼は当時を振り返りながら答えた。

「台風の進路や梅雨前線の動きを正確に把握するためです。鳥島に観測所があったおかげで天気予報の精度がかなり上がったと思います。今は気象衛星で宇宙から観測できる時代ですが、当時は本土に向かってくる前線や台風の通り道で動向を予想するしかなかった。鳥島は格好の位置にあるんです」

藤澤氏が鳥島に赴任していたのは一九六〇年代だ。その頃の様子が新田次郎の小説『火の島』に描かれている。群発地震が発生し、大噴火の不安に怯えながらも任務に励む観測員の心理と行動をとらえた作品だ。

彼らの宴会シーンを描いたこんな一節がある。


房野八郎のオハコは、石焼き芋屋の呼び声だった。

「イシヤキイモー、ヤキイモ、イシヤキ、イシヤキーイモ」

最後の「モ」を引張らずに、突然、ばっさり切っておとすような止め方がうまかった。

（中略）人々は、房野のイシヤキイモの中に、郷愁を感じた。


（『火の島』一九七四）

鳥島に気象観測員が派遣されていた時期は日本の高度経済成長期と重なる。日本中の多くの人が日々の生活に豊かさを実感し、発展していく社会に明るさを見いだしていた時代だ。観測員たちは不便な無人島にとどまり、気象観測という地道な作業で社会を支えた。イシヤキイモの呼び声に郷愁を誘われる彼らの心情がよくわかる。

藤澤氏は後に『アホウドリ』(一九六七)という本を出版した。わたしがその本について触れると、彼はほがらかな表情で言った。

「ずっとボランティアでアホウドリの保護活動をしていたんです。昭和四十年に観測所が閉鎖され、全てを投げ出して撤退してきたので、せめて記録に残しておきたいと思ってまとめました」

穏やかに話す彼だが、著書には辛辣な現実が書かれている。

「人間だけ引揚げて、アホウドリを見殺しにする気か」、「せめて雛と卵だけでも……」。鳥島から引揚げて来た私達に各方面からこの様な電話や手紙が舞い込んだ。

(『アホウドリ』一九六七)

引き揚げ当時、島では成鳥《せいちょう》が四十二羽確認されていた。前の年に比べて十羽も多かった。卵は十七個も生まれていた。社会の一部ではアホウドリを放置して人間だけが避難したと彼らを批判する声が上がった。それに対し藤澤氏は「彼等を自然のまま放置することが最上の方法」であるとして、安易な保護論には取り合わなかった。鳥島での保護活動を中断せざるを得なくなった彼がこれまでの経緯を記録にとどめておこうと筆を執った気持ちはよくわかる。
そもそも絶滅したと思われていたアホウドリが見つかったのは一九五一（昭和二十六）年のこと。当時の観測所所長を務めていた山本正司が島の南東部にある燕崎を訪れ、白い大きな鳥を見つけた。彼は日記にこう記している。

嘴《くちばし》をパクパクさせて私にせまって来た時、これは大変なものを見たと、夢中で崖を攀《よ》じ登り観測所へかけ戻った。鳥類図鑑を開くと、やっぱり正真正銘のアホウドリだった。

（同前）

ニュースは鳥類学会だけでなく日本中に伝えられ、アホウドリの保護が議論されるようになった。そして一九五八（昭和三十三）年に天然記念物とされ、四年後には特別天然記念物に格上げされた。ただし保護や監視体制については何ら具体的な取り決めはなかったという。
長谷川氏がわたしに紹介してくれたもう一人の観測員、渡部栄一氏はその仕事に最初から取り組んだ。彼はコロニーに通って監視保護に努め、アホウドリの天敵である野良猫退治も行った。戦時中に兵士が持ち込み、野生化したと考えられる猫だ。渡部氏の調査報告書「鳥島のあほう鳥」によれば彼は昭和三十一年頃に十六匹しとめている。
新田次郎が一九五五（昭和三十）年に発表した『孤島』は、鳥島でアホウドリが発見された当時の気象観測員たちの任務を描いたものだ。そこにも猫退治の場面が出てくる。

交替船が東京港を出発すると同時に挙げる筈《はず》の祝盃のビールが、山猫退治の賞品として当てられることになった。猫一匹につきビール一本の割当てである。

「一人でビール十本を飲み切れるかねえ」

徳さんが真面目くさって言うと、どっと笑いが起った。彼は一人で十匹をやっつけるつもりらしく、ネジリ鉢巻に、上体は裸であった。(中略)

一人一人の顔からは遊びは消えていた。各自の心の中で凝結していた不満が、この朝の行事で一気に解決しそうにも思われた。

(『強力伝・孤島』一九六五)

気象観測員らは博愛の精神だけでアホウドリに関わっていたわけではない。アホウドリの保護活動はやり場のない不満を抱えた男たちにとって一時、我を忘れる憂さ晴らしになっていた。彼らがアホウドリを救ったことは事実だが、同時に島に閉じ込められた男たちを救ったのもアホウドリだった。

渡部氏と藤澤氏の仕事は若かりし頃の長谷川博氏に影響を与え、アホウドリ研究に打ち込むきっかけを与えたという。二人はアホウドリ保護の礎《いしずえ》を築いた先駆者だったのだ。

アホウドリを食料とした江戸時代の漂流民。明治の開拓民による乱獲。絶滅報告と奇跡的な再発見。そして現代も続く保護活動。鳥島の歴史をたどるとアホウドリが縦糸のように各時代の人間をつないできたことがわかる。

玉置半右衛門の開拓は、鳥島にとって忌まわしい負の遺産だ。彼の業績は善悪の価値判断で否定されることが多い。しかし、悪いことばかりではない。彼は漂流民の洞窟を見つけ、漂流里と名づけた。鳥島に関する資料が少ない中にあって、その価値は計りしれない。漂流里と地名がついたことで地図に載り、その位置が推定できるようになった。彼の発見と命名がなければ歴史の空白となっていたに違いない。

洞窟が大噴火により全て失われてしまった可能性もあるが、わたしは何かが残っていることに依然、期待を寄せていた。

さいたま新都心駅のビルにある喫茶店で藤澤氏からアホウドリの話を聞いたわたしは本題に入った。

「漂流民の遺跡について何かご存じないですか」

わたしの質問に藤澤氏は首を横に振った。

「いえ」

そこでわたしは『鳥島』の地図を広げ、兵庫浦の溶岩地帯に記されたほら穴について尋ねた。

彼は黙って首を横に振った。

藤澤氏は漂流民に関心がなかったわけではないという。いや、むしろ好奇心の塊だった彼は島のあちこちを歩き回ったらしい。

「それらしいものは何もなかったように思います」

彼の返答ははっきりしていた。北部の兵庫湾周辺、北西部にある兵庫浦の溶岩地帯、西部の初寝崎を含めて鳥島で漂流民の足跡を見た記憶はないという。

わたしは彼に礼を言って別れた。

もう一人の元観測員、渡部氏から洞窟についての返事が来たのもほどなくのことだ。

彼は鳥島で気象観測が始まった一九四七（昭和二十二）年から現地に派遣され、無線通信課で勤務した。当時を振り返り、気象庁の観測所を建設する際、初寝崎の海岸にダイナマイトを仕掛けて工事したのでそのあたりの景観はかなり変わったようだと教えてくれた。

その一方、兵庫浦の溶岩地帯で大きな洞窟を見たことがあるという。海に接する岩場にあり、洞窟の内側には海水が膝下ぐらいまで浸水していた。ドーム型の間口は二メートル以上の高さがあった。洞内は感嘆するほど大きかったが、膝下まで海水に浸かっていて漂流民が生活を送った洞窟には見えなかったらしい。

彼が見た洞窟は『鳥島』にも出てくるという。戦時中に鳥島に派遣されていた日本兵、中村茂夫の手記「終戦時の鳥島の記録」だ。

洞窟（※雄浜《おはま》と兵庫湾の間の溶岩流の下で、間口も相当に広く、内部も戦闘機位《くら》いなら十分格納出来る程の広さがあった）内で上壁《じょうへき》より垂《た》れる水滴を（中略）一昼夜で一ヶ所から丁度一升壜《びん》に一杯の水を採る事が出来た。（中略）水事情の悪化した時はこれを飲用して大いに助かった。

※（　）内は原文注

洞窟があったのは雄浜と兵庫湾の間の溶岩流だという。『鳥島』の地図上で「雄浜」という地名は見られないが、「男浜（玉石海岸）」ならある（82ページ 地図9）。渡部氏に確認してみると二つは同じ場所で、オハマという呼び方に対し雄浜と男浜という二つの表記が混在するらしい。

つまり戦時中に目撃された洞窟は兵庫浦の溶岩地帯にあり、『鳥島』の地図に示されている二つのほら穴の位置に当たる。彼らが見つけた洞窟はその一つだったのかもしれない。

洞窟は戦闘機が入るほどの人きさだったらしい。ゼロ戦の名で知られる零式艦上戦闘機二一型の場合、両翼を入れた全幅は十二メートル、高さは約三・五メートル。小学校にあるミニバスケットコート半面くらいの大きさに相当する。

渡部氏は高さが二メートル以上と記憶しているので、厳密に戦闘機が入るサイズかどうかはともかく、それほど大きな洞窟だったとわかる。

元兵士の記録や渡部氏の記憶は貴重な情報だ。ただし漂流民との関係については客観的に確かめる必要がある。問題は兵庫浦のほら穴が漂流民の時代に遡れるのか、それともそれ以後に起きた噴火の溶岩流でできた空洞かという点だ。

それを調べるにはどうしたらいいか。

わたしは「伊豆鳥島火山の岩石学的研究」（二〇〇五）という論文にたどり着いた。著者らは二〇〇三年に鳥島で現地調査を行ったという。

鳥島に出かけた火山学者がいるのなら会って話を聞いてみたい。わたしは著者の一人、九州大学准教授の松島健《たけし》氏にメールを送った。

返事はすぐに来た。桜島の火山活動に変化の兆候があるため鹿児島に向かうことになっているが、出発前であればスケジュールを調整してくれるという。二〇〇九年十一月。わたしは取るものもとりあえず住まいのある秋田市から彼の研究所がある長崎県島原市へと出かけた。

火山学者のオフィスは火山にある。住所をもとに地震火山観測研究センターに行くとそれは雲仙普賢岳の麓にあった。普賢岳と言えば一九九〇年代に起きた火砕流で取材中のマスコミ関係者ら多数が巻き添えになったことで知られる。

松島氏は科学者らしい淡々とした雰囲気で、わたしを大きなモニターが載ったテーブルに案内した。

「鳥島に興味がおありとは珍しいですね」

研究室の片隅に地震計のようなものがあった。床に無造作に置かれたバッグから黄色いヘルメットや小型の計器類がのぞいている。わたしは漂流民の洞窟を追跡する過程で火山に関心を持ったことを伝えた。

彼は納得すると現在も続いている鳥島での調査活動について話し始めた。現地には地震計が設置されていて衛星電話回線を通じてデータを回収している。それをモニタリングしながら何度か島に渡って実地調査を行ってきたという。

「今も火山活動は活発なのですか?」

「だいぶ落ち着いてきたと言っていいでしょう」

写真1

中央火口丘の子持山と硫黄山を、外輪山に当たる旭山と月夜山が取り囲んでいる。漂流里は千歳浦と兵庫浦2ヵ所の溶岩地帯(色の黒い部分)に挟まれた兵庫湾にあったと考えられる(写真提供：松島健氏)

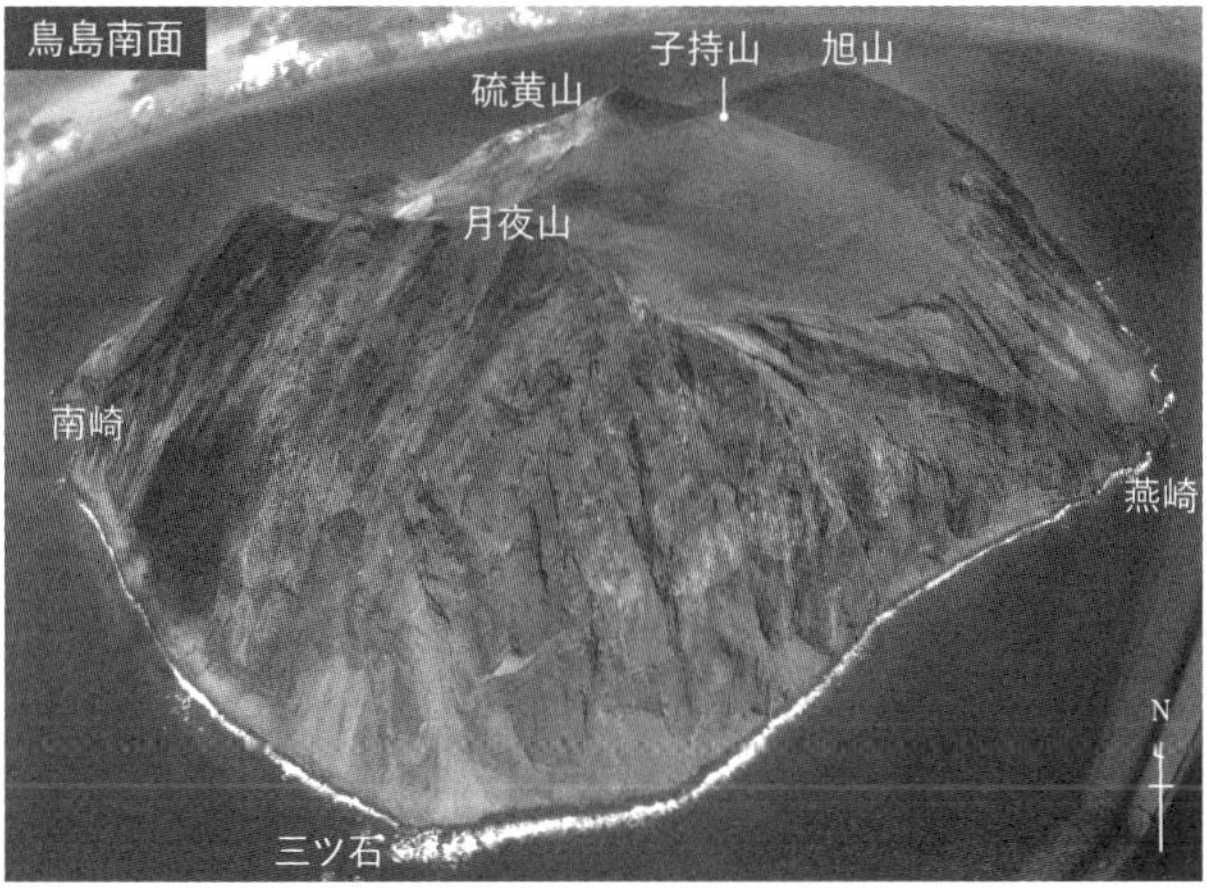

断崖絶壁に覆われた鳥島の南面(写真提供：松島健氏)

二〇〇二年の噴火で山頂に新たな火口ができたが、その後は鎮静化に向かっているという。

彼はパソコンを起動させ、現地で撮影した写真（前ページ 写真1）やビデオを映し出した。焼け焦げたような岩肌に葦草がしがみつくように生えている。黒と緑のコントラストが際立つ。わたしが考えていたよりも不毛の地ではなさそうだ。

彼は鳥島の火山について簡単なレクチャーをしてくれた。

島であることに違いはないが、鳥島は火山の山頂が海上に顔を出したものと考えた方がわかりやすい。いつ噴火してもおかしくない活火山で、気象庁が事務局を務める火山噴火予知連絡会が二〇〇三年に選定した火山活動度でAランクに指定されている。山頂には直径約一・五キロメートルのカルデラがある。その窪地の南北に子持山（標高三六一メートル）と硫黄山（標高三九四メートル）がある。鳥島はそれら二つの中央火口丘からなる二重式火山だ。火口を取り囲むように聳《そび》える旭山（標高三八七メートル）と月夜山（標高三七二メートル）は外輪山だ。島の南側は断崖絶壁で覆われている。

では大噴火はどのような経緯をたどり、島の姿をどのように変えたのか（地図10）。火山爆発前の鳥島は三子島と呼ばれたように子持山、旭山、月夜山が聳える火山島であった（A）。明治後期になって大爆発が起こり、子持山の山頂付近（B1）が吹き飛んだ。巨大な岩が雨あられと降り、玉置町（B2）は一瞬で消失した。また漂流里周辺（B3）でもマグマ水蒸気爆発が起き兵庫湾ができた。

昭和期にはストロンボリ式噴火といって火柱を上空に噴き上げ、牛や軽トラックほどの大きさ

地図10 大噴火による地形の変化 出典：『鳥島』

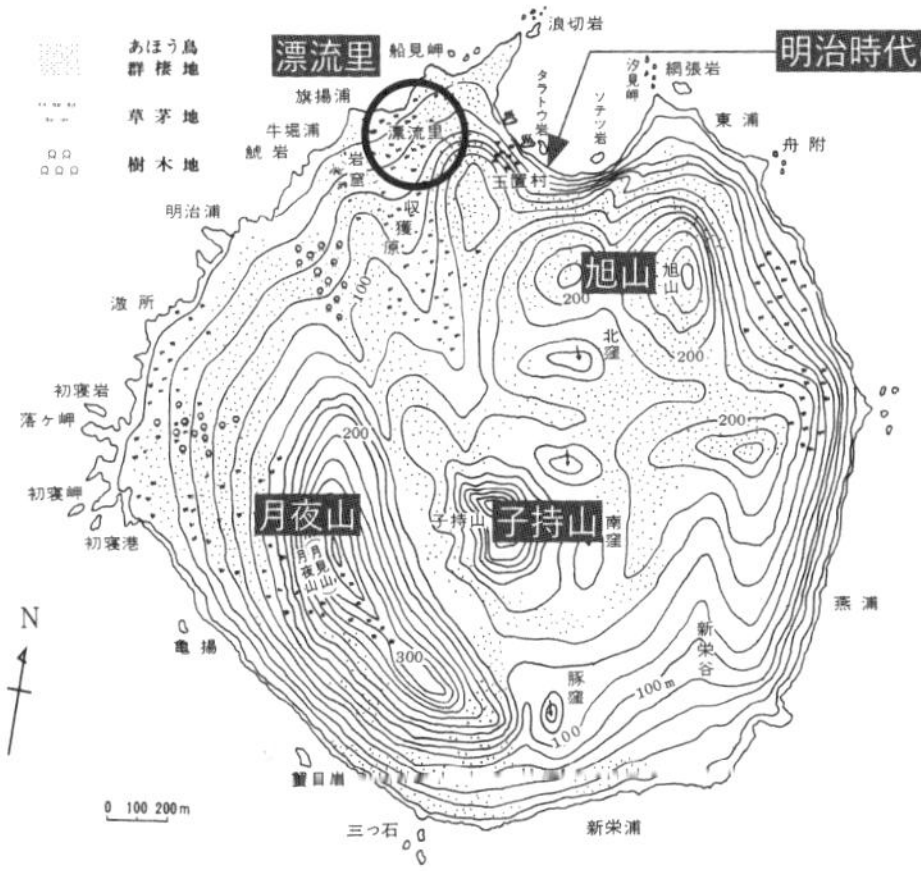

A

火山爆発前（江戸〜明治）

子持山、旭山、月夜山の3つの山が海上に聳え立つ様子から三子島とも呼ばれた。北部に漂流里があった

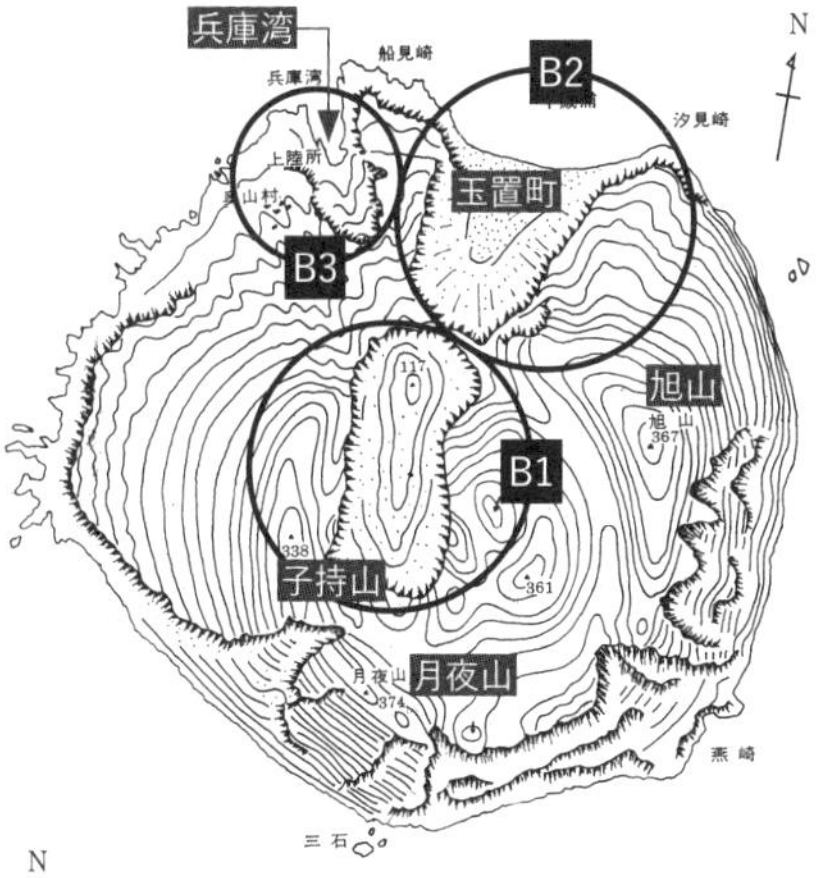

B 1902（明治35）年 火山爆発後

〈明治の大爆発〉

①子持山を中心とする中央火口丘が崩れ(B1)玉置町が消失(B2)。125人の住民が死亡した。月夜山と旭山の山頂(最高点)の位置が変わった

②マグマ水蒸気爆発で島北部の漂流里が吹き飛び、そこに馬蹄形の兵庫湾ができる(B3)

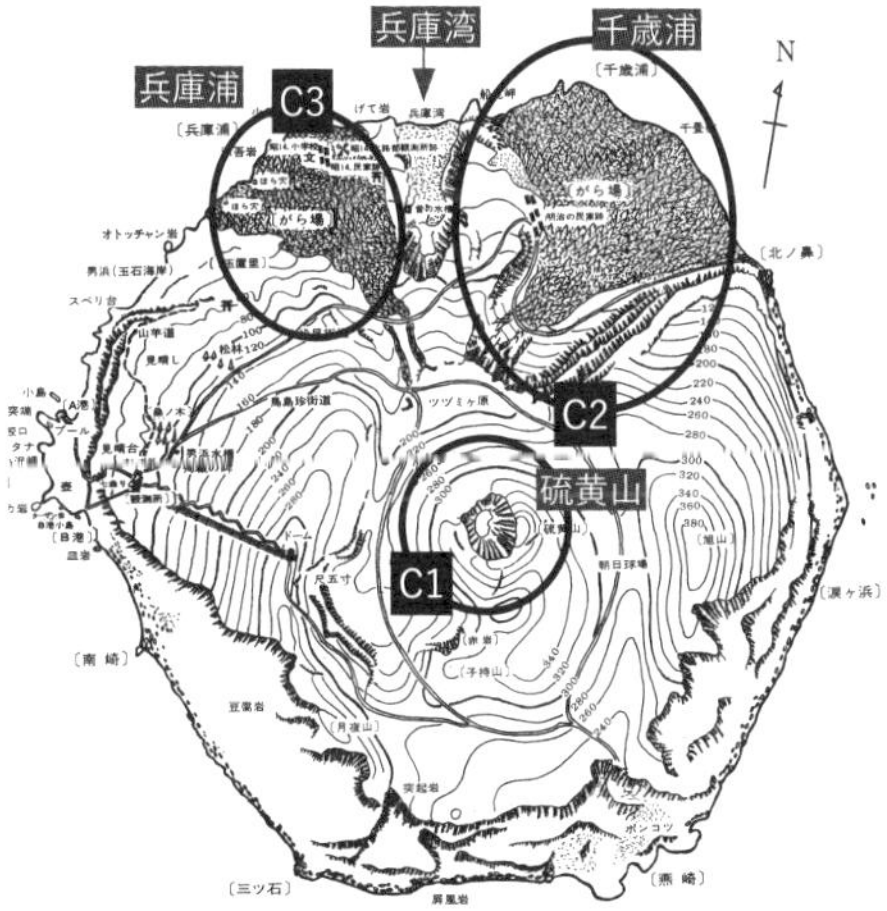

C

1939（昭和14）年 火山爆発後

〈昭和の大爆発〉

①ストロンボリ式噴火が起き、新たに硫黄山が出現(C1)

②溶岩が流れ出し、千歳浦(C2)と兵庫浦(C3)を覆い尽くした。溶岩は兵庫湾には流れ込まなかった

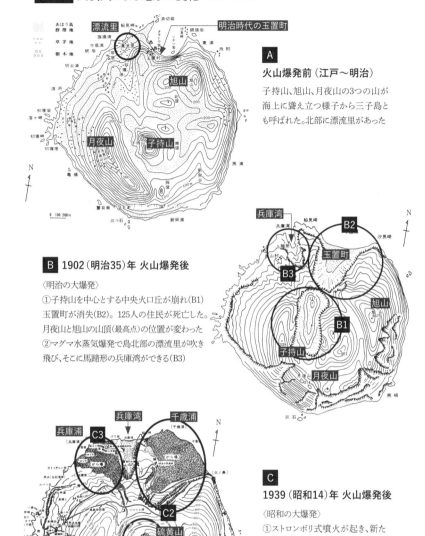

の大岩を雨あられと降らせた。硫黄山（Ｃ１）と呼ばれる新山が形成されたのもこの時だ。火口からは溶岩が派手に流れ出した。

溶岩は兵庫湾（漂流里）を挟むように、千歳浦（Ｃ２）と兵庫浦（Ｃ３）に流れ込んだ。

わたしは単刀直入に尋ねた。

「漂流里は全く残っていないのでしょうか」

「島の北部は地形が変わってしまいましたからね。それまでなかった兵庫湾が新たにできたぐらいです」

わたしは気象観測員だった渡部氏が見た戦闘機が入るほど大きなほら穴について松島氏に尋ねてみた。

「兵庫浦の溶岩地帯で何かを見たことはありませんか」

「いや、記憶にありませんね」

松島氏は溶岩地帯の写真を何枚かモニターに映し出してくれたが、画面は溶岩の黒い色で塗りつぶされたように見え、何も確認できなかった。

渡部氏の話では溶岩地帯の洞窟内に海水が流れ込んでいたというから、洞窟があるとしても海に臨む断崖の下などにあって見えづらいのだろう。

それは漂流民の時代に遡れるのか。あるいは昭和期に流れ込んだ溶岩流の空洞だろうか。松島氏は参考になるデータを示してくれた。

「伊豆諸島における火山噴火の特質及び火山防火に関する調査研究資料集」（一九九二）によれば、

山腹を覆い尽くした溶岩量は四百万立方メートルだったという。データをもとに松島氏に溶岩地帯全体の面積から試算してもらうと、溶岩の厚さは平均で約七メートルという結果になった。

「無人島談話」には漂流民の洞窟の大きさが「四方およそ五六尺、あるひは六七尺、高さもまたほぼ同じ」と記されている。洞窟の高さは一番高いもので七尺、つまり二・一メートルだった。溶岩流の厚さは平均七メートル。二メートル程度の洞窟は溶岩流にすっぽりと飲み込まれてしまったことだろう。

また兵庫浦の溶岩地帯にあるほら穴は戦闘機がすっぽり入る大きさだったという。溶岩流の厚さから昭和期の噴火で新たにできた空洞だと考える方が妥当かもしれない。

わたしは島の西部についても尋ねてみた。

「初寝崎はどうでしょう？」

「島で調査する時は初寝崎にある気象観測所の廃墟をベースキャンプとしているんです。見たこともないし、聞いたこともありませんね」

彼はきっぱり答えた。

情報を整理してみる。

漂流里は明治の大爆発で吹き飛んで兵庫湾となった。もし吹き飛ばされずに残った洞窟が周囲にあったとしても、隣接する兵庫浦の溶岩地帯に現存するとは考えにくい。昭和の大噴火で流れ出した溶岩の厚さは平均七メートルとされる。そこにある戦闘機が入るほど大きいほら穴が確認されたのは昭和の大噴火の後だ。その事実関係からも、やはり溶岩の空洞であろう。

真西に位置する初寝崎には気象観測所の廃墟があり現在でも人の往来がある。そこで漂流民の遺跡を見たという情報はない。観測所の建設中にダイナマイトを仕掛けて工事したことで失われてしまったのかもしれない。

現在の鳥島に漂流民の洞窟が残っている可能性は低そうだ。

それでもわたしはなぜかあきらめる気持ちがしなかった。鳥島に行ったことがある人から話を聞けば聞くほど確固としていったことがある。気象観測、アホウドリや火山調査を行っている研究者たちは漂流民を追跡したわけではない。様々な資料に当たってみても漂流民の足跡が調査された形跡はない。調べた人がいて存在しないと言っているなら、あきらめようもある。しかし専門に行った者がいないのだから、何かを見つけ出せる余地はゼロと決まったわけではない。

存在しないのであればそれでも構わない。誰も知らないことを自分の目で確かめることにこそ価値がある。状況はネガティブだが、現場を見なければ何もわからない。手つかずのままのフィールドに最初の一歩を踏み込んでみたい。わたしの思いは募る一方だ。

モニターの画像が変わり、次に映し出された写真に白いものが映っていた。

「アホウドリですよ。鳥島へ行くには山階《やましな》鳥類研究所の船に乗せてもらっているんです」

山階鳥類研究所と鳥島の関係は、理学博士・山階芳麿《よしまろ》が昭和初期に鳥島でアホウドリ調査を行ったことから始まる。現在、鳥島でアホウドリの保護や研究に当たっているのは長谷川博氏だけではないのだ。松島氏は言葉を続けた。

「山階隊がアホウドリ調査をしている間、火山観測や地震計のメンテナンスなどをするんです」

それを聞くとわたしは無性にうらやましくなった。できればわたしも現地をひと目でいいから見てみたい。漂流民たちが置き去りにされ、命をつないだ場所を見てみたい。彼らの洞窟はまだどこかにあるかもしれない。できることならそれを探してみたいと打ち明けた。

「また行かれる予定はないのですか」

あっさりと答えが返ってきた。

「噴火でもすればすぐに駆けつけるところなんですがね」

火山学者は火山が爆発しない限り、火山に行くことはないという。

火山活動度がランクAとは言うものの、鳥島はなぜか眠れる獅子のようにおとなしい。

第六章　波濤を越えて

五月晴れのすがすがしい朝だった。窓を開けるとセキレイの声が聞こえた。わたしは繊細な糸を紡ぐような鳴き声に誘われて外に出た。二羽のセキレイはわたしをどこかに案内するかのように路面を少し歩いては立ち止まった。追いかけるように近づくとまた十数歩先へと進み、長いしっぽを上下に振ってみせた。

散歩から帰ってパソコンの電源をつけると九州大学の松島健氏からメールが届いていた。件名は「伊豆鳥島」。重要度が「高」となっている。

長崎の研究室で会ってから半年になる。その後メールで何度かやり取りをしたが、わたしの追跡に進展がもたらされたわけではない。いや、むしろ停滞したまま次にどう動くべきかもわからなかった。

わたしはメールを開いた。

急な話なのですが、伊豆鳥島行きの可能性が出てきました。（中略）環境省の事業でちょっとした土木工事を実施します（実施するのは山階鳥類研究所）。その作業隊に同行可能との連絡が入りました。髙橋さんの予定はどうでしょうか？

鳥島に行ける⁉　まさかこんなチャンスがめぐってくるとは！

彼は鳥島で火山の状況調査と観測機器の保守点検をする予定だという。その手伝いとしてわたしを誘ってくれたのだ。わたしは同行すると即答した。漂流民の洞窟が存在する可能性は高くない。火山調査の手伝いである以上、自由に探し回れる時間はないだろう。それでも島に渡り、彼らが苦闘を演じた現場を実際にこの目で確かめたいと思ったのだ。

環境省が行う土木工事とはどのようなものなのか。ウェブサイトで二〇一〇年二月十八日付の報道資料を見つけた。島の南東にある燕崎のコロニーで土砂崩れが発生し、アホウドリのヒナ約十羽が飲み込まれた。山階鳥類研究所の職員が辛うじて被害の拡大を防いだが、危険な状況に変わりはない。ヒナが巣立った六月に土砂流入防止の工事を行うことになったという。

数日後に松島氏から再びメールがきた。調査隊を率いるのは山階鳥類研究所の佐藤文男《ふみお》氏で、彼からもわたしの参加を了解してもらえたという。普通であれば松島氏に同行する助手は大学の研究者となるはずだ。佐藤氏はわたしの経歴を見て異色の同行者と感じたようだ。松島氏のメールには次のように書かれていた。

不思議な人が参加されるのですね。おもしろそうです。と言われちゃいました^^;

「おもしろそう」と思ってもらえるならありがたい。わたしは佐藤氏に会って漂流民の追跡について話してみようと思った。理解してもらえないかもしれないが懐に飛び込んでいくしかない。

今回の派遣メンバーは十六人。二班に分かれて現地に向かうという。第一班は山階の調査員と土木作業員で構成される。彼らは六月九日に八丈島を出航し、二十一日に鳥島を離れる。松島氏とわたしは第二班に振り分けられた。十二日に八丈島を出航して十七日に鳥島を離島する予定だという。第二班には他にテレビ局の撮影クルーが参加するらしい。

鳥島は北緯約三十度に位置している。鹿児島県の屋久島とほぼ同じ緯度だ。わたしは温暖な南の島を想像した。『南鳥島・鳥島の気象累年報および調査報告』（一九六三）によれば月単位の平均気温（一九五一〜六〇年）が夏は二十七度を超える時があり、冬は十四度を下回らない。やはり温かい。しかも鳥島は湿度がかなり高いらしい。梅雨の期間が日本で一番長い場所とされ、梅雨が明けるとほどなく台風が次々と接近してくる。暴風日数は一年のうち二百十一日にも及ぶという。これまで鳥島のことを調べてきたが、いざ現地に行くとなると、どんな準備をすべきか見当もつかない。

松島氏によれば寝泊まりをする場所は気象観測所の廃墟だという。建物の一部に辛うじて屋根のついた部屋が残っているらしい。そこに簡易ベッドを組み立てて寝るというので、わたしはエアマットと夏用の寝袋を用意した。

他は山階隊から送られてきた装備のチェックリストをもとに準備を進めた。

特に重要な持ち物はヘッドライトとナイフ、靴、雨具と書かれている。ライトは頭に装着すれば両手での作業が可能となる。特に山中で日が暮れてしまった時などになくてはならない。ナイフは緊急時の対応を兼ねて常に携帯すべきとあった。さらに靴は三足持っていった方がいいという。足首まである登山靴、キャンプ地で履くサンダル、それにずぶ濡れになってもいいシューズだ。シューズを用意するのは本船からエンジンつきゴムボートに乗り移って島に上陸する際、波をかぶったり浸水する恐れがあるからだという。登山靴が一度濡れてしまうとなかなか乾きにくい。さらに手袋、帽子、水筒、食器、衣類、洗面具、船酔いの薬など。現地に店があるわけではないので調達は慎重に抜かりなく行わねばならない。

とはいえ大型のスーツケースに抱えきれないほど詰め込むことも御法度だ。荷物は本船からゴムボート、ゴムボートから船着き場へ、大きく揺れる波の上で人の手から手へと受け渡される。荷受けがしやすいようにコンパクトにまとめ、万が一、水をかぶってもいいようにビニールシートをかけておかなければならない。

装備に加え、食事や水のことも気になる。

現地の食事は共同で作るらしい。食材は調査員がまとめて手配するが、飲料水や燃料などはわれわれも八丈島で購入して船に積み込まねばならない。リストによれば、飲料用の水（二十リットルのポリタンク八本）、プロパンガス（十キログラムのボンベ一本）、カセットガスボンベ（二十一本）。その他、個人で飲む水や酒などは各自で用意する。チェックリストには無駄がなく、島での経験の深さを物語っていた。それもそのはず、山階の調査隊は今回で第六十六次を迎えるという。わたしは入念にパッキングし、カメラやGPS受信機、衛星携帯電話の他、漂流民に関する資料もバッグに入れた。

二〇一〇年六月十日。ついに出発の日となった。秋田から東京へと飛び、羽田空港の搭乗ゲートで松島氏と合流した。わたしは鳥島に誘ってもらったお礼を述べ、調査のために何なりと指示を出してほしいと伝えた。彼はにっこりとうなずいて言う。

「心配なのは天気の方です。波がちょっと高いかもしれないですね」

わたしはうつむき加減で答えた。

「覚悟はできています。でも、酔い止め薬が効く程度で済めばいいのですが。先生は船酔いはされないのですか」

「船に乗ったらいつもすぐに寝ちゃいますよ。起き上がろうなんて夢にも思わない」

それでも彼は表情を明るくして続けた。

「今回は大型ヨットで行くことになったそうです。寝台があるようだし、少しは気が楽ですね」

いつもは漁船の狭い室内に閉じこもり、同行者たちと重なり合うように十数時間をやり過ごすのだという。荒れた海にエンジン全開で突っ込んでいくようなものだから揺れないわけはない。風と波の力で進めるヨットというだけでも、わたしは運がいいのかもしれない。

われわれは八丈島行きのフライトに乗り込んだ。

到着したのは太陽が西に傾いた午後五時少し前だった。東京都心に比べて気温が高く、蒸し暑い。亜熱帯地方特有の湿気を含んだ空気を吸うだけで気だるい気分になる。タクシーをつかまえて乗り込み、運転手と一言二言、言葉を交わす。八丈島では梅雨入りが遅れているらしい。梅雨前線はまだ鳥島の辺りをうろうろとしているようだ。それがわれわれの航海にどう影響を与えるか、心配だ。

車はやがて狭い路地に入り小崎《おざき》荘の前で停まった。玄関前でわれわれを迎えてくれたのはアホウドリのデコイだった。そこは鳥島に渡るアホウドリ関係者の常宿らしい。長谷川博氏や山階隊が鳥島に渡る時、いつもここを足がかりにしている。

荷物を運んでいると女将の小崎エキさんが出てきた。もう何度も会ったことがありそうなほがらかな笑顔に緊張感が和らぐ。

「佐藤さんたち、今日出かけて行ったのよ。波が高くってね。だいじょうぶかしらね」

第一班は一日遅れでようやく出かけていったという。松島氏も渋い顔をしてわたしに語りかけた。

「鳥島行きは、予定通り行くことがないね」

これまで三度、鳥島に行ったことがあるという彼は八丈島と鳥島の間を六回航海したことになる。その六回中、予定通りだったのはたった一回だけだという。長い時には八丈島で十日間も足止めを食ったらしい。でもそれはまだいい方だ。彼は憂鬱そうに言った。

「山階の人たちは三十日間も鳥島に閉じ込められたことがあったって言うからね。それじゃたまらないね」

すでにわたしは予定すら立たない旅の一歩を踏み出してしまったのだ。

小崎さんはわれわれを畳敷きの大部屋に案内した。引き戸を開けると、中は蚊取り線香の煙が充満し、白いヴェールの向こうに人影が見えた。いっしょに鳥島へ渡るテレビ局の人たちだ。彼らは燕崎で行われる土木工事に加わり、バラエティ番組を制作するのだという。お笑い芸人とテレビ局所属のアナウンサーが過酷な作業を体験し、自分の人生を見つめ直すという筋書きらしい。

「鳥島に行くのはバラエティ番組ではうちらが初めてらしいっす」

アシスタント・ディレクター（ＡＤ）が誇らしげに言った。

漂流民の島に、ついにバラエティ番組もやって来たのか――。わたしは時代の流れをしみじみと感じた。

翌六月十一日。松島氏といっしょに町へ買い出しに出かける。調査に必要な工具や水、軽食などをひと通り揃え、八丈町役場を通りかかった所で彼が言った。

「鳥島に関する石碑が近くにありますよ。見ていきますか」

大賀郷《おおかごう》の護神山《ごしんやま》公園には「鳥島罹災者《りさい》招魂碑《しょうこんひ》」が立っている。明治期の大噴火で亡くなった人たちを悼《いた》む石碑だという。最近ではあまり訪れる人もいないらしい。われわれは伸び放題の雑草を踏み分けて石碑に近づいた。それは大噴火の翌年、東京府知事千家尊福《せんげたかとみ》により建立された。招魂碑が八丈島に作られたのは命を落とした百二十五人のうち九十人が八丈島や近くの八丈小島の出身者だったからだという。

木漏れ日が落ち、石に彫られた挽歌をまるで灯明のように照らしていた。


遭難者の御魂よ早く帰り来給へ、我々は酒を瓶に満してあなた達を待っている。我が村里には安心して居られる社《やしろ》がある。あなた達がこの故郷に帰り来られるのを切望してやまない。

（『鳥島』一九六七）


わたしはそっと手を合わせ、彼らの魂の安らかならんこと、そして鳥島行きの無事を祈念した。

小崎荘に戻りパッキングに取りかかる。天気予報によれば高波は徐々におさまりつつあるらしい。状況が一変することもあるが、いつでも出発できるよう万全の態勢を整えておかなければならない。わたしは全ての荷物にビニールシートをかぶせ、荷揚げできるようひもで縛った。

六月十二日の昼過ぎ、白く大きなヨットが神湊《かみなと》漁港に姿を現した。全長六十フィート（約十八メートル）の翔鴎《かもめとぶ》だ。八丈島と鳥島の間は二百九十キロメートルある。翔鴎は一昨日、片道二十時間かけて第一班を鳥島に送り届けてきた。今日の午後には予定通り、われわれ第二班を乗せて八丈島から出航するという。ほぼ休むことなく六十時間ほども航海をすることになるのだから、乗組員にとってはかなりのハードワークだ。それでも船長の能崎知文《のうざきともふみ》氏に疲労の色は微塵もない。

「先発隊は大波と暑さにやられて、上陸するのがやっとでした」

彼は言葉少なに語った。日に焼けた顔には海の男のダンディさが滲んでいる。

もっとも翔鴎は訓練航海の途中だという。乗組員たちはまだ見習いらしい。東京と小笠原を往復してカリキュラムをこなしながらわれわれを鳥島に送り届けてくれる。わたしは乗組員の一人に話しかけてみた。

「船酔いにかからないための秘訣でもあるのですか」

「とんでもない。ひどい船酔いに苦しんでばっかりです」

えっ、船乗りでも船酔いにかかるのか。わたしは口から出かかった言葉をどうにか押しとどめた。ところが言葉を飲み込んだためか、恐怖が心の中に根づいてしまった。

八丈島の漁師、山下和秀氏が書いた『東京都・豆南諸島まるごと探検』（二〇〇一）にも周辺海域の恐ろしさが書かれていた。八丈島から鳥島に向けて船を出すのは漁師でも容易なことではないという。台風シーズンや冬の季節風の時期は海が大時化となって論外。唯一、梅雨の頃がいいらしいが、風向きが突然変わる疾風《はやて》（北西風）や低気圧がもたらす南風はすさまじく、ひとたび雷が発生すると「何本もの稲妻が空に走り、景気よく海に落ちる」という。しかも八丈島から南の海域では船酔いを逃れられない。百戦錬磨の船乗りでさえ船酔いにかかる海とは一体全体どんな揺れ方をするのだろう。戦々恐々となってくる。

船への荷積みが終わったのは午後三時近かった。

気がつけばヨットは音もなく外洋へと滑り出していた。八丈島が次第に遠のいていく。

わたしはデッキに出て、風を全身で感じた。

南へ。鳥島への航海は今まさに始まったのだ。

しみじみとした思いに誘われる間もなく、近くで流動物が勢いよくこぼれ落ちる音がした。テレビ班の誰かがデッキから海に向かって嘔吐していた。様子を見ているとこちらまで伝染してしまいそうになる。

わたしはまだ堪えることができた。薬が効いていただけではなく、体のツボを念入りに押して船酔いにかかりにくくしていたせいもあるだろう。耳の神門と腕にある内関と呼ばれる箇所だ。鍼灸師に尋ね、それを教えてくれたのは妻だった。鳥島探検に出かけるわたしへの餞別だという。効き目はいつまでも続かない。そうとは知りつつもわたしは波の揺らぎに身をまかせ、遠くの水平線を見続けた。

やがてデッキにいる能崎氏と目が合い、とりとめもない話を始めた。鳥島の漂流民のことを持ち出すと彼にとっても気になる存在だという。風と海流に身をまかせるヨットは航海そのものがどこか漂流と似たところがあるらしい。

漂流者はどのようにして鳥島に流れ着いたのだろう。

考えられる要因はいくつかある。まずは海流だ。川合彦充の『日本人漂流記』によれば、黒潮の流れが大きく関係している。黒潮はフィリピンの沖合から東シナ海を北上し、日本の太平洋沿岸をなめるように東へと向かう。流れの幅は百キロメートルあり、速度は四ノット（時速七・四キロメートル）に達する。海のハイウェイとも形容される。

嵐でコントロールを失った船が黒潮につかまれば、またたくまに東へと流されてしまう。高知沖で遭難した長平が鳥島を見つけたのは十一日目（上陸は十四日目）、ジョン万次郎は六日目（上陸は七日目）だった。高知県南西端の足摺岬《あしずり》から鳥島までは直線距離で約七百五十キロメートルある。おそらく両者は黒潮と季節風によって、一気に鳥島まで流されたのだろう。

一方、遠州の甚八の場合はちょっと違う。彼が遭難したのは九十九里浜（千葉県）沖だった。十一月三十日から一月二十六日まで海上に五十六日間も漂ったのち、鳥島に流れ着いた。

鳥島は九十九里浜の南にある。彼らのルートは東へ流れる黒潮だけでは説明がつかない。北から吹きつける季節風の影響も大きかったが、黒潮とは別の流れもなければならない。わたしは日本近海の海流を調べてみた。黒潮の南に黒潮再循環流と呼ばれる流れが存在し、黒潮とは逆向きに流れている。その位置は北緯三十度付近なので鳥島の位置とも合致する。おそらく甚八はいったん黒潮によって南東に流された後、黒潮再循環流に乗って西に引き戻され鳥島にたどり着いたのではないか。そう考えれば五十六日間という長期間も理にかなう。

黒潮と黒潮再循環流。互いに逆方向に流れる海流が複雑に影響していたことがわかる（地図11）。同じ季節に漂流事故が多発したという共通項も見逃せない。甚八、長平、ジョン万次郎のいずれも十一月から二月頃に遭難している。西暦に換算すると十二月から三月頃に当たる。西風や北風が猛威をふるう嵐の季節だ。

鳥島に漂流民が流れ着く理由は伊豆諸島南部の地理にも関係あるだろう。海域の地図を見ると八丈島の南に有人島の青ヶ島《あおがしま》がある。それを過ぎるとベヨネース列岩《れつがん》や須美寿島《すみすじま》、孀婦岩《そうふいわ》が連なる。陸地はあるがいずれも無人の岩礁や海上に突き出した岩ばかりだ。青ヶ島から遥か六百五十キロメートルほど先の小笠原諸島まで、上陸して身を落ち着けられる大きさの島は鳥島だけなのだ（地図12）。

また『日本人漂流記』は漁民だったジョン万次郎を除き、鳥島漂流民のほとんどが藩米や材木などを運ぶ廻船業者だったことも指摘する。千石船《せんごくぶね》と呼ばれる当時の船は、もみ米を千石（約百五十トン）積めるとたとえられた大型船だが、運搬の効率を求めるあまり、水密性に欠陥があった。改善されなかったのは徳川幕府の鎖国政策に原因がある。流通と経済の多くを海運に依存しながらも、幕府は造船技術や航海術の発達を助成しなかった。異国に渡る者が出ることを懸念したためだ。鳥島の漂流民はまさに鎖国社会の落とし子だったのだ。

翔鴎は帆に風をはらませながら、黒潮の流れを横切るように南へと進んでいった。

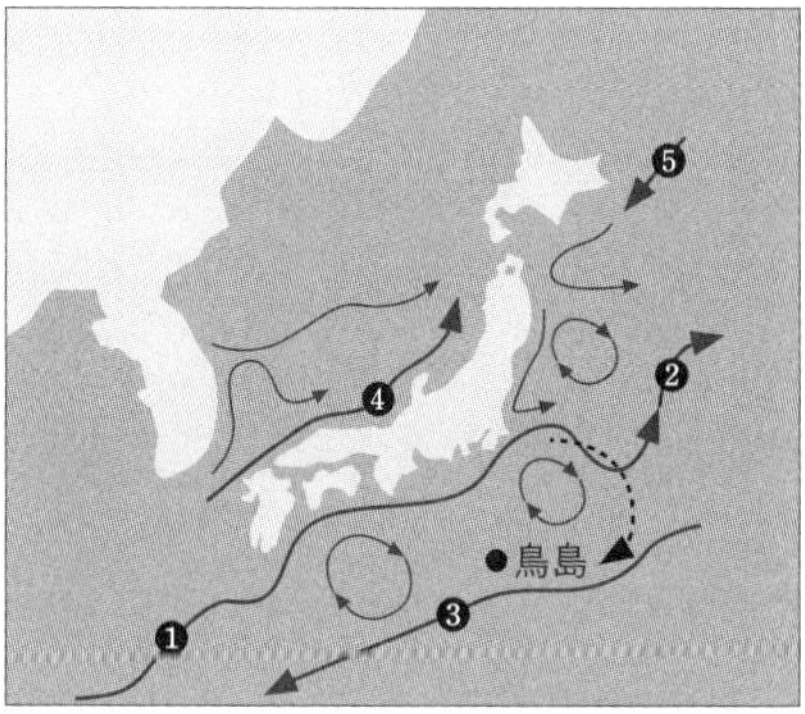

地図 11
日本列島近海の海流と
甚八の漂流ルート

❶黒潮　❷黒潮続流
❸黒潮再循環流
❹対馬暖流　❺親潮

------- 甚八の漂流ルート(推定)

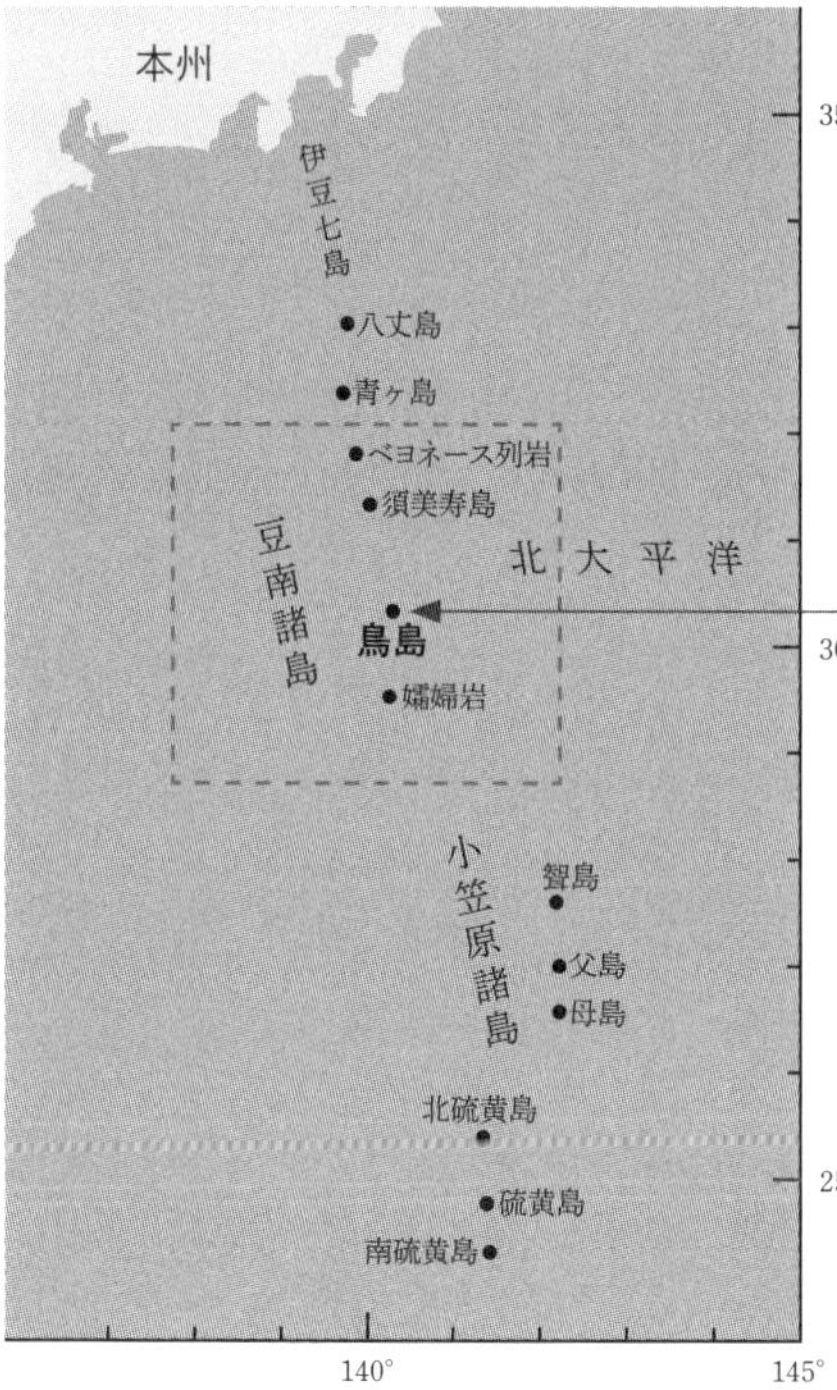

地図 12
本州以南(東京都)の島々

鳥島は東京から約580km
南に位置している。
青ヶ島と小笠原諸島の間に
は上陸して生活できる規模
の島は鳥島しかない

日が暮れて周囲が暗くなると遥か遠くの水平線上に青ヶ島の島影が映し出された。集落の明かりは星のように瞬《またた》いていた。あの光の下で島の人々はどんな夕刻を送っているのだろう。次第に遠ざかり、淡くなっていく文明の光を食い入るように見つめる。やがてそれも消え去り、海と空だけの無人域となった。

それまで比較的穏やかだった波は次第に揺れが大きくなっていった。

わたしは船室の寝床に横たわりヘッドランプをつけた。枕にしようと思って寝台においていた資料の束から「土州人長平漂流日記」（『石井研堂コレクション江戸漂流記総集』第一巻）を抜き取った。長平が遭難してから鳥島に流れ着くまでの様子が克明に記されたものだ。

長平が漂流したのは二十四歳の時（「岸本長平無人島江漂流之覺」）。土佐の岸本（高知県香南市香我美《かがみ》町《ちょう》岸本）に生まれた彼は松屋儀七という商人のもと水主《かこ》（船乗り）として廻船に乗り込んでいた。今でいう運送業者だ。

彼の人生を大きく変えることになったのは一七八五（天明五）年一月三十日。その日、船頭の儀七をはじめ源右衛門、長平、長六、甚兵衛の五人は赤岡《あかおか》から田野《たの》に藩米を運搬した（地図13）。赤岡（高知県香南市）は高知龍馬空港の東に位置し、現在も漁港がある。田野（高知県安芸郡）までは湾曲した土佐湾を船で東に三十キロメートルほどだ。その先には室戸岬がある。船は無事に田野の港に到着したものの悪天候となった。そのため用事がある儀七だけが陸に残り、他の四人は一足先に船で赤岡へと戻ることになった。

船を漕ぎ出してまもなく西からの突風に煽られて梶《かじ》が壊れた。船の向きをコントロールすること

地図13　長平の漂流ルート　高知近海（推定）

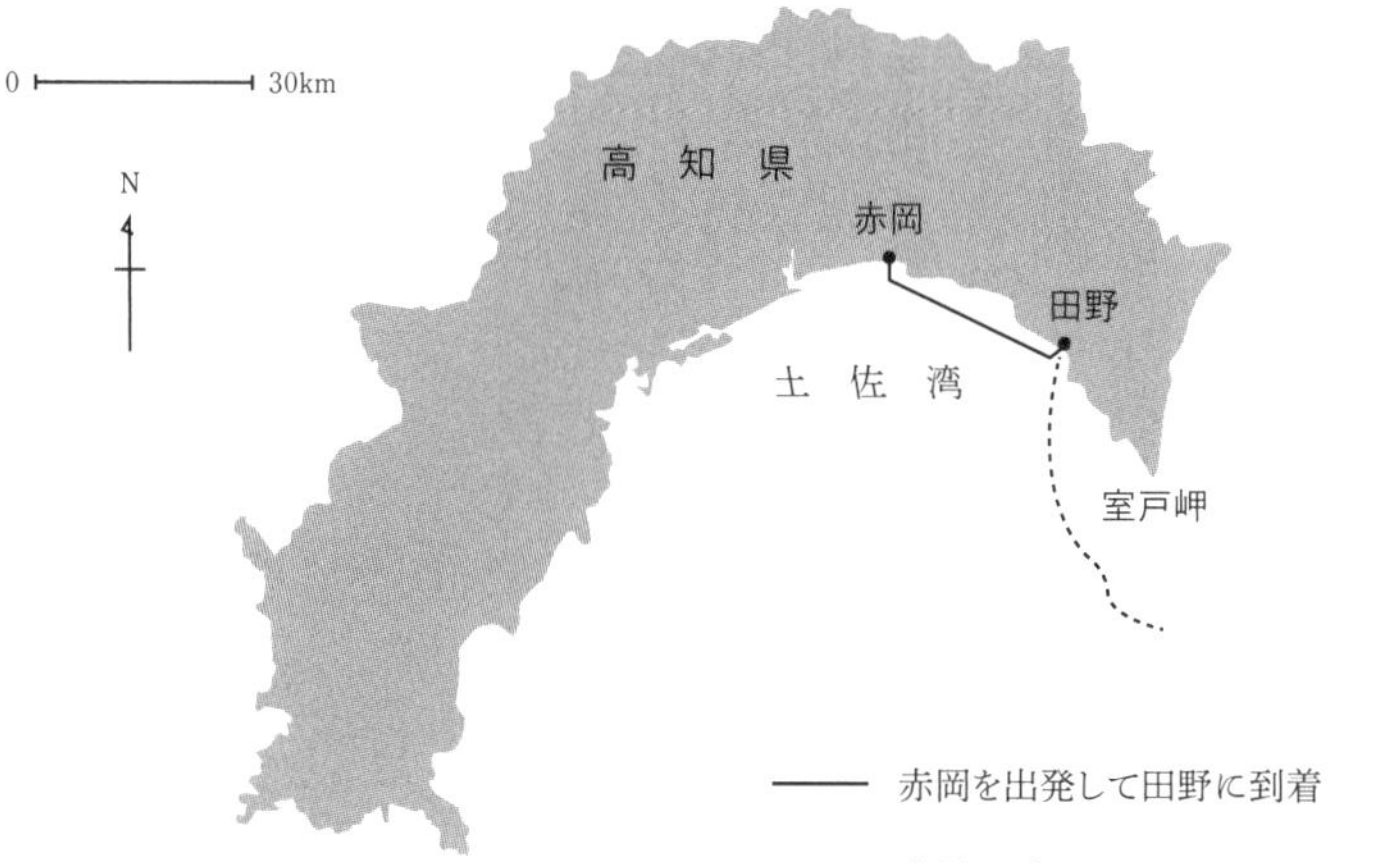
赤岡に戻ろうとしたが
西風を受け、南東へと流される

とができなくなり、彼らはぐんぐん沖へと流されていった。翌日には室戸岬を西の方に望むことができた。思いとは裏腹に風がおさまる気配はなく、やがて岬は視界から消えた。彼らは遭難してしまったのだ。

わたしは彼らが陸地を見失った二月一日からの日記を拾い読みした。

二月朔日《ついたち》（中略）昼五ツ［午前八時］時分、あなじ［北西風］、北風、火花をちらして（稲妻とともに）吹出で、（われわれの船は）沖をさしてぞ流るゝなり、皆々十方《とほう》にくれ、神仏を念じ申すばかりなり（中略）地山（陸地や山）等も霞の様に相成り見失ひ、何国ともなく流れ行く二日あなじ、北風強く、四ツ［午前十時］時分、こしあて［腰当、帆柱が立つ船体中央部］より、とも上廻り［船体後部の上部周辺の部分］打落とし（壊れて落ちた）候に付き、（とも上廻りを船にくゝり付けて海へ引き行き、皆々何の手段も力もなく、皆々髪を切り、御立願《ごりゅうがん》をこめ、心神《しんじん》ばかり申し候（一心に神に祈りを捧げた）、喰事等にも水はなし、汐《しお》（海水）を以て米をむして、それを食とし、汐を呑み、とやかくいたし流るゝなり（そんなこんなで流されていく）三日同じくあなじ、北風強く、船あか［侵入する海水］はせき入り、かはるぐにあか汲み出し、精限りの凌ぎかた致し（精根を使い果たしてどうにか乗り越えることができた）四日、朝なぎ、日の出頃より東風に相成り、（波が）静かなる故、右海へ引き居る上廻り道具巻きあげ、本《もと》の所へ引きのせくゝり付け（中略）その夜次第ぐ風強く相成り、夜九ツ［十二時］時分より、北東風強く相成り、同八ツ［午前二時］時分、波高き故、上廻り最早《もはや》くゝり付置き候分（直した上廻りが）、又々打落とし（中略）その内、大雨故、天水（雨水）を橋船（小船）へため、荷ひ［にない桶］などにもため、少々取りため候なり

※［ ］は『石井研堂コレクション江戸漂流記総集』第一巻の編者注

最初の四日間、暴風雨と高波により船は壊され、海水が浸水してきた。彼らは壊れたとも上廻りを必死に修理し立て直そうとしたが再び海に落ちてしまった。できることは髪を切り、神仏に祈ることぐらいだった。四日目にして雨が降り、真水を手にした。

さらなる苦渋の日々が続く。

五日同じく北東風つよく、昼九ツ（十二時）時分より雨止み、晴れ、西風に相成り（中略）その夜も、おも梶上廻り［右舷の上部周辺の部分］打落とし、并《なら》びにとものとこぬき［船尾の梶を取付ける床船梁《とこふなばり》］までも打落とし、ぼうず船［船体上部の構造物を失った船］に相成り、夜を明かし申すばかりなり

六日朝より大西風（中略）波打込み、火とこ廻り［甲板のかまどを据えてある場所］、鋪板《しきいた》（敷板）等も皆々地板付き［船底］へ打落とし、住居成りがたく相成り（居場所がなくなり）、船おもて［船首部分］へ住居仕《つかまつ》り、なほ又火だねも失ひ、飯焚《めした》く事も手当《てあて》なし（できない）（中略）船持ちがたく（今にも壊れそうになったので）、それより暮れ時分前に、柱［帆柱］を切り捨てその夜あかすなり

激しい風と波にさらされ船の各部が次々と壊れていった。六日目に帆柱を切り落としたとあるのは、横風を受けて帆柱が大きく揺れると船が横倒しになる危険性が高まるからだ。それは彼らにとって苦渋の決断だった。帆柱を切ってしまえば帆を張れず自力で生還することができなくなる。あとは神仏に祈るしか生還の道はなくなるのだ。

七日朝より（海が）なぎ、くれ頃より雨に相成り、南風時々吹出し、次第に強く大南風に相成り

（八日）昼九ツ（十二時）頃より空晴れ、西風に相成り、その侭《まま》流るゝなり、飯米も七八升もこれあり、然《しか》れども、火も水も無く、時々なま米にて、気のつきに咬むなり、その夜それ成りに明かす

九日朝より北風なぎ吹き、あか水汲み出し、流るゝばかりにて、その夜も明かすなり

十日朝より北風なぎ、吹き流され、その夜も明かすなり

十一日朝より北風なぎ吹き、四ツ〔午前十時〕時分、道法《みちのり》四五里に当地（鳥島）を見立て、それより皆々力付き、先々御神様へ御立願を掛け、どうぞ彼の島地へ着船をさせ下さるべき旨、一円に念じ奉るおかげにて、次第に近寄りたれども、ろかい（艫櫂）に及ばず、唯《ただ》見ながら流れ居る

彼らが見た島影は鳥島だった。島に近づきながらも上陸は簡単にはいかなかったようだ。

十二日朝より北風なぎ吹き（中略）猶々《なおなお》御立願を掛け、何とぞ彼の島地へ吹付け下さるべき旨願ひ奉り、帆をときわけ、横帆に掛けて流るゝなり［帆桁を用いて仮帆を立て、横風帆走を試みたことをいう］、汐行（潮の流れ）は悪しく、それ故船行かず、日も暮れ、その夜も明かす

十三日、朝よりいなさ（南東の風）、東風にて、帆を持たせ流るゝなり、その日、暮れ時分に、島地へ道法二里ばかりに近寄り、皆々心強く相成り、その夜（日付が十四日となった）八ツ［午前二時］頃、島の前に着船いたし、錠《いかり》を入れて掛かるなり（いかりを下ろした）、島の様子を船より見る所に、山へ直に波打掛ける様子にて、上る所もこれ無く相見へ、何か申す内（どうしたものかと話すうち）、七ツ［午前四時］前より風強く相成り、則ち錠もすり切れ、その場より一丁（約百九メートル）ばかり西へ流るゝ、皆々おどろき、橋船（小船）を下ろし、岡へ上る手筈なり、（ところが）波高き故、橋船には乗り得がたく、その侭本船、岡へ打寄せ、直ちに岡へ上るなり

島に近づけたものの絶壁に阻まれ、上陸できる場所が見つからなかった。そうこうしているうちにいかり綱が切れ、船が流され始めた。彼らは動揺し、小船に乗り移ろうとしたが波高く、それもかなわない。しばらくすると本船が丘に打ち寄せ、全員、丘の上に駆け上がったという。日記の中で時間が書かれているが、それは記憶を呼び戻して推測したおよその時間だろう。手に汗

握るような上陸の瞬間だ。

土佐沖から約七百五十キロメートル離れた鳥島まで、彼らはあと四〜五里（十六〜二十キロメートル）のところで島影を見つけたと言っている。そこまで正味十日間かかっていることからすると、一日あたりの移動距離は約七十三キロメートル。平均時速にすると約三キロメートルのスピードとなる。黒潮の通り道に当たるため、船は西から東へと流されていった。日々変わる風向きや強さによっても進路は影響を受けた（地図14表）。海上を漂流していた二月一日からの十一日を見ると六日間は北風が吹いた。黒潮と北風により船は南東に流された。四、五日目には北東風、七日目には大南風にあおられ、船は西や北へと吹き飛ばされもした。鳥島まで蛇行するように南東方向へと流されたのだろう（地図14）。

長平の日記を読んでいるうちに波が高くなってきた。わたしはヘッドランプを消し、仰向けになって目を閉じた。

揺れの中で意識は攪拌《かくはん》され、やがてまどろんでいった。

地図14　長平の漂流ルート（推定）1785（天明5）年2月1日～11日（11日間）

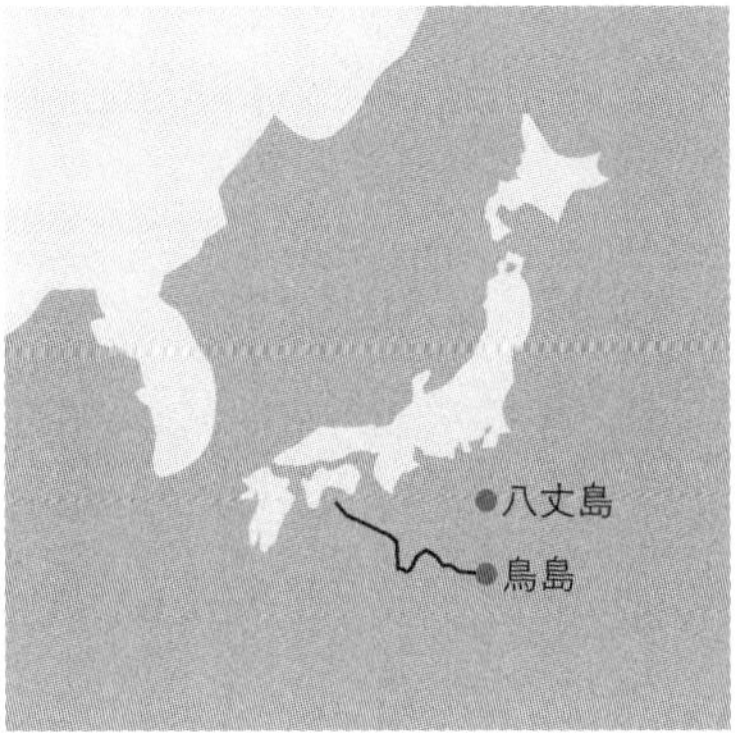

漂流中の風向き

	2月朔日	2日	3日	4日	5日	6日	7日	8日	9日	10日	11日
風向き	あなじ（北西風）北風	あなじ 北風 強く	あなじ 北風 強く	朝なぎ 東風 夜に 北東風 強く	北東風 強く 西風	大西風	南風 大南風	西風	北風 なぎ 吹き	北風 なぎ 吹き	北風 なぎ 吹き 午前 十時 鳥島 発見
船が流された方向	↘ ↓	↘ ↓	↘ ↓	← ↙	↙ →	→	↑	→	↓	↓	↓

（表は「土州人長平漂流日記」をもとに作成）

第七章　決死の上陸

「島だ！」

誰かが叫んだ。甲板にいたわたしは立ち上がり、ヨットの進行方向を見た。

二〇一〇年六月十三日の午後。舳先《へさき》は荒波に突っ込んで豪快に波しぶきを上げている。突風が鉛色の海水をさらい、降り出した雨粒とともにわたしの頬を打った。

てのひらで海水を拭い、目を凝らす。見晴るかす大海原はぼんやりと霞んでいた。雲の中に半分以上隠れた島の姿がうっすらと見えた（写真2）。

鳥島だ。ついに憧れの地が間近に迫ってきた。

わたしは濡れることもおかまいなしにデッキから身を乗り出した。海から突き出したその姿は島というより、やはり海上に突き出した火山と言うべきだ。稜線は黒く、所々赤銅がかった色をしている。異様ではあるが、どことなく奈良や京都で古仏に対面する時のような厳《おごそ》かな気分にさせる。

船の柱を切り落とし、生きるか死ぬか、その運命を潮流にゆだねていた長平にとって、遠くに見えてきた陸地は天恵と映ったことだろう。その気持ちは想像がつく。

では、他の漂流民はどうだったのか。

万次郎を取り調べた土佐藩士の吉田《よしだ》正誉《まさよし》が編纂した「漂客談奇《ひょうかくだんき》」や長崎で刊行された「満次郎漂流記」によれば、ジョン万次郎ら五人が海上で遭難したのは一八四一（天保十二）年一月七日のことだ。漁師だった彼らは二日前に宇佐（高知県土佐市）からはえ縄漁に出ていた。宇佐は高知市の桂浜から海岸沿いに西へ十数キロメートルの所にある。

写真 2

北から鳥島に接近する。山頂は厚い雲に覆われていた

猛烈な北西風（あなじ）と波濤《はとう》にもまれるまま船が壊され、彼らは南東へと流されていった（地図15）。米が底を尽くと、彼らは魚を釣って口にした。雪が降り出した時には苫《とま》を焼いて寒さをしのいだという。遭難から七日目に当たる一月十三日、鳥島を発見。長平が遭難から十一日目に鳥島を見つけた日数と比較すると、万次郎らの漂流ルートは鳥島に最短距離で直行したかのようだ。彼らは夜が開けた一月十四日に上陸を試みる。いかりを切り、最初に二人が磯に飛び移った。他の三人は憔悴し切って体力も気力もなかった。そうこうしているうちに船は岩に激突して転覆した。三人は海に投げ出されたが船板にすがりついて命からがら磯に上がることができた。彼らは上陸を喜ぶより先に、地面にへばりついて海藻を食べ始めたという。

鳥島で十九年三ヵ月を過ごすことになる甚八の場合はどうだろう。

「遠州船無人島物語」によれば、甚八らは遠州新居から筒山五兵衛が所有する船に乗り、船頭の左太夫（佐太夫とも）以下九人で出発した。

江戸で水主二人を雇い入れ、船荷を運んで北日本へと向かった。帰路に南部で一人が加わり、合計十二人で江戸をめざした。ところが一七一九（享保四）年十一月三十日、嵐に見舞われ九十九里浜沖で遭難した。

江戸後期の随筆家、神沢杜口《かんざわとこう》著「翁草《おきなぐさ》」には彼らが鳥島を見つけて上陸したのは翌年正月二十六日だったと書かれている。二ヵ月近くも海上を漂っている間に積んでいた米を使い切り、瀕死の状態に落ち込んだ。

長平や万次郎の場合とは異なり、彼らはいとも簡単に船をつけ鳥島上陸を果たすことができた。

地図15 甚八、長平、万次郎の漂流ルート（推定）

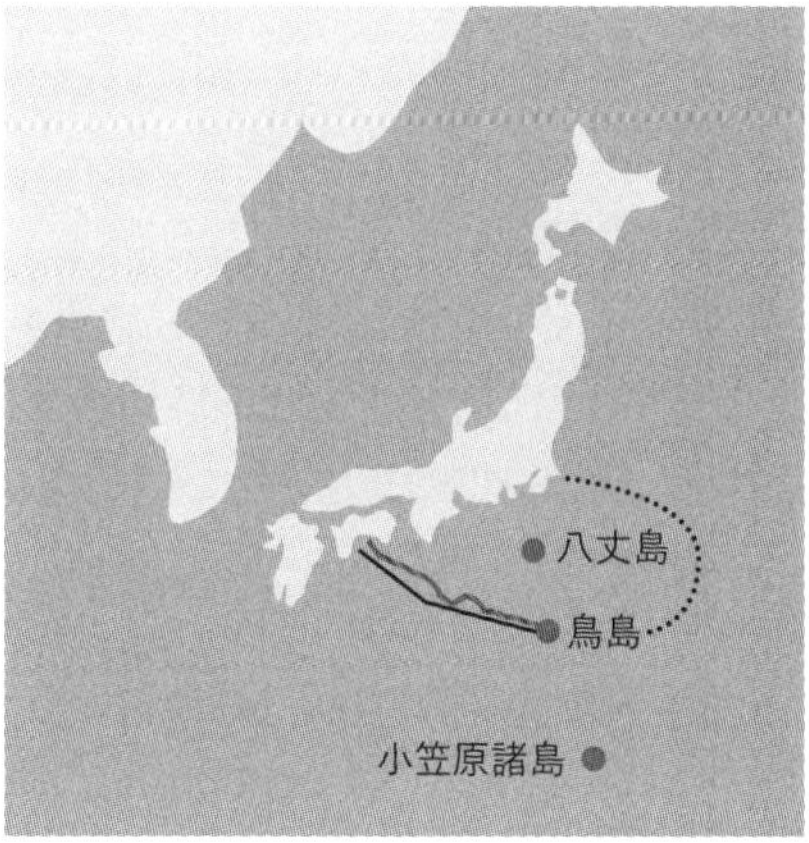

……… 甚八　1719（享保4）年11月30日〜1720（享保5）年1月26日（56日間）

―― 長平　1785（天明5）年1月30日〜2月14日（14日間）

―― 万次郎　1841（天保12）年1月7日〜14日（7日間）

※漂流日数は遭難から鳥島上陸までの日数（長平と万次郎の漂流日数は正味）

ところが翌日になって海岸に出てみると船は岩に打ちつけられて粉々になっていた。思いがけず帰国の道が完全に断たれてしまったのだ。

嵐に翻弄されるまま神仏に必死で祈り、ようやく見つけた無人島。それらは神から差しのべられた救いに思われた。だが鳥島に上陸する者には、海上を漂う者以上に過酷な試練が待ち受けていた。陸地に恋いこがれる漂流者に仕掛けられた危険極まりない罠とも言える。

われわれが乗った翔鴎は北から鳥島に接近した。海は時化たままだが次第に霧が晴れてきた。目前にむき出しの断崖が立ちはだかっている。

絶壁に囲まれた島のどこに接岸できるというのか。江戸時代の漂流船に限らず、現代の船舶であっても上陸するのは難しそうだ。黒い溶岩に覆い尽くされた岸辺は近寄りがたい異界の不気味さを漂わせている。

ヨットは島の沿岸をなぞるように西部へと進んだ。次第に初寝崎が見えてきた。崖の上にしがみつくように気象観測所の廃墟が横たわっている。

甲板にいた松島氏が言った。

「A港かB港。よさそうな方に上陸するんです」

鳥島へは初寝崎から上陸する。そこは海に張り出した岩礁で北側にA港、南側にB港と呼ばれる二つの上陸ポイントがある（地図16）。潮が引く時間帯に風向きを見つつ、波の低そうな方を選んで上陸するのだ。今日は厄介なことにどちらにも大波が打ち込み、白いしぶきを上げている。

上陸を前に突然、不測の事態がわれわれを襲った。能崎氏の航海日誌に記録が残っている。

地図16 初寝崎見取り図(上陸地点と気象観測所跡)

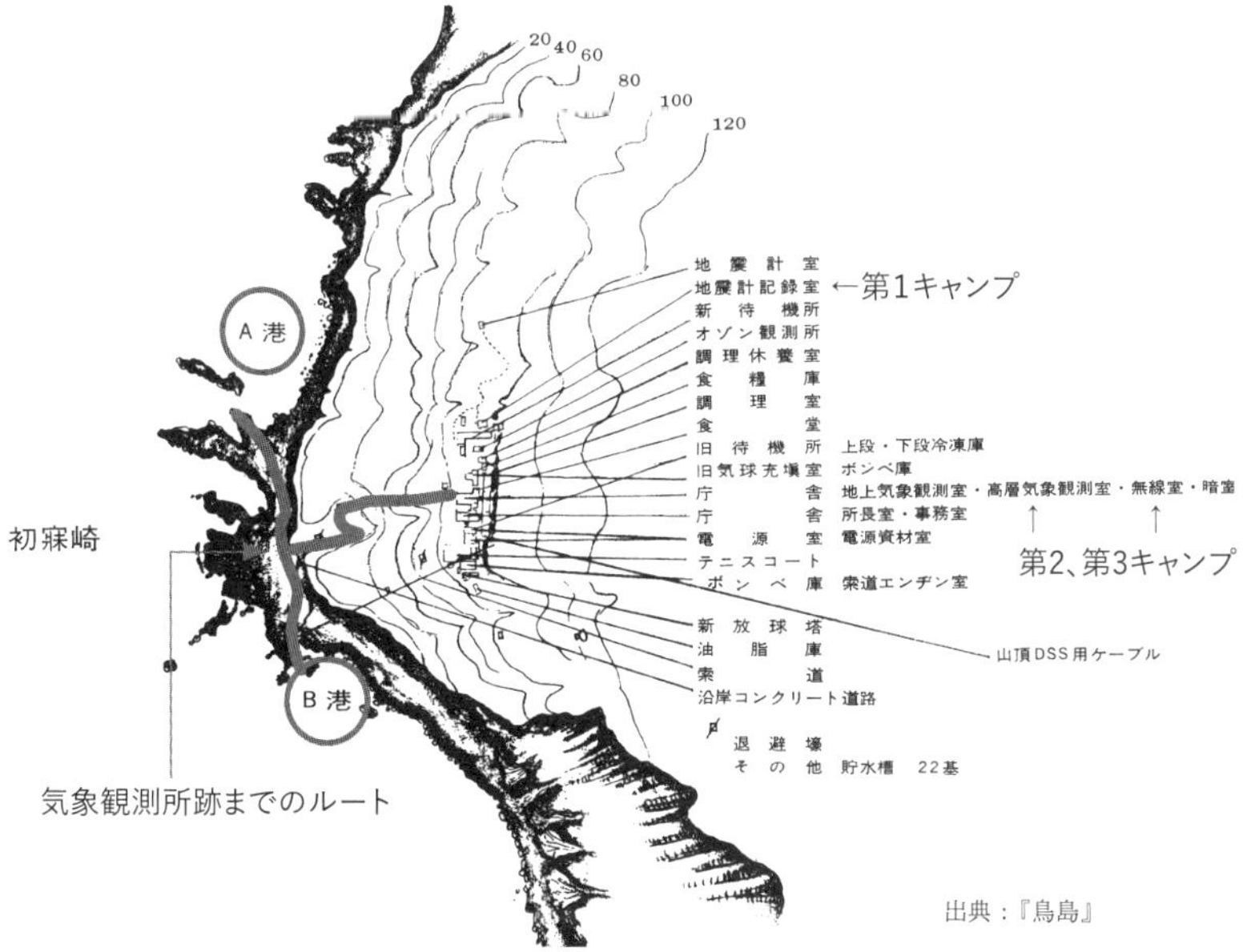

出典:『鳥島』

この時、いきなり重大なトラブルが発生した。なんと、エンジンがストップ、再始動不能。絶体絶命のピンチである。ここで今回の私の職分を想起した。ヨットを沈めないこと、上陸班を無事に揚陸すること。

（『カモメの船長さん　能崎船長の実践ヨット塾』二〇一三）

外洋ならばエンジンが停止しても慌てることはない。経験豊富な能崎氏が動揺したのは、座礁の可能性が高くなる岸から二十メートル圏内だったからだ。風向きや潮の流れでヨットが岸に近づけば暗礁に乗り上げる危険性が高まる。すぐに沖に出なければならないが、エンジンが止まったままでは思い通りにヨットを動かせない。エンストは普通ではあり得ないことだが、よりによって悪名高き鳥島に接近してから起きたとは！

能崎氏は冷静だった。原因をガス欠と突き止め、修理に取りかかった。エンジンが作動し、われわれはすぐに上陸態勢に入った。二日前から鳥島にいる山階のアホウドリ調査員とトランシーバーで連絡を取り合い、上陸はA港と決まった。

時計を見ると午後三時だ。八丈島を出発して二十四時間になる。船内が慌ただしくなり、ヨットの乗組員がゴムボートに空気を補充し始めた。

わたしは荷物をまとめ、上陸用のウォーターシューズに履き替えた。全長三メートルほどある六人乗りゴムボートは波に大きく揺られている。わたしは船員が差し出してくれる手をしっかりと握り、タイミングを見て飛び移った。空気でふくらませているからだろう。ゴムボートの上にいると海の揺らぎが体にじかに伝わってきた。板子《いたご》一枚、下は地獄。船乗りは海に出る恐怖をそのように表現するが、自分が今いるのは板よりも薄っぺらなゴム一枚だ。そんな心配をよそにヨットからは次々と荷物が手渡される。

大波の高さは自分の身丈以上もある。ヨットとゴムボートには二メートル以上の高低差ができる。荷物を受け渡しできるのはゴムボートが大きい波頭に持ち上げられ、ヨットの甲板と同じ高さになる時だけだ。その瞬間を見計らってわたしは荷物のロープに手をひっかけ、一気に引き込んだ。チャンスは一瞬しかない。軽い荷物なら問題ないが、満タンに水が入ったポリタンクやガスボンベは危険極まりない。バランスを崩せば、そのまま いっしょに海に転落してしまう。自分の荷物ならまだしも、皆で使う真水や燃料をなくしたら一大事だ。慎重に慎重を重ねなければならない。作業の合間にも、目が回って船酔いしてしまいそうになる。

荷物を積めるだけ積み、われわれはA港に向けて出発した。

港とはいっても、そこはコンクリートで足場が固められただけの岩場だ（次ページ 写真3、4）。わたしは波が高くなるタイミングに合わせて飛び移り、どうにか着地した。

海藻が生えた足場はぬるぬるとしていた。転んだ拍子に海に落ちてしまうかもしれない。ようやく地面に着いたというのに、平衡感覚は麻痺したままだ。地面が縦に横にと揺れているようで立っていられない。丸一日海上にいたせいだろう。一刻も早く乾いた場所まで這い上がり、ひと息つきたい気分だった。しかしぼんやりとはしていられない。すぐに船着き場に立ってゴムボー

写真3

A港の上陸ポイントは海に張り出す岩場のつけ根にある。満潮時にだけボートで接岸できる。写真は干潮時

写真4

ゴムボートでA港に接近する直前までビデオ撮影した画像。上陸地点にサポートする人が立っている(左下)が、海面からは見上げるほど高い

トから押し上げられる荷物を引き揚げなければならない。

全員が島に上陸するとヨットは足早に島を離れていった。

日は大きく西に傾いていた。われわれは海岸に転がっている大きな岩をまたいだり這いつくばったりしながら斜面に取りかかり、四十メートルほど上がった所にある小屋まで荷物を担ぎ上げた（135ページ 写真5）。そこは気象庁時代の避難小屋で現在では別名、長谷川小屋と呼ばれている。アホウドリの調査を進める長谷川博氏が寝泊まりしている場所だからだ。中は洞窟のように暗かった。目が慣れると壁に洗濯物のロープが張られ、タオルがかかっていた。長谷川氏が残していったものだろう。わたしは思わずタオルに話しかけたい気分になった。ついに来ましたよ。

一度で全ての荷物を運ぶことができなかったので、避難小屋に置かれていた背負子《しょいこ》を持ってA港に戻った。次は水が入ったポリタンクだ。ベースキャンプとなる気象観測所跡までは避難小屋からさらに百五十メートルほど登らなければならない。

それにしても水の重いこと。首筋に肩ひもが食い込み、息もすぐに切れた。担いだのは二十リットルの水だ。一人分を一日一リットルとして島にいる十六人に分け与えれば、一日分にしかならない。重いわりには、実にあっけない。

息を乱してようやく気象観測所跡にたどり着いた。かつて観測員たちが職務に当たり、日々を送っていた建物の廃墟だ。

いつしか蒸し暑さは和らぎ、風とは言えないまでも肌にひんやりとした空気を感じた。日が傾いて周囲はずいぶん薄暗くなっていた。わたしは地面に咲いている花を見つけた。ガクアジサイの装飾花は消えゆく一日の光を集めて青白い光沢を放っていた。鳥島に上陸して一輪の花に迎えられるとは、思ってもみなかった。

漂流記を読んでもなかなかわからないことが、旅に出て、花を見つけて、ふっと見えてくる。記録には書かれていないが漂流民を支えたものの一つに、野に咲く可憐な花一輪があったのではないか。鳥島が花咲く島であると知っただけで、ここに来てよかったと思った。

到着したわれわれは山階の調査員から第三キャンプに入るように指示された。気象観測所の無線室だった建物をそう呼んで使っているのだという。確かに屋上には大きなアンテナが残っている（写真6）。敷地内には他にもかつてのオゾン観測所や電源室、食料庫などがあったが、屋根が残っている建物はわずかしかない。部屋は壁中カビだらけで緑に変色していた。壊れた窓枠にトタンがはめ込まれている。雨はしのげるものの風が吹き込んでくる。気象観測員が撤退して四十五年。寝泊まりできる場所が残っているだけでも奇跡的だ。わたしは部屋に置かれていた折りたたみベッドを組み立て、持ってきたマットと寝袋を敷いた。同室の七人が荷物を運び込むと部屋は足の踏み場もなくなった（写真7）。

第三キャンプ隣の第二キャンプは高層気象観測室だったというが、やはりその面影はない。土木作業員の六人が陣取り、すし詰め状態だ。

荷物整理を済ませ、われわれは第一キャンプに集合した。かつての地震計記録室で、入口に「鳥島アホウドリ研究ステーション　山階鳥類研究所」という看板が掲げられている。隊長の佐藤文男氏と鳥類学者の今野怜氏が寝泊まりしているが、調理や食事のためのベースキャンプとし

写真5

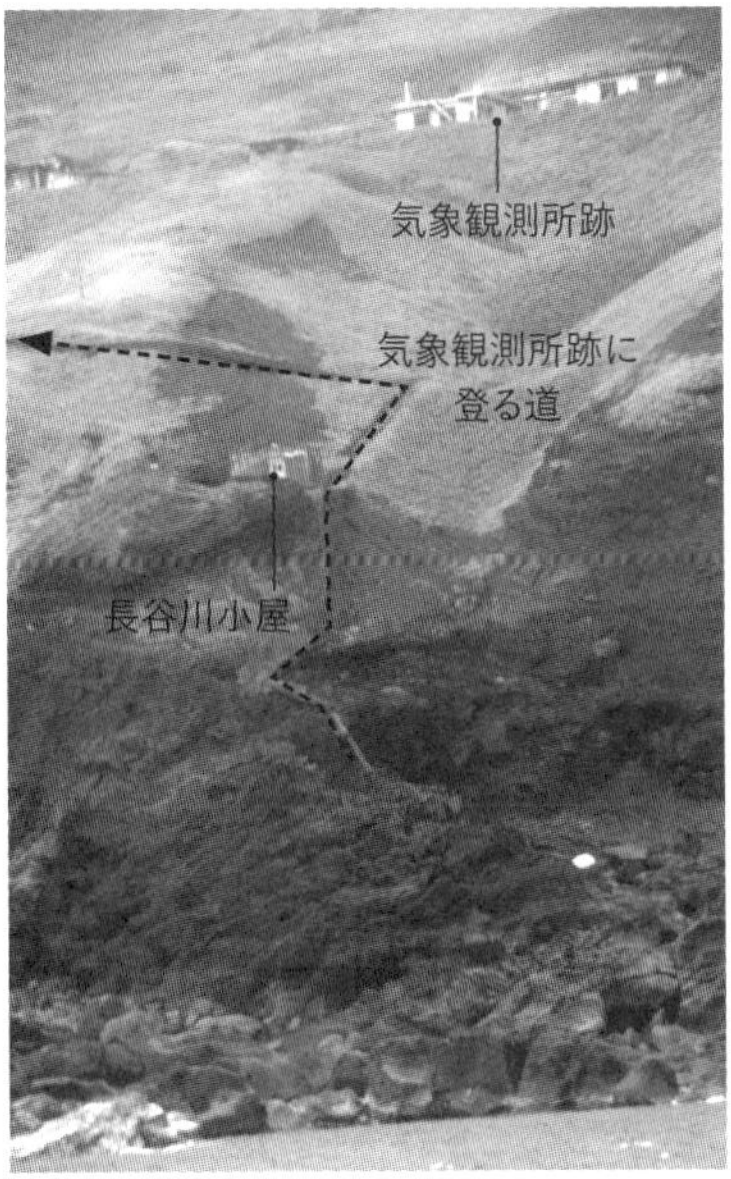

海から撮影した長谷川小屋付近の様子。
気象観測所跡に続く道は登り口（前方の岩で見えない）から急坂を一気に登り、長谷川小屋を過ぎた後は左に折れる。濃霧で視界が悪い

写真6

気象観測所跡（廃墟）にある第2、第3キャンプ。
かつては高層気象観測室と無線室だった

写真7

第3キャンプの様子。7人が簡易ベッドを広げると足の踏み場もない状態になった
（写真提供：松島健氏）

ても使われているという。部屋にはテーブルが二つ並べられ、土木作業員らが食事を始めていた。

わたしは彼らに会釈し、隊長の佐藤氏にあいさつした。

その脇に立ち、甲高い声でしゃべる男がいた。調査員の茅島《かやしま》春彦氏だ。彼には鳥類標識調査員、無線技師、外国人部隊の元傭兵、腕利きの調理人といった様々な肩書きがあるらしい。航海中に気絶してしまった船長に代わり、船を操縦して難を逃れた……などの武勇伝にも事欠かない。佐藤氏とは古くからのつき合いで鳥島のフィールド調査になくてはならない存在なのだという。

われわれは席につき、茅島氏が調理した料理を食べ始めた。

大皿にチャーシューが載っていた。わたしは飢えた犬のようにその一枚にかぶりついた。肉にたれがよく染み込み、脂身が口の中でとろける。うまい！　忘れていた食欲が一気に躍り出した。考えてみれば船酔いを恐れるあまり、丸一日、何も食べていなかった。

「鳥島では食べるぐらいしか楽しみがないからな」

茅島氏はビールをチビリとやりながら続けた。

「それと君たち、飲むんだったら自分で用意してきた酒を手酌でやってくれよ。差しつ差されつをしちゃだめだ」

彼はそう忠告した。

鳥島で酒は個人の嗜好品扱いだ。各自が自分で飲む分を決めて買ってくることになっている。他人に自分の酒を飲ませれば、貸し借りのような関係が芽生える。鳥島に何日間も閉じ込められれば精神状態が不安定になり、それまで何とも思わなかった貸しの感情がけんかのもとになりかねない。特に酒のような嗜好品は人間を狂わせる。だから鳥島には「自分の酒は自分で手酌」というルールがあるのだという。

その場では冗談のように聞き流していたが、彼の言葉は心にひっかかった。小笠原諸島に漂流し、鳥島で遠州の甚八たちと合流した漂流民の見聞録「湊村八右衛門物語」にも似たような話があったからだ。

遠州の船にはもともと十二人の船乗りがいたが、生き残ったのは甚八、仁三郎、平三郎の三人だった。平三郎は仲間が死ぬたびに衣服を剝ぎ取って独り占めにしたという。衣服から綿を抜き取って自分だけの布団を作った。海岸で流木を拾った時も一人でたき火にして暖まった。仁三郎が「わがままではないか」と諭すと平三郎は「打殺可申」（打ち殺してやる）と言って殴りかかってきたという。彼らは帰国後に英雄として扱われ、八代将軍吉宗に上覧したがきれいごとでは済まされない現実があったようだ。

何気ない物に対する所有欲がけんかの原因となる。鳥島に上陸してしまった現代のわれわれも他人事ではない。ビールはもとよりチャーシュー一枚だって争いのもとになりかねない。

食事の後片づけを済ませるとすでに十一時を回っていた。鳥島での活動は朝が早い。朝食時間は午前五時と定められている。準備のため朝の四時には起床しなければならない。わたしは密度の濃い鳥島初日の体験を抱きかかえるようにして寝袋に入った。

誰かのいびきで目が覚め、腕時計を見た時には三時半になっていた。六月十四日。鳥島での二日目。上陸して最初の朝を迎えた。

寝袋から出てぼんやりしているうちに三々五々、皆が起き出してきた。

第一キャンプではお湯を沸かしたり、朝食に添える生野菜を切り刻んだり、それぞれが手分けをして食事の準備をする。朝食後、わたしは佐藤氏に漂流民のことを話してみようと思った。これまで何人かの鳥島関係者に会ってきたが、いずれも漂流民について無関心な人はいなかった。鳥島に上陸してみて、わたしはそれがわかるような気がした。日本本土から遠く離れた無人島に上がると、漂流民の境遇が他人事ではなくなる。不安や恐怖心ばかりか、彼らへの同情心や仲間意識のような感情が生まれる。きっと佐藤氏も漂流民に何らかの思いを抱いているに違いない。

わたしは彼に尋ねた。

「鳥島に来ると、今でも漂流民のような体験をすることがあるのですか？」

佐藤氏の表情が冒険を語る少年のように輝いた。

「悪天候が続いて船が接岸できなくなると島に取り残されてしまいます。食料が足りなくなれば魚を釣ってしのぐしかない。海が荒れれば魚釣りさえできなくなるんです。鳥島に来るたびに、漂流した人たちのことを考えますよ」

彼は鳥島に来ると漂流民の境遇を思うことがしばしばあるという。

わたしは佐藤氏に問いかけた。島のどこかで漂流民の洞窟を見かけたことはないだろうか。あるいは島で目にする人間の痕跡にはどのようなものがあるだろうか。松島氏の火山調査を手伝うかたわら、できればそれらを見てみたい。彼はよどみなく答えた。

「漂流民のものはもうないだろうね。でも昔の人の痕跡だったらいろいろ知ってますよ」

「たとえば、どんなものですか？」

わたしは手帳を開いて、彼が口にする言葉を一つ一つメモしていった。

・小学校らしき屋根（屋根以外は溶岩に埋もれている）
・人家の建材や茶碗のかけら
・標柱（二ヵ所）
・防空壕
・鉄道のレール
・水槽（二ヵ所）

佐藤氏によればそれらは放置されたままで、調査などは行われていないらしい。昭和のものが多そうだが、レールは明治時代にアホウドリの羽毛を運んだ軽便鉄道の名残かもしれない。水槽は島の二ヵ所にあり、一つは明治に遡るようだ。わたしはさらに踏み込んで質問をした。

「他に何か気になるものはありませんか。たとえば地形が不自然だとか」

佐藤氏は縮れた白髪まじりのもみあげに手を当てた。しばらくしてわたしの顔を見て言った。

「鳥の骨がたくさん残っている場所があります。三ヵ所はあるかな」

「アホウドリの骨ですか」

「そうです」

「明治時代に殺された鳥ですか」

返ってきたのは意外な答えだった。

「一ヵ所、月夜山の麓にある骨はとても古いものですよ」

「江戸時代にまで遡れるぐらい?」

「その可能性もあるでしょうね。ひょっとすると、もっと古いのかもしれない」

わたしは畳みかけるように質問をぶつけた。

「骨の状態はどんな感じでしょう? 食べられたものであれば細かく砕けているはずですが」

「確かに小さく砕けていますね」

それは縄文人の貝塚みたいに、食べ終わった鳥の骨を捨てた漂流民のゴミ捨て場だったのかもしれない。鳥島に上陸したほとんどの漂流民にとって、アホウドリは貴重な食料だった。甚八らは火打石を持っていた。火を起こし、アホウドリの肉を焼いたり煮たりして食べた。火打石がなかった万次郎は石で打ち殺し、生肉に食らいついた。大坂船の者たちと合流する前の長平も火打石を持っていなかった。生肉を海水で揉み洗いして食べ「至極味わいがよかった」と感想まで残している。彼は肉を保存することも思いついた。渡り鳥のアホウドリが鳥島から姿を消す六月から九月、島では食べるものに不自由する。その期間に食べるために肉を干物にした。最初の年は一人あたり八十羽と計算し、四人分で三百二十羽の干物をこしらえたという。またアホウドリの脂肪は灯油となり羽は衣服にもなった。

いずれにせよ骨を調べれば焦げ方や砕け方などから、食べられたものかどうかがわかる。炭があれば炭素法で年代が割り出せる。漂流民の時代だと特定できれば、それを食べたのが誰だったのかを絞り込めるかもしれない。

その日の午前中は急な崖をザイル（登山用の綱）で安全に降りるためのトレーニングが行われた。それが終わるとわたしは調査機材を準備する松島氏を手伝った。午後になりテレビクルーは初寝崎でアホウドリの撮影をするという。長谷川氏と山階隊がアホウドリを呼び寄せて定着させたコロニーだ。佐藤氏によればその道すがらレールと水槽が見られるという。わたしもついて行くことにした。

それは第一キャンプから内陸に向かって続く丘の上の草地にあった。

「ここです。ほとんど埋もれてしまっていますが」

佐藤氏は地面を指差した。二本あるレールの片方で、地面にほんの一部が顔をのぞかせている。教えられなければ見つけ出せないほどだ。どこまで続いていたのだろう。かえって想像力がかき立てられる（次ページ 写真8）。

レールの近くに水槽があった。それは『鳥島』の地図に「男浜水槽」と書かれているものだ（次ページ 地図17）。今ではほとんどが草に埋もれ、窪地にしか見えない。その硬い縁を足で踏んでみてようやく水槽の枠とわかるぐらいだ。

われわれは茂みをかきわけ、草むらを進んだ。

やがて先導していた佐藤氏が歩みを止めた。その先に鳥のヒナがいるらしい。息を殺してそっと近づくとクロアシアホウドリのヒナだ。幼鳥《ようちょう》の時から全身が黒い。それも絶滅危惧種だという

写真8

明治時代に敷設された軽便鉄道のレール？

写真9

クロアシアホウドリのヒナ。綿毛から羽毛に生え変わり、まもなく巣立ちとなる

地図17

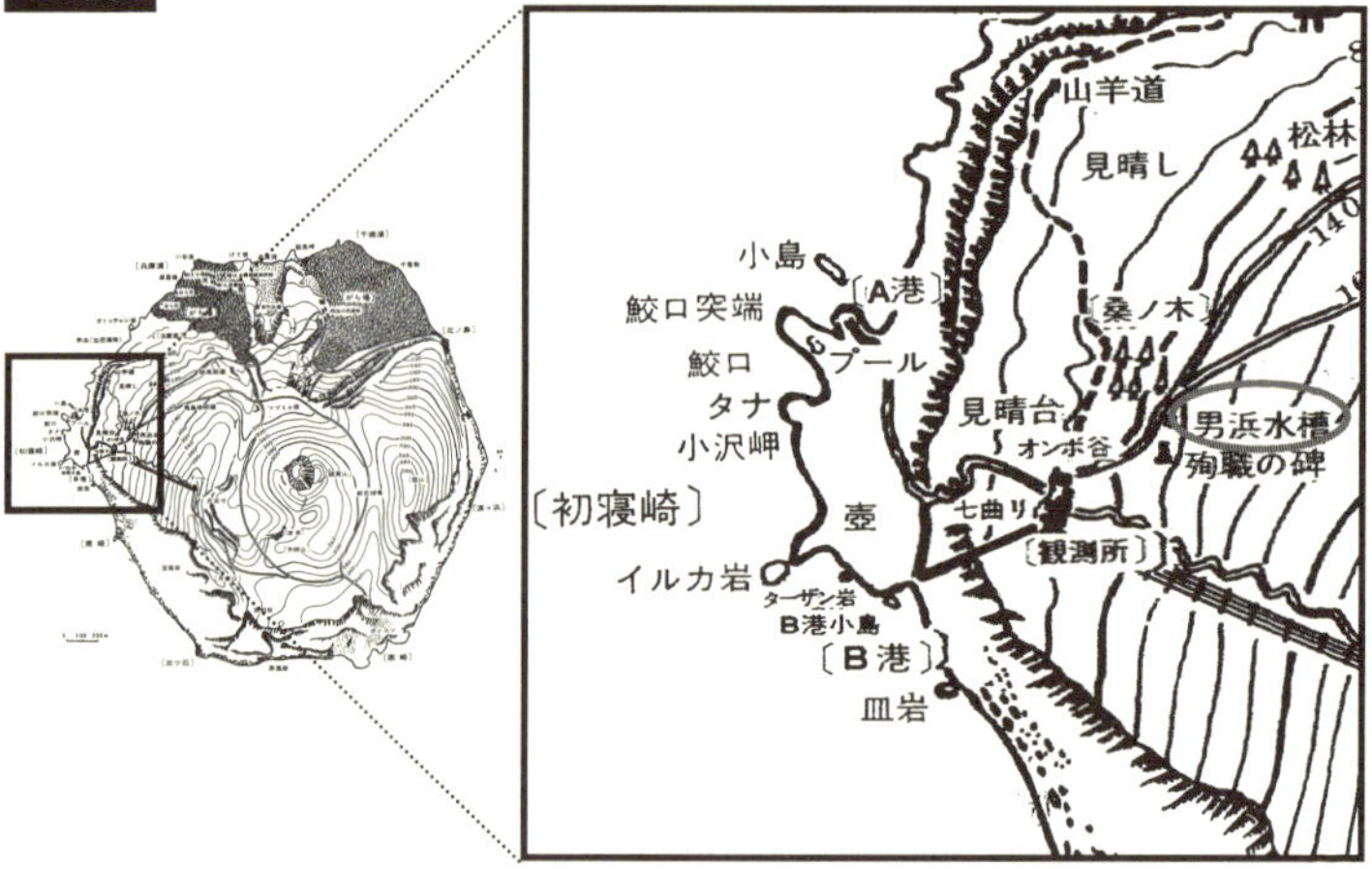

出典：『鳥島』

（写真9）。中に交じって一羽だけアホウドリの幼鳥がいた。アホウドリは成鳥になると羽毛が白くなるが幼鳥の時は羽が黒い。そのためクロアシアホウドリのヒナとは区別がつきにくい。佐藤氏が小声で言った。

「くちばしがうっすらとピンク色をしているのがアホウドリです。巣立ちが遅れたのがまだ一羽いるんです」

アホウドリのヒナは大きな羽をばたつかせながら地面を駆け、飛び立とうともがいていた。その姿を見て人間がなぜこの鳥をアホウドリと呼んだのか察しがつく。ヒナに限らず成鳥になっても地上では動きが極端に鈍い。人々は馬鹿鳥とか阿呆鳥などと呼ぶようになり、現在のアホウドリという名称に定着した。この鳥を絶滅の淵にまで追いつめた背景には彼らに対する蔑視がある。

ところが漂流民の記録を読んでいくうち、わたしはあることに気がついていた。

甚八や長平は彼らを「大鳥《おおとり》」、万次郎は土佐の漁民の間で知られていた「藤九郎《とうくろう》」と呼んだ。そこには蔑むようなニュアンスはない。アホウドリを殺して食べたことに変わりはないが、見下すことはなかった。いや、それどころか、漂流民の中にはアホウドリを崇《あが》め、一切食べようとしなかった人たちもいたという。

一六九七（元禄十）年というから、甚八らが鳥島に上陸する二十三年前のことだ。日向国志布志の船が鳥島に漂流した。曽槃の「日州船漂落紀事」によれば、上陸した少左衛門ら五人は野生のグミなどを口にしていたが、アホウドリがヒナに与える餌を食べるようになった。アホウドリの餌とはイカや魚などだ。少左衛門らは当初、アホウドリが地面に落としていったものを拾って食べていた。やがて餌袋のふくらんだ鳥を杖で打って餌を吐き出させ、それを食べて命をつないだという。アホウドリの餌で生き延びた彼らは鳥たちに特別な思いを寄せていた。

大鳥を殺し、くらふはいと易《やす》けれ、これまでかの鳥の落餌《おとしえ》をむさぼり、飢えをしのぎければ、仮令餓死《たとえがし》するとも、この鳥をくふことなし、みな一同に盟《ちか》ひて、一隻《いっせき》（一羽）も殺さず
（『石井研堂コレクション江戸漂流記総集』第一巻）

驚くべきことに、彼らはアホウドリを殺さず、親鳥がヒナに与える餌を食べて空腹をしのいだ。鳥たちに恩義を感じて殺すことはなかったという。島を脱出するまでの約二ヵ月半をそうして生き延びた。

食料をアホウドリの肉に頼るしかない鳥島で、一羽も殺さなかった漂流民がいたとは！　人間の計りしれない生存能力はもちろん、絶体絶命の境遇に置かれても人間としての徳を守り、生き抜くことが可能であると教えられる。

「あっ。飛び立つか！」

テレビ撮影隊の一人が声を上げた。

羽をばたつかせ、クロアシアホウドリのヒナが勢いよく崖を下っていった。巣立ちの時だ。

「行け！　世界へ！」

ヒナは崖から海へ向け、グライダーのように飛んでいった。

どこかで拍手が起こった。

わたしは佐藤氏を見た。優しく目元を緩めたまま空を仰いでいる。彼の温かい視線は少左衛門らがアホウドリに向けていた視線と重なり合う。

黒い鳥のシルエットは風を切って白い波頭の中に消えて見えなくなった。

アホウドリを食べなかった少左衛門の漂流には後日談がある。

彼らは持っていた斧やのこぎりなどの道具を使い、本船の廃材で小船を補修した。約二ヵ月半にわたった漂流生活に終止符を打って海に乗り出すと思いがけないことが起こった。

> 大鳥はむれつゝきたり、潮にうかび、あるひは翔舞して、船のわたり（近く）を離れ得ずともなひけり、こは思ひことなる（人間のような感情はないはずの）鳥だにも、永き別れを惜しみけるにやとて、みな袖を絞り（涙を流し）、掌を合せ、尚《なお》行末《ゆくすえ》を守り給へと申して、船漕ぎいだす
>
> （同前）

鳥島を去っていく彼らを惜しむようにアホウドリが追いかけてきたという。

彼らが遠江《とおとうみ》の川尻（静岡県榛原《はいばら》郡吉田町）にたどり着いたのはそれから一ヵ月後のことだった。

第八章　溶岩地帯をゆく

まるで絨毯《じゅうたん》の上を歩いているかのようだ。足を一歩踏み出すたびに地面を覆っている低木や草のやわらかい弾力が靴底に感じられる。

ここは本当に火山なのか。

わたしは松島氏の後について月夜山の斜面を登っていった。黄色いヘルメットをかぶり、背負ったバックパックには観測機器の他にタオルや着替え、水、食料などが入っている。空はどんよりと曇っていて蒸し暑く、いつ雨が降ってもおかしくない。

鳥島に来て三日目の六月十五日。土木業者やテレビ撮影隊など他の十四人は燕崎の工事現場へと出かけていった。松島氏とわたしは気象観測ドームが立つ月夜山の高台をめざすことにした。いよいよ火山調査の始まりだ（地図18）。

海上からは不毛に見えたが、月夜山の斜面には様々な植物が生えていた。葉が白く縁取りされたようなイソギク。ごわごわと毛織物のような葉をしたラセイタソウ。ハマゴウは地面を這うように枝を伸ばしている。

火山というよりはのどかな高原の牧場といった感じさえある。玉置半右衛門が牧畜開墾を思いついた理由がわかるような気がした。

気象観測ドームに近づき風景は一変した。地面は火山岩が無造作に転がるがら場となった（151ページ 写真10）。

松島氏によれば気象観測ドームが立つ高台付近はかつての月夜山山頂（最高点）だったという。明治の大噴火で崩落し、山頂（最高点）は島の南部に位置する標高三七二メートル地点に移動し

地図 18　上陸3日目のルート　2010年6月15日

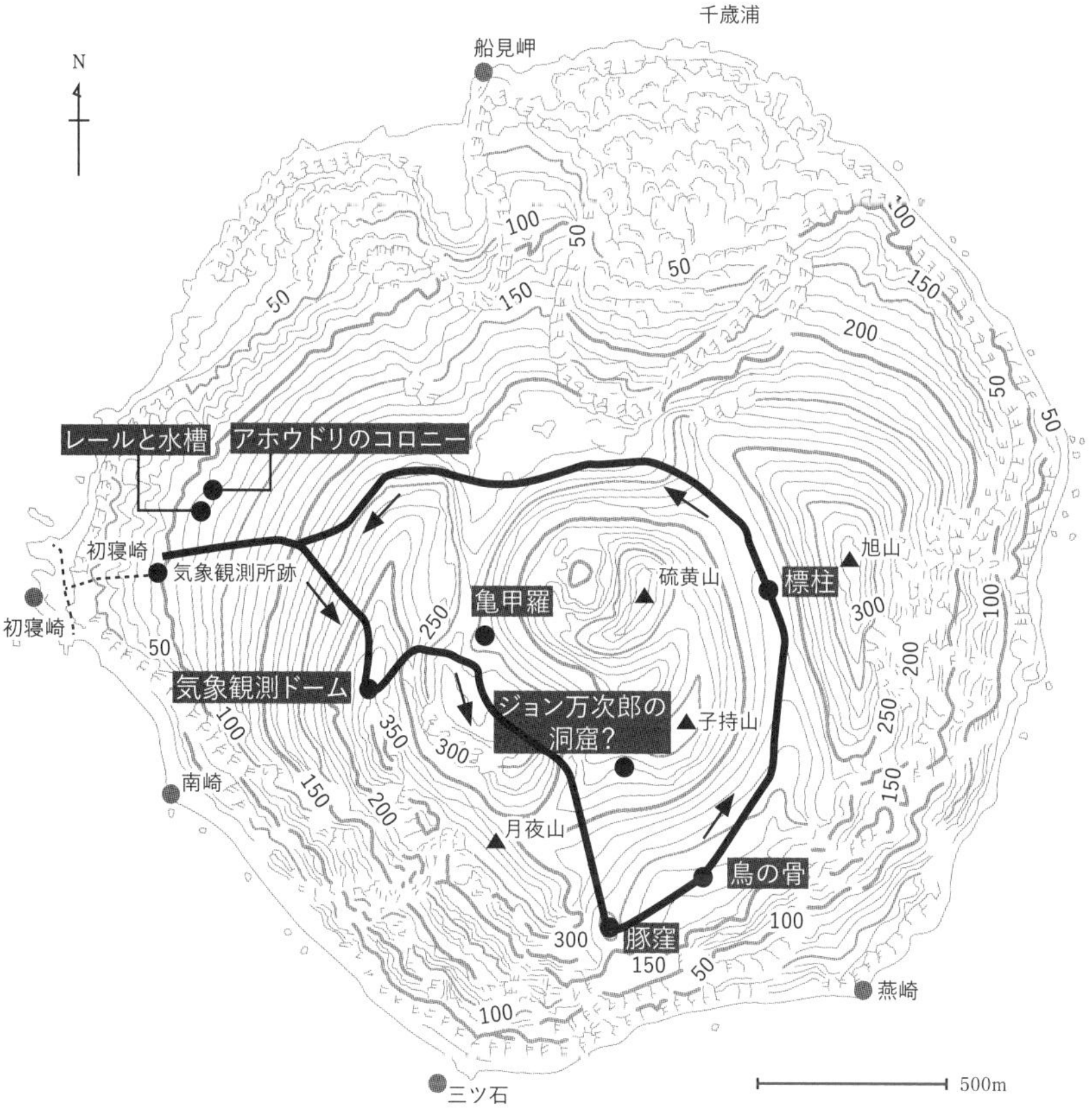

た（95ページ 地図10 ＡＢ）。確かに荒廃した気象観測ドーム付近には爆発当時の爪痕が残っている。

しばらく進むと赤黒く異彩を放つ硫黄山が見えてきた（写真11）。

昭和の大噴火により形成されたその新山は今なお焼けただれ、まるで怒れる鬼のごとくそそり立っている。火山は流れる雲に一瞬ですっぽりと覆われたかと思えば、また忽然《こつぜん》と姿を現した。

「美しいねえ」

松島氏は恍惚とした表情で山に見とれた。

彼の指示に従ってわたしはバックパックから黄色い計測器を取り出した。まずは本体から延びる細長い金属棒を地面に突き刺し、ハンマーで一メートルほど打ち込んだ。電源を入れて、正常に作動することを確かめると彼は言った。

「地中の温度を測るんですよ。火山活動の現状を知るためにね」

それは熱電対温度計といい、千度近くまで測れる火山学者の七つ道具の一つだ。助手としてわたしに課せられた仕事は島の方々を歩き、温度を測る手伝いをすることだ。彼が指定する場所にハンマーで温度計を打ち込み、数字を読み取って伝える。彼はＧＰＳで位置を確かめて記録していくという。

「ここは北緯三十度二十八分五十秒　東経百四十度十七分五十七秒。で、温度は？」

「二十九・三度です」

わたしの答えに彼は冴えない表情をした。

「そうなの。もう何ヵ所か測ってみよう」

写真 10

月夜山の斜面を登る。稜線上に気象観測ドームがある

写真 11

昭和の大噴火で姿を現した硫黄山

われわれは十数歩ずつ移動しながら温度を測った。

「二十六・〇」「二十三・六」「二十四・二」

計測結果を野帳にメモする彼の表情はますます冴えない。どうやら思っていたよりも温度が低いらしい。

火山活動は沈静化している。島に上陸したわたしにとっては喜ぶべきニュースだ。もしここで大噴火が起きたら、玉置町の人たちと同じように死んでしまうかもしれない。ところが当の火山学者にしてみれば温度が低いと気分が盛り上がらないようだ。

「あっ、ここは四十七・一度もあります」

四十七度といえば風呂なら熱すぎて入れない。地面の下がそれほど高熱であることにわたしは驚いた。

松島氏の反応はやはり冴えない。

彼は自分のことを物理屋と呼ぶ。地震や噴火のメカニズムなど活発な火山活動を研究対象とする地球物理学者の彼にとって、温度が低くおとなしい火山では商売上がったりなのだろう。爆発してこそ、血湧き、肉躍る。せめてぐらぐらと水蒸気が上がるぐらいでないと触手が動かない。

火山を美しいと見とれ、噴火しないと気分が盛り上がらないなんて狂気の沙汰！　とはいえ研究者の狂気と冒険のおかげでわれわれは火山のメカニズムを理解し、防災に役立てることができるのだ。

探検にも同じことが言える。世の多くの人にとって僻地をめざす探検家は理解しがたいものだろう。命の危険さえある砂漠や山岳地帯、無人島に出かけていくのは時に狂気の沙汰と映るはずだ。しかし探検家が世界を大きく変えることだってある。マルコ・ポーロのジパング、コロンブスの新世界、ダーウィンの進化論。それらは全て一人の探検家の行動が世界の歴史を塗り替えた例だ。探検家が最果ての地からもたらすものは新しい時代を拓き、未来を左右することだってある。わたしが探検に憧れ、魅力を感じるのはそんなところにある。

われわれは地中の温度を測りながら、島の中央に聳える硫黄山をぐるりと一周するように進んでいく。次にめざすのは豚窪《ぶたくぼ》と呼ばれるカルデラだ。坂を下りていくと亀甲羅《かめごうら》と名づけられた岩盤がへばりついていた。確かに亀のようだ。

亀と豚。動物が棲めるはずもない場所になぜそんな名前がついたのか。何か動く生物を見たいという砂漠の中の渇望のような思いからに違いない。

亀甲羅から豚窪へ向かう途中、わたしは近くに洞窟がないか注意深く見回した。

ジョン万次郎から四代目にあたる子孫の中濱博氏は『中濱万次郎――「アメリカ」を初めて伝えた日本人――』（二〇〇五）に興味深い事実を記している。中濱家に伝わる万次郎の漂流記「漂《ひょう》洋瑣談《ようさだん》」によると、万次郎らが上陸したのは南東部の燕崎らしく、彼が身を寄せていた洞窟は月夜山と子持山の間にあったと考えられるという（149ページ 地図18）。洞窟の入口は狭いが中は十五畳ほどの広さがあり、彼らは壊れた船の板木を拾い集めて敷き、仮のすみかとしていた。

ちなみに井伏鱒二の小説で彼らの洞窟は二間（約三・六メートル）四方となっていた。これは万次郎の聞き取り調査書「長崎奉行所吟味書・一」と合致している。洞窟の大きさの食い違いをどう理解すればいいか判断に迷う。

いずれにせよ「漂洋瑣談」を根拠とするなら、ジョン万次郎の洞窟は亀甲羅から豚窪にかけてのどこかにあったことになる。中濱氏によれば一九三二（昭和七）年、鳥島調査に来た山階鳥類研究所の山田信夫氏がその地点で洞窟跡を見つけ写真を撮ったという。昭和初期まではジョン万次郎のものと思われる洞窟は残っていたらしい。

わたしは期待をもって凝視した。しかし目前に横たわるのは大噴火の荒廃地だけだ。月夜山と子持山の間は明治と昭和に起きた大噴火で著しく地形が変わった所だ。明治期に子持山が爆発した時、そこに大穴が開いた。昭和期には子持山の北側から硫黄山が出現した。地形の変化が著しい。結局わたしは洞窟らしきものを見つけることはできなかった。

気がつけば周囲は本当に死の世界だ。スコリア（黒い岩滓《がんさい》）が地面を覆い尽くし、人間の拳や頭ほどもある火山弾、あるいは乗用車ぐらいの大きさの噴石があちこちに転がっている（写真12）。それらは二度の大噴火の時に雨あられと降り続け、草木の一本に至るまでを焼き焦がし、生きとし生けるものを完全に葬り去った。

わたしは丘に登り、歩いてきた方向を振り返った。時間さえ止まってしまったかに見える世界に自分の足跡が刻まれていた。

突然、濃霧が周囲を包み込み、小雨が降り出した。

ホワイトアウトの中、先を行く松島氏の姿が見え隠れする。斜面を吹き抜ける風は火山岩を削るように不気味な音を立てた。

写真 12

乗用車ぐらいの大きさの噴石

われわれは吹きさらしの風雨の中で地面の温度を測り続けた。数字はどこに行ってもさして変わりがない。たまに七十度、八十度を超える所がある程度だ。

豚窪を越えて子持山の南へと進んだ。平坦な場所を横切るように進んでいくと、地面に鳥の骨が散乱している。佐藤氏が言っていたアホウドリの骨の遺跡だ。

わたしは骨を観察した。焼かれたような焦げ目はなさそうだ。砕け方は石のような固いもので叩き割られたり、すりつぶされているように見えた。江戸時代の漂流民のゴミかもしれないが、判断は難しい（写真13）。

次に東側へと回り込み、硫黄山と旭山に挟まれた谷間を北上する。そして標柱のある場所にたどり着いた。それも佐藤氏が話していた過去の遺物の一つだ。

標柱はスコリアに埋もれ、地面からわずかにのぞいている程度だ。およそ十二センチメートル四方の角材で、先端はピラミッドのように尖っていた。柱の長さがどれくらいかはわからない。掘り出せば柱に文字が書いてあるかもしれない（写真14）。

地中にどんな歴史が眠っているのか。

火山調査のかたわらちらりと目にするアホウドリの骨の遺跡や標柱はわたしの好奇心を刺激した。周囲が不毛の土地であればあるほどそこに残る人間の足跡は強い存在感を示す。

わたしは焦土と化した土地で、何かを必死に訴えようとしている人間の痕跡を無視できなかった。同じ人間としてせめて耳を傾け、手を差しのべずにはいられない。そんな思いに駆り立てられる。

写真 13

島の南部にあるアホウドリの骨の遺跡。骨は古く、砕けている

写真 14

スコリアに埋もれた標柱。地中から先端がわずかに見える

一日が終わるとへとへとだった。夕食と後片づけを済ませ、日記を書き終える頃には眠気が堪えきれなくなった。倒れ込むようにベッドに横になる。

そして六月十六日。空を見上げたが、雲の様子は昨日とあまり変わらない。例年であれば梅雨前線が押し上げられて鳥島の気候は安定するらしいが、今年は前線が停滞したままなかなか動かない。

第二班のわれわれは今日で活動を終え、明日には島を去ることになっていた。何だかあっという間だ。上陸したものの、活動日がたった三日では物足りない。残された一日を有効に使わなければならない。上陸から四日目に当たる今日も火山調査だ。わたしはヘルメットを被り、温度計をバックパックに入れて担いだ。

「今日は千歳浦の方に行ってみましょう」

身支度を済ませた松島氏が言った。

千歳浦！　明治時代の開拓民が玉置町を造った場所だ。そして何より、その途中にある兵庫湾は漂流里があった場所だ。ついにその地へ足を踏み込む時がやって来たのだ。

『鳥島』の地図に描かれた兵庫浦の溶岩地帯も見てみよう。どこかに漂流里の洞窟が残っていないだろうか。わたしの淡い期待は再燃した。自分の目で確かめなければ気が済まない。期待するような結果ではないかもしれないが、行けば答えがある。答えを自分でつかみたい。胸が高鳴り熱くなる。

文献を読み候補地を選び、もうここしかないというところまで絞り込む。そして現場へと出か

地図19　上陸4日目のルート　2010年6月16日

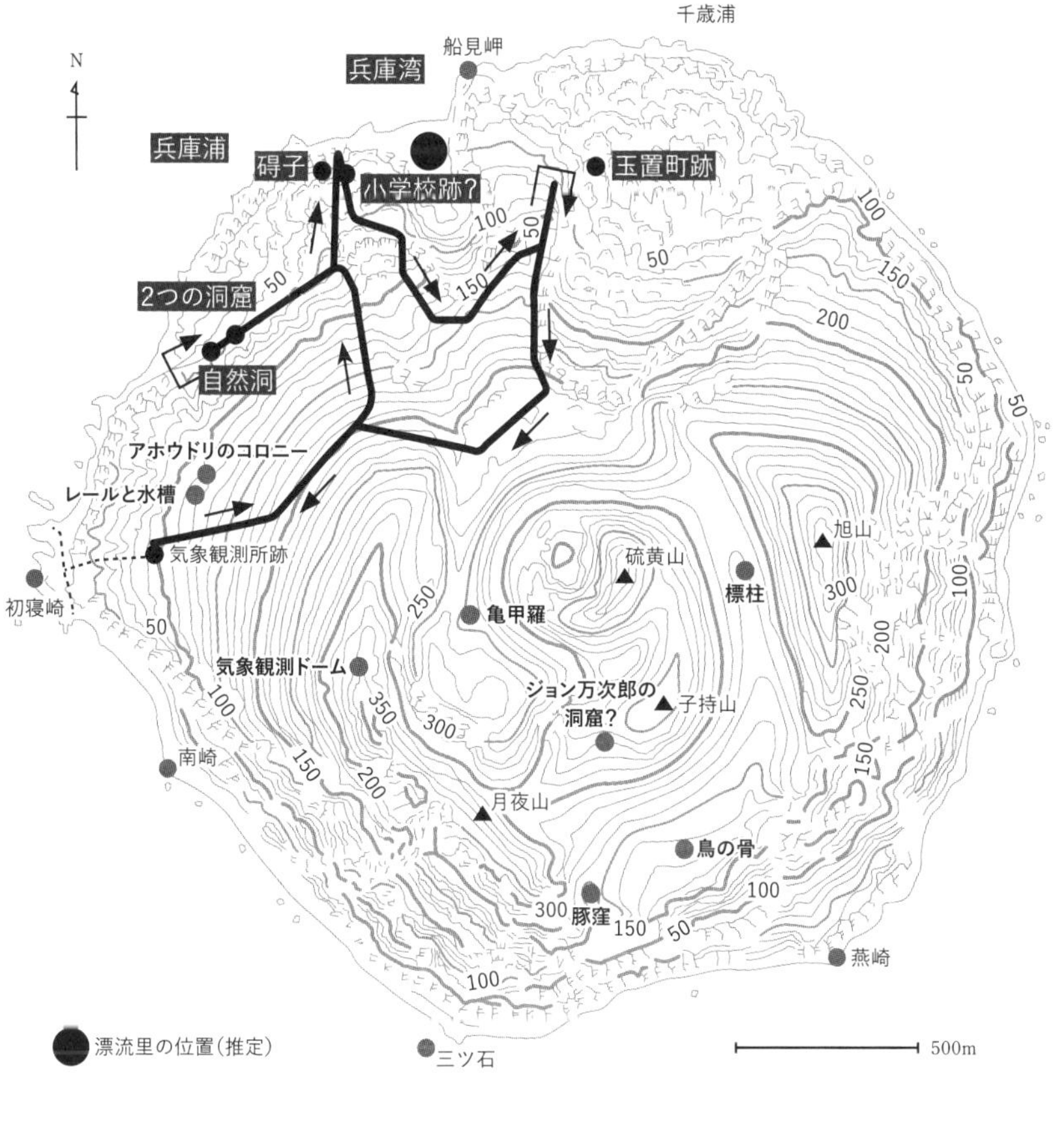

ける。探検に魅力を感じるのは、まさにこの瞬間のこらえがたい気分のためだ。あきらめなければ月が満ちるように時はやって来る。全てのプロセスはその瞬間のためにある。

われわれはベースキャンプを出発し、初寝崎にあるアホウドリのコロニーを迂回して北へと進んだ（前ページ 地図19）。数十分ほどで見晴らしのいい丘の向こうに兵庫浦の溶岩地帯が見えてきた。

太陽光に照らされているのに、そこだけが明けることのない夜のように漆黒の世界だ。ゆっくりと坂を下り、冷え固まった岩場に足を踏み入れる。足場は思った以上に悪く、まっすぐ歩くのも容易ではない。

兵庫浦の溶岩地帯に立って気づいたのは、昭和の大噴火から七十年以上も経っているのに現在でも草がほとんど生えていないことだ。火山活動はまだ過去のできごとになっていないのだ。

それとは対照的に溶岩流が届かなかった場所では植物が豊かに茂っている。

わたしは溶岩地帯を背に、緑が芽吹いている丘陵地を眺めた（写真15）。

その坂はゆるやかに上っていって、むき出しの崖にぶつかった。崖は海岸から内陸に向けて延び、内陸に向かうほど地面に埋もれていって見えなくなる。

そこでわたしの視線が止まった。

崖の麓に小さな黒い点が二つ並んでいる（写真16）。

何だろう？　目を凝らしたが遠すぎてよくわからない。

溶岩地帯を出て、崖に近づいてみた。黒い点は半円形をしている。

写真 15

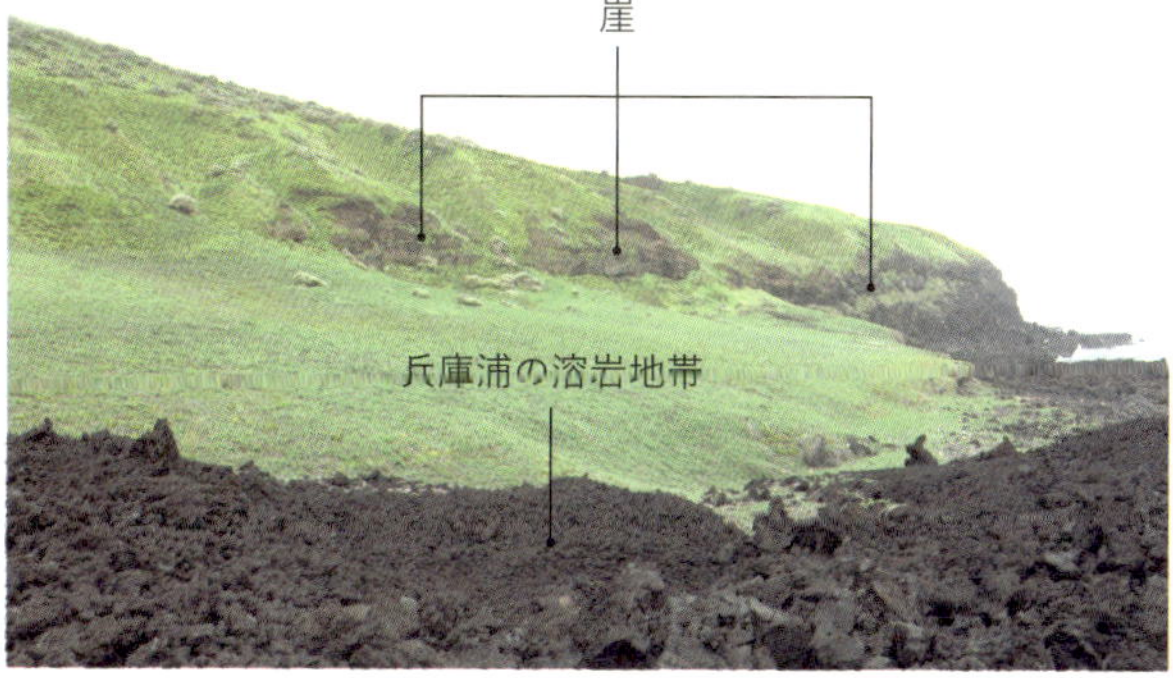

崖が海岸から内陸に延び、地面に埋もれている。手前は昭和期に流れ込んだ兵庫浦の溶岩

写真 16

「あれは何に見えます？」

わたしは指さしながら松島氏に呼びかけた。

彼はじっと目を凝らした。

返事が来る前に、わたしは堪え切れずに声を発した。

「洞窟じゃないですかね」

緊迫した呼びかけに、彼も興奮気味に答えた。

「行ってみよう」

斜面はなだらかだが、登っていくと地面を覆う草地はどんどん深くなっていく。絡み合ったシダや蔦葛《つたかずら》の草むらは底無し沼のようで、足が取られて思うように前に進めない。わたしは息を乱しながらやぶこぎをして、どうにか丘の上に這い上がった。

崖の壁面に二つの穴が口を開いている。洞窟だ！（写真17）

目の前に、洞窟があるではないか。信じられない。こんなことってあるものだろうか。

洞窟を探し出したい。これまでその一心で資料を漁り、知識を蓄え、想像をふくらませた。そして漂流里の想定位置からそう遠くない所に洞窟があった！　まるでわたしを待っていたかのように、ひっそりとたたずんでいるではないか。

興奮が冷静さを奪い取っていく。わたしはまるで子どものように狂喜したくなった。

だめだ。気持ちを落ち着け、ゆっくりと入口に近づいていく。

洞窟の周辺はシダ草などに覆われていた。中に動物が棲んでいる気配はなかった。もちろん現

写真17

崖に近寄ってみると2つの洞窟が口を開けていた

代の漂流者が暮らしている様子もない。

草をかき分け入口にたどり着いた。

わたしは生唾を飲み、中をのぞき込んだ。暗くてよく見えない。

バックパックから光量の強いマグライトを取り出して洞内を照らしてみる。

光は奥の壁に届いた。壁にもシダ草が絡んでいる。それ以外はがらんどうのように何もない。

二つの洞窟はいずれも北西側の海に向かって口を開いている。

洞窟があるのは丘陵地の中腹に立っている崖だ。

好奇心を強く刺激するのは、二つの洞窟は溶岩流の直近、目と鼻の先ほどに位置している点だ。

溶岩地帯の縁から百五十メートルという近さだ。溶岩に飲み込まれるのを辛うじて免れたと言っていい。

推定される漂流里の位置（兵庫湾）からはここまで六百メートルほどだ。その近さから、二つの洞窟は漂流里の六つの洞窟の一部ではないかと期待をかけたくなる（地図20）。

海側に延びる崖に目を向けると洞窟とは言えないまでも雨風をしのげそうな自然洞がありそうだ。

わたしは二つの洞窟に視線を戻した。向かって左にあるものを第一洞窟、右のものを第二洞窟と名づけて様子を調べてみる。

サイズを測って手帳に記録していく。第一洞窟の入口は底辺がおよそ一・三メートル。高さは一・四メートル。屈んで入れるほどだ。おそらく年月を経るうちに入口部分が植物の茂みや土砂

地図 20　2つの洞窟の周辺

に埋もれたのだろう。中は天井が高い。およそ二メートル半はあろうか。奥行はおよそ四・七メートル。天井はきれいなアーチ型だ。機械で掘削《くっさく》されたのだろう。

洞内の地面は平坦だ。照明を当てると腐食した板材が落ちていた。青苔に覆われているので文字が書かれているかどうかはわからない。

わたしは壁を凝視した。かまどの跡や煤《すす》など生活の痕跡は見つからない（写真18）。

第二洞窟はどうだろう。

開口部の底辺は約一・四メートル。高さ一・二メートル。こちらも入口付近が土砂で狭められていた。中に入るとやはり天井は高く約二・一メートル。奥行は三・九メートルある。

第二洞窟も天井がきれいにくり抜かれていて、生活の痕跡は見つからなかった。地面はこんもりと盛り上がっていた（写真19）。

二つの洞窟の入口の前にたくさんの石が並んでいた。人間が抱えて運べるほどの大きさで丸い形をしている。海岸付近から運び込まれたものだろう。石は二つの洞窟の入口と平行に五メートルほど並び、斜面を海側に下りるように折れ曲がって二メートルほど続いている。大部分が地中に埋もれている。雨風を防ぐために洞窟の入口に置かれた石垣のようだ（168ページ 写真20 地図21）。

周辺はなだらかな丘陵地帯だが、石垣が残る洞窟の入口周辺は平坦になっている。地ならしされたことは明らかで、発掘調査をすれば洞窟にいた者を特定するための物的証拠が見つかるに違いない。

わたしは三脚を立てて洞窟の写真撮影を始めた。第二洞窟で作業をしていると松島氏がやって

写真 18

第1洞窟の内部。きれいにくり抜かれている。生活の痕跡は見られない。地面に板材が落ちていた

写真 19

第2洞窟の内部から外を見た図。第1洞窟と同じくきれいにくり抜かれ、生活の痕跡はない。地面の中央が盛り上がっている

写真 20

2つの洞窟を背に海岸方向を見る。入口付近には地中に埋もれた石垣らしき遺跡がある

地図 21 2つの洞窟と石垣のような遺跡

2つの洞窟は標高36m付近に位置する。洞窟の入口は北西に向かい、洞窟から幅2mほどの平坦地をはさんで石垣のような遺跡が横たわっている。石積みの遺跡は地中に埋もれている

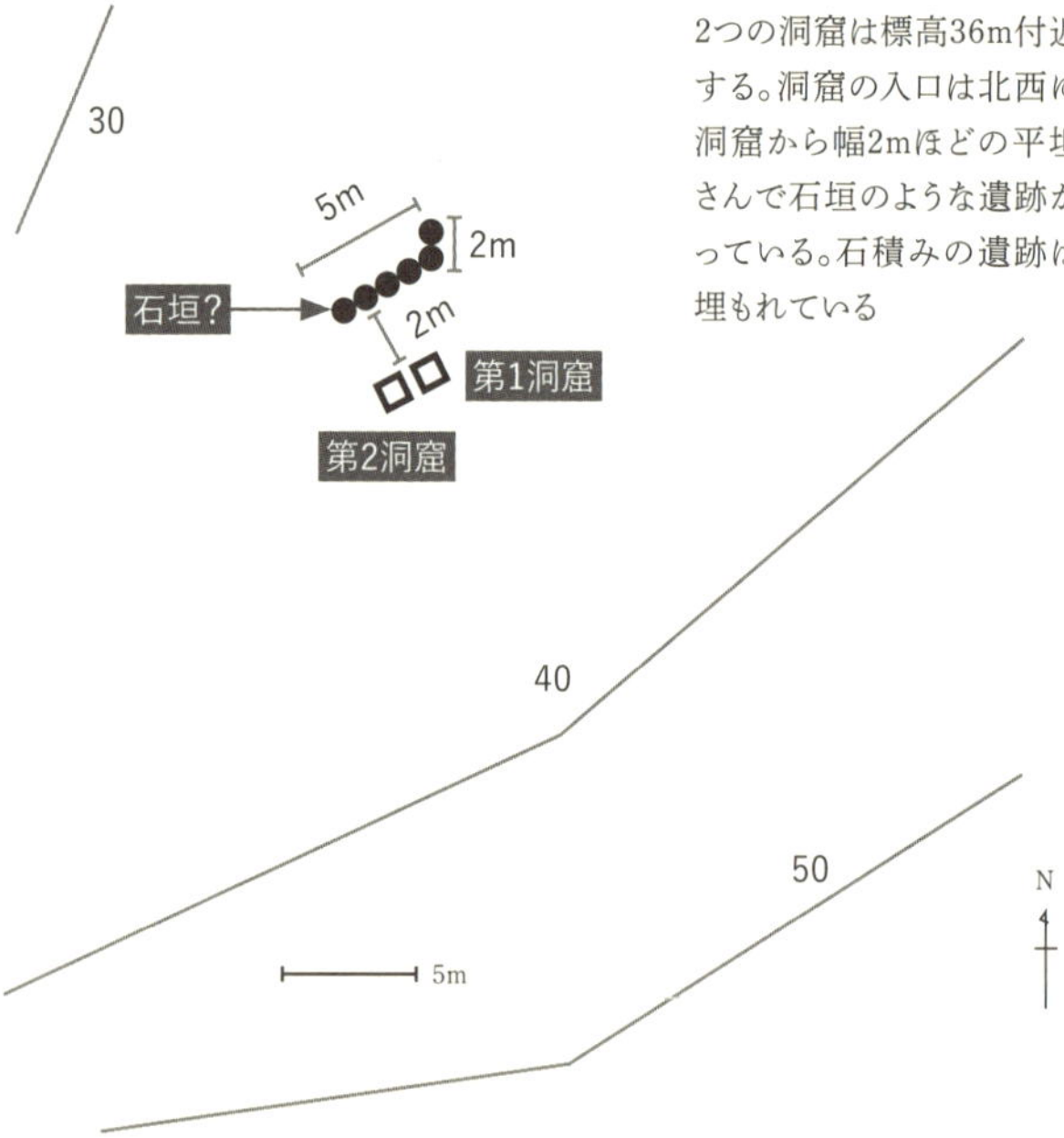

来た。

「この洞窟はどのくらい古いかわかりますか」

わたしの質問に彼は壁を見ながら言った。

「山体崩壊物で、岩石はアア溶岩（鉱滓状《こうさいじょう》溶岩）だというぐらいしかわかりませんね」

簡単に言えば火山岩を含む崩れた山の一部ということになる。鳥島では珍しいものではない。

松島氏は第二洞窟内の地面が不自然に盛り上がっているのを見つけ、わたしの耳元でささやいた。

「そこに誰か寝てるんじゃない」

言われてみれば盛り土は人間の形をしている。

「髙橋さん、ちょうど顔の所を踏んづけてますよ」

松島氏がからかうように言った。写真撮影に夢中になるあまり、わたしの足は盛り土を踏んづけていた。

「まさか」

遺体ならば地面に穴を掘って埋めるはずだ。日本には土饅頭《どまんじゅう》と呼ばれる盛り土の墓があったが、人型をしたものはない。地面の土は天井から落ちてきたものだろう。ただそれが漂流民の洞窟だったなら、中から人骨が発見されてもおかしくはない。長平の調書「無人島漂流記」には次のような一節がある。

岩穴の内に人葬《ほうむり》候躰《てい》にて（人を埋葬した跡があり）、骨壹人（一人分の人骨）有之候

（『日本庶民生活史料集成　第五巻　漂流』）

漂流民の洞窟は生活の場というだけではなく、墓地になっていたものもあったという。急に目の前の地面を掘ってみたいという衝動に駆られた。しかし島そのものが天然記念物に指定されている鳥島では、許可がなければ石一つ動かすことができない。

わたしは深呼吸をして高鳴ったままの動悸と興奮を沈めた。

盛り土を前に手をそっと合わせ、洞窟の外に出た。

次にわれわれは崖に沿って海側へ歩き、遠くに見えていた自然洞に向かった。穴は浅く、帆布などで覆いをすれば雨風をしのぐことができる程度だ。中をのぞき人間の痕跡を探したが、特にそれらしきものは見つからなかった（写真21）。

二つの洞窟がある崖の周辺を離れ、今度は兵庫浦の溶岩地帯を歩き始める（173ページ写真22）。鋭利な火山岩が敷き詰められ針のむしろも同然だ。足元は不安定で、ぐらぐらと揺れる岩の上で倒れないように何度もバランスをとった。

現場に立ってみると、溶岩流は兵庫浦までを一掃している。もしそこに江戸期の洞窟があったとすれば崖や丘があったはずだが、火山噴火が起こる以前の地形は完全に埋め尽くされ、失われてしまっていると言っていい。

『鳥島』の地図に示されている二つのほら穴も探せばどこかに見つかるだろう。ただしそれらは

写真 21

崖には2つの洞窟以外にも自然洞があった

平均七メートルあった溶岩流が作り出した空洞である可能性が高そうだった。

わたしは松島氏とともに溶岩地帯を北上した。黒い岩場の向こうに白いものが見えてきた。まるで花のようだ。岩場に天水が溜まり、落ちた種が芽吹いて花開いたのだろうか。

予想は外れた。それは碍子《がいし》だった。陶製の絶縁体で電柱などに使われたものだ。

地図を開くとそこは兵庫浦の溶岩地帯の東の縁にあたり、昭和期に開拓民が暮らした奥山村があった場所だ。周囲には茶碗やガラス瓶のかけらが落ちている。コンクリート造りの建物の一部も溶岩の上に突き出ていた（写真23）。

「佐藤さんが小学校跡と言っていたのはこれだね」

松島氏は固さを確かめるように、コンクリートに片足を載せた。それは建物の屋根だった。屋根から下は全て溶岩の下に埋もれてしまっている。

村にあったはずの他の建物は完全に姿を消していた。

われわれは兵庫浦の溶岩地帯を抜け、砂浜の海岸にたどり着いた。

兵庫湾だ。

ついに来た。漂流里があった場所だ。

明治の大噴火で地面が吹き飛び、湾になった。湾の海岸線は砂地になっていて、内陸には石が敷き詰められていた。その様子から大きくえぐられた地面の上に土砂が流れ込んだものと考えられる。

わたしは破裂口に当たる崖を観察したが漂流里の洞窟は見当たらなかった。何ら痕跡すらない。

写真22

兵庫浦の溶岩地帯をゆく

写真23

溶岩が流れ込み、建物の屋根がわずかに露出している。
奥山村(昭和期)の建物

歴史を知らなければ波が静かに打ち寄せるばかりの美しい浜辺にすぎない。大自然は猛威を振るった後、自らその痕跡を消し去ったかのようだ。兵庫湾は苦闘を強いられた漂流民の境遇とはあまりにも対照的な、平和で安らかな場所になっていた（写真24）。

われわれはさらに東へと向かい、明治時代に玉置町があった場所に来た（写真25）。明治期の噴火で噴石の下に埋もれ、百二十五人の命が奪われた。昭和期には溶岩流が周辺を一掃した。『鳥島』の地図にはそこに明治の民家跡と記されている。地図が作られた昭和四十年頃までその痕跡があったことになる。今は失われて何もない。

出発前から覚悟はしていたが、漂流民の足跡を見つけ出したいというわたしの淡い期待は完膚なきまでに打ち砕かれた。兵庫湾から千歳浦の溶岩地帯まで歩いてみたが何も見つからない。自分の目で確かめたい。そんな思いでここまで来た。今やわたしは現場に立ち、現実を受け止める以外になかった。

一日の調査を終えて帰路についた。

キャンプ地へ戻る道中、わたしはなぜか晴れやかな気分だった。

漂流里の想定位置から六百メートルほど南西方向に二つの洞窟があった。内部は機械などできれいに掘削されているように見え、漂流民のものとは言い難い。それでも漂流里の探索エリア付近に洞窟はあったのだ。

第一キャンプに戻ると佐藤氏らも帰ってきた。わたしは見てきた物を興奮気味に報告した。碍子、小学校らしき建物の一部、そして二つの洞窟。

写真24

馬蹄形をした兵庫湾。漂流里があった場所だ。明治期のマグマ水蒸気爆発で吹き飛んで湾になった。土砂が流れ込み、砂浜の海岸になっている

写真25

千歳浦の溶岩地帯。かつてここにあった王置町は明治期の噴火で噴石の下敷きとなり、昭和期に溶岩で覆い尽くされた。被災者125人は今もここに眠る

「何でしょうか」

「洞窟は防空壕だと言われているものです」

わたしの質問に佐藤氏はあっさりと答えた。

大戦中の遺跡だと？　わたしはショックを受けた。防空壕と言われればそう見えないことはない。しかも島のことを熟知している彼からきっぱりと言われると反論の余地はない。

夕食後、簡易ベッドに仰向けに横たわり二つの洞窟のことを考えた。

本当に大戦中の防空壕だったのだろうか。洞窟内部をきれいに清掃整備したとするなら日本軍ぐらいしか考えられない。その点では正しい見方だと言える。

ただし気になる点があった。洞窟があった丘陵地の崖は目立つ存在で、二つの洞窟は海に向かって口を開けていた。敵から身を隠す防空壕というにはあまりにも無防備ではないか。

また洞窟の入口付近には土砂に埋もれた石垣があった。戦時中に組まれたものというよりはもっと古そうに見える。石垣はまるで道に沿うように海に向かって二メートルほど坂を下っていた。洞窟の入口部分には庭のようなスペースもあった。それらの構造は見方によっては身を潜める場所というよりも、生活の場という印象を与える。

単純に防空壕とするには違和感がある。それは兵庫湾からわずか六百メートルの所にある。漂流里（北崖）の一部かもしれない。その可能性が全くないとは言い切れないのではないか。

わたしはヘッドライトを消し、寝袋に入った。洞窟のことが頭の中で堂々めぐりをしたまま眠れない。体は疲れているのに、意識だけがアンバランスに昂《たかぶ》っている。

闇の奥から聞こえてくるいびきの合奏とともに、ますます目は冴えていった。

第九章　白米と風呂

朝四時少し前、目覚めるとわたしはすぐに第一キャンプに行った。山階の佐藤、茅島、今野の三氏は起きてラジオの天気予報に耳を傾けていた。依然として梅雨前線が鳥島近海に停滞したままだという。

茅島氏がぼそりと言った。

「昨日から翔鴎と連絡がつかないんだ」

船長の能崎氏に何度電話をかけても通じないという。衛星携帯電話に電源が入っていないらしい。

六月十七日。鳥島に来て五日目を迎えた。予定では今日、第二班のわれわれが帰路につくことになっていたが、ヨットとの連絡は途絶えたままだという。

天気予報が終わりラジオから東京都心の交通情報が流れた。

この島にいる限り電車に乗ることもなければ渋滞に巻き込まれることもない。電波は微弱でかすれたまま聞こえなくなった。

東京の大都会からずいぶん遠い所に来てしまった。いや、ここも東京都なのではなかったか——。絶海の孤島とJR山手線や高速道路の混雑ぶり。相容れないものが一つ所におさまっている不思議な世界にいるようだ。

食事を早めに済ませた茅島氏は再び携帯電話を取り出してダイヤルした。

何度目かでようやく能崎氏と通じた。翔鴎はまだ小笠原にいるという。停滞している梅雨前線の影響で海は大時化の状態が続き、鳥島に向かうことができないらしい。

「今日はなしだ」

茅島氏はぶっきらぼうに言った。

テレビ隊の人々はひそひそ声で話し合った。

「今日はなしって、ヨット来ないの？」

「海が荒れてるってさ」

「波がおさまるまで帰れないってよ」

「まじで？」

撮影隊を率いているADは、海が荒れたら何日か島から出られなくなるという事情を理解していたが、出演者にはわざと何も教えていなかったらしい。われわれも表立って話題にすることは控えていた。

カメラマンはビデオを回し、緊迫した彼らの表情を撮影している。

わたしも神妙な面持ちを装ってはいたが内心は違っていた。できることなら島に残りたい。そして昨日見た洞窟をもっと詳しく調べてみたい。そこは漂流里（北崖）かもしれない。西崖と思われる初寝崎にしてもじっくりと歩き回れていない。鳥島のまだ行っていない場所にも足を運んでみたい。

鳥島の滞在が延長になったことは願ったりかなったりだった。正直、このまま帰ってしまうのは忍びない。海が荒れて船の到着が遅れることはわたしには好都合だった。

佐藤氏が松島氏とわたしに近づいてきた。

「今日も現場に行きますが、松島さんたちはどうしますか」

「火山調査は昨日で終わりました。今日は工事に参加しますよ。地震計のメンテナンスがあと少し残っている程度ですから」

松島氏はそう返答して、わたしに視線を向けた。

今日まる一日余裕があるなら、工事よりも漂流民の足跡を追いかけたい。しかし今回のわたしの立場はあくまでも松島氏の補助だ。松島氏にしても佐藤氏のアホウドリ調査隊に加えてもらって火山調査をしているという経緯がある。

わたしは二人に潔く相づちを打った。

せっかく鳥島に来たのだから、工事に参加するのは時間がもったいない。そう思いつつも工事が行われる燕崎で確かめてみたいことがあった。

長平が一時期、燕崎付近で暮らしていたという記録がある。長平とともに帰国を果たした漂流者の中に出雲の清蔵という男がいた。儒学者の桃西河《ももせいか》が彼からの聞き書きをまとめた「坐臥記《ざがき》」によれば、長平は島の南東部に小屋を作って暮らしていた。それは急な崖を下った所にあったという。

また燕崎はジョン万次郎らの上陸点との説もあった。「漂洋瑣談」によれば、彼らは燕崎付近から上陸し、内陸の洞窟に身を寄せた（153ページ）。

燕崎に行くチャンスが来たのだから、長平やジョン万次郎の足跡を確かめてみたい。

わたしは工事に出かけるメンバーと昼食用の弁当の準備に取りかかった。

大きな中華鍋には酢豚がたっぷりと入っていた。肉も普通の一・五倍、いや二倍も余計に入っている。弁当箱に白米をぎゅうぎゅうに押し込んで、酢豚を盛りつけた。立ち上る甘酢っぱい香りが食欲を誘う。

これまで火山調査中の昼食はパンや栄養補助ゼリーを口にする程度だった。燕崎の肉体労働に参加するからには酢豚弁当ぐらいボリュームがあるものでないと体が持たないだろう。

昼食を確保し、わたしは着替えのシャツやタオルを取りに第三キャンプに戻った。

洗濯物はどれもじっとりと濡れていた。貯水槽の雨水で洗濯し物干ロープにかけておいたのだが、速乾性の下着ですら乾く気配がない。湿度があまりにも高すぎるのだ。

結局、じっとりと冷たいシャツを着て出発するはめになった。部屋にはびこっているカビ菌が自分の体まで蝕んでいくようだ。

今野氏とテレビ隊、松島氏とわたしの八人は佐藤氏らの先発隊が出発してから三十分後に気象観測所跡を出た（次ページ 地図22）。燕崎の現場へはザイルを使って絶壁を降下しなければならない。時間差で出発したのは渋滞を防ぐためだ。

歩き始めて四十分ほどで燕崎の崖上に到着した。土木業者らの姿はなく、すでに現場に下りたようだった。われわれは一人ずつハーネス（安全ベルト）を装着した。そしてザイルを頼りに慎重に崖を下り始める。

目前に迫ってきたのは赤茶けた絶壁の急坂だ（186ページ 写真26）。

この下にアホウドリのコロニーがあるのか。

地図22 上陸5日目のルート 2010年6月17日

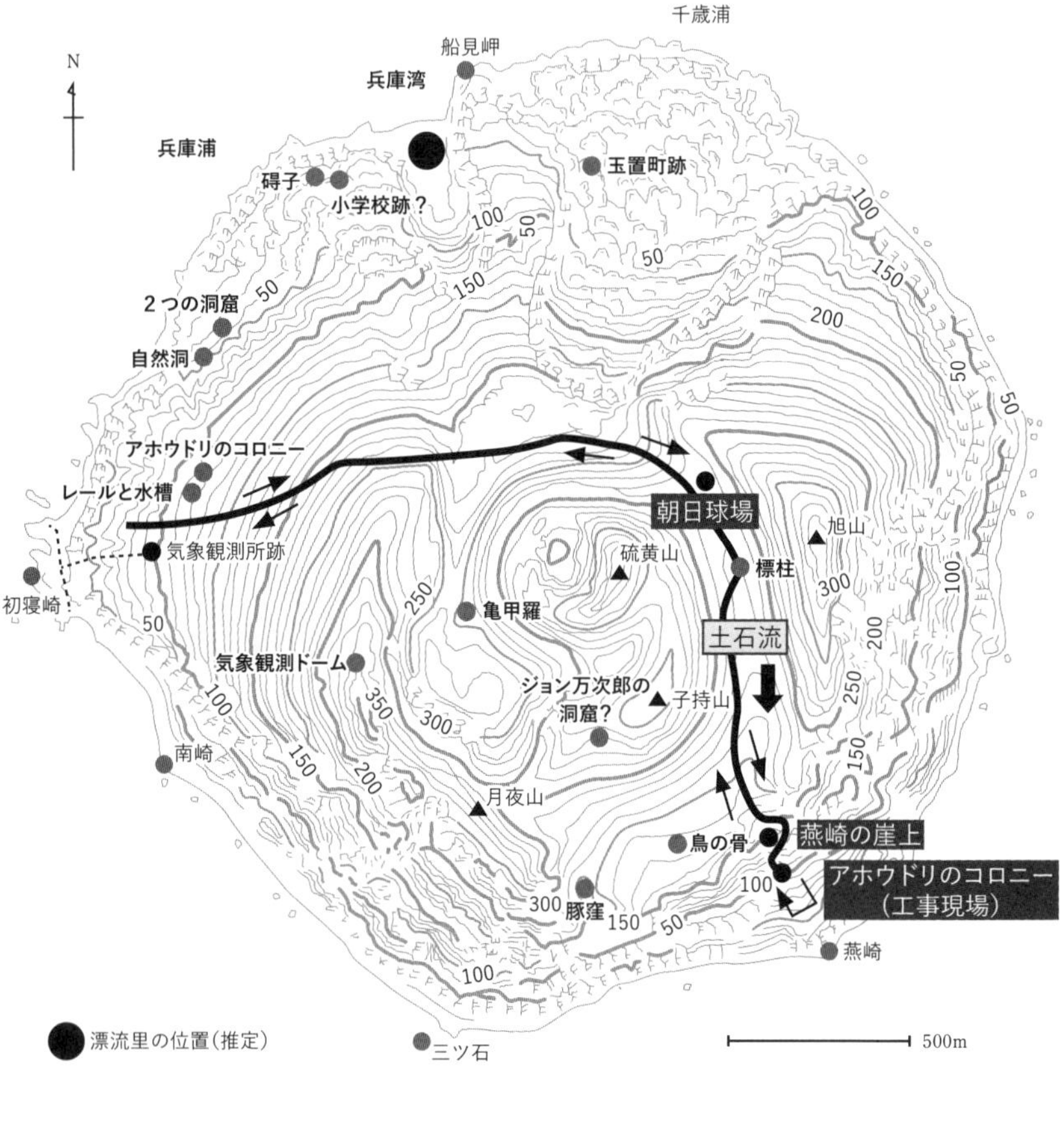

海に向かって一直線に下りていくと、やがて坂の上にわずかな草地が広がっていた。鳥はそこに卵を産みつけるらしい。天敵だった人間がいなくなった今も、身を潜めるようにして子育てをしている。恐怖心は癒えていないのだろう。

現場では土木業者が工事を始めていた。シャベルで土砂をすくって手押し車に乗せて運ぶという単純作業だ。コロニーに土砂が流れ込まないよう幅五メートル、長さ八十メートルの側溝を掘るのが目標という（次ページ 写真27）。地面の土砂は黒いスコリア（岩滓）だ。昭和の大噴火の時に旭山と硫黄山の間にある朝日球場（広い平坦な場所なので球場と名づけられた）に降り積もり、土石流となって燕崎に流れ込んだものだ（地図22）。

テレビ隊に交じって、さっそくわたしも列に加わった。取りかかってみると一筋縄ではいかない。斜面なので掘っても掘っても土砂が穴になだれ込んでくる。溝の壁も崩れてしまう。足場がもろくなり、やがてわたしもじわじわと滑り落ちていった。数十分と経たないうちに額から玉のような汗がこぼれ落ちた。

「こら、何やってんだ」

茅島氏の怒号が響いた。現場監督の彼は土木業者の一人に駆け寄った。

「なめんなよ、てめえ」

どうやら労働者の一人が動作をわざとゆっくりしているらしい。

「やる気ねえなら、連帯責任で全員昼メシ食わせねえぞ」

彼は土木業者らを前に迫力のある剣幕ですごんだ。

写真 26

燕崎の崖を慎重に降りていく

写真 27

燕崎の工事現場。地面のスコリアは朝日球場から流れ込んだもの。掘っても掘っても崩れてくる

険悪な雰囲気はその日の朝食時にもあった。茅島氏は納豆が手つかずのまま大量に残っていることを知り、土木業者たちを詰問《きつもん》した。彼らの好物が納豆だと聞いてまとめ買いしたというが、納豆を好む者は一人もいないという。結局、テレビ隊と松島氏、わたしがそれを引き受けることになった。一人で三パック食べてもまだ余っている。四パックを食べてそれ以上は遠慮した。夢に出てきても困る。納豆事件にせよ、やる気のなさにせよ、彼らの中に何か不満がたまっていることは明らかだ。

現場ではテレビ隊もバテ気味だ。ただしカメラが回っているので辛うじて緊張感が持続していた。カメラには不思議な威力がある。

作業に加わったわたしの二の腕はぷるぷると震えた。一時間。そして二時間。ついに腰も痛み出した。半端ではない。

何のためにこんなことをしているのだろう。

決まっている。アホウドリのためだ。

食料も水もない火山島に渡り、命がけで危険な断崖を下り、穴を掘り続ける。絶滅へと追いやられた野鳥を救うための行動だと言えば崇高な響きがある。

いや、違う。そんなに格好のいいものではない。これは人間のアホウドリに対する罪滅ぼしなのだ。神が人間に科した懲罰なのだ。

どこかに逃げ出したい。そう思い始めた頃、ようやく午前中の作業が終わった。汗をぬぐい地面にへたり込む。土木業者らは一斉に弁当箱を開いた。わたしも水を喉に勢いよく流し込み、酢豚弁当に食らいついた。

食事のありがたみをしみじみと感じる。日本人なら米さえあれば何とかやっていける。漂流民たちも米には特別の思いがあったのではないか。

遭難した長平らは難破船の中で生米を口に含んだと書いてあった。単に飢えをしのいだだけではなく、その行為自体が祈りそのものであったようで象徴的だ。

甚八たちの記録には思いもよらない事実が綴られている。鳥島に上陸した翌年の一七二一（享保六）年、一艘の船が島に流れ着いた。「遠州船無人島物語」によれば船には人間の姿はなく、岩礁にぶつかってすぐに大破した。いわばそれは幽霊船だった。ところが中には大量の米が積み込まれていた。彼らは急いで六十俵ほどを岸に引き揚げたが高波にさらわれ、二、三十俵を洞窟に運び込むのが精一杯だったという。

それにしても、米が流れ着くとは――。

驚くべきことはその翌年にも起きた。


俵《たわら》のまゝにて、穴の内に積立て囲ひ置き候、然《しか》る処、右の内に、籾米《もみごめ》一俵《いっぴょう》これあり（中略）翌春と覚《おぼ》しき頃、よほど暖かになり候処、右籾俵《みぎもみだわら》もへ（萌え）候て、目［芽］出し候

（『石井研堂コレクション江戸漂流記総集』第一巻）

俵の米を洞窟の中に入れておいたら、もみ米が芽を出したというのだ。彼らは苗を植え、何と

か育てようとした。

茅が生えている場所を畑地に選び、釘抜きを鍬《くわ》とし、魚の内臓を肥料にしてようやく実りを得た。一年で三、四俵の収穫があったという。彼らは毎年稲作をするようになり、収穫した米を大切に保存した。普段は口にせず、病人が出ると粥にして薬の代わりに食べさせたらしい。彼らにとって米づくりが生きがいとなった。

わたしは『ロビンソン漂流記』を思い出した。小説の中にも同じような話が出てくる。ロビンソンは難破船から引き揚げた大麦のうち、地面にこぼれ落ちた種が芽吹いているのを見つけた。それを畑に植え、ついには十分な収穫を得てパンを焼いて食べるのである。

マルクスは『資本論』の中で「経済学はロビンソン物語を愛好する」と書いた。無人島で労働にいそしみ、穀物の蓄積を図るロビンソンを経済人として論じたのだ。もし西洋の経済学者が『ロビンソン漂流記』刊行の年に遭難して鳥島に漂流することになった甚八たちのことを知ったらどうだったろう。鳥島が近代経済学を実証する場所とみなされたであろう。

わたしは昼休み中に燕崎の沿岸周辺を観察した。人間が容易に上陸できそうな海岸はなく、絶壁が海に垂直に落ち込んでいくばかりだ（191ページ 写真28）。

土石流として流れ込んだ黒いスコリアによって江戸時代とはおよそ景観が変わってしまった。長平が小屋を建てた場所も万次郎の上陸点も見つからない。長平やジョン万次郎の足跡は島の南東部から完全に消え去ってしまったようだ。

わたしは上陸三日目に立ち寄ったアホウドリの骨の遺跡を思い出した。それは燕崎への下り口に当たる崖の上から西に三百メートルほどの所にある。もし長平やジョン万次郎が島の南東部に暮らしていたのであれば、彼らのゴミ捨て場だったのかもしれない。

せめてそのアホウドリの骨に夢を託したい思いがした。

われわれは午後も少し工事を行い、夕方までにキャンプ地へ戻れるように現地を出発した。燕崎の崖の上に全員が登り切る時間も合わせると約二時間をみなければならない。

焼けただれた火山の斜面を登り切った後、地面に転げ落ちている巨大な噴石群と顔を見合わせるようにとぼとぼと進んでいく（写真29）。われわれは帰路も硫黄山（写真30）をぐるりと回るように進み、来た道から外れないように戻った。

ようやく第三キャンプに到着。背負っていたバックパックを下ろし、簡易ベッドに座った。ひと息つき、持ち物の整理を始めると腰に提げてあったGPS受信機が見当たらない。周囲を探し回り、いっしょに戻ってきたテレビ隊にも尋ねたが心当たりのある人はいなかった。

どこかに落としてきてしまったらしい。困った。大枚をはたいて手に入れた機器だったし、なくしたとなれば、今回たどり着いた二つの洞窟やアホウドリの骨が埋もれた遺跡の正確な位置がわからなくなってしまう。

すでに空は薄暗く、今からでは燕崎まで引き返すことはできない。

明日また探しに行ける時間があるだろうか。もしヨットがやって来たら、帰途につかなければならない。そうなればあきらめる他ない。

松島氏に相談してみようと思い、第三キャンプを出た。すると海を望む高台に人の姿があった。

写真 28

燕崎の断崖絶壁。ジョン万次郎の上陸地点や長平が小屋を建てた場所は見当たらなかった

写真 30

硫黄山の南斜面を見上げるように進む

写真 29

朝日球場付近。巨大な噴石群が噴火の規模を物語っている

テレビ隊の一人だ。彼は岩の上に腰を下ろしたまま溜め息をついていた。どうやら明日もヨットが来ないことになったらしい。

第一キャンプでは松島氏が佐藤氏と天候について話していた。

梅雨前線に変化の兆しはなく、このまま停滞することも予想された。波は高く、ヨットがいつ小笠原を出発できるか見通しが立てられない。しばらく鳥島に閉じ込められることも覚悟しなければならない。

わたしは松島氏にGPS受信機のことを告げ、明日の予定を相談した。彼は地震計のメンテナンスを行うついでに落とし物探しにつき合ってくれるという。そして出かけるからには地面の温度をもう少し測ってみたいと言った。

また一日遅延となったことで、ちょっと救われる思いがした。それでも落とし物探しは時間のロスであることに間違いない。もしGPSをなくしていなければ、今度こそ二つの洞窟を再訪し、さらに初寝崎の周囲も歩いてみたいと思っていた。自ら引き起こした不注意のためそのチャンスを台無しにしてしまうとは……。

いや、洞窟のことばかりではない。わずか五日の滞在では漂流民の気分の一端さえ味わったとは言えない。あと一日延びたとはいえ滞在時間が短すぎるのだ。

わたしの焦りとは裏腹に、テレビ隊には重苦しい雰囲気が漂い始めていた。

いつになったら帰れるのか。全く先が読めない。詳しいことを知らされず鳥島へとやって来た出演者らは不安を隠しきれず、泣き出しそうな表情を浮かべていた。

燕崎の厳しい工事に参加してみて、わたしは彼らの胸の内を察することができた。島では緊急時の衛星携帯電話以外、電話は使えない。携帯電話の電波は届かないから、家族や同僚とは自由に連絡が取れない。音信が途絶え、皆きっと心配していることだろう。「元気で何とかやっている」その一言が伝えられないもどかしさ、いらだち、憂鬱。帰れる見込みも立たないまま、重労働を強いられ続けるやるせなさ。

土木業者も爆発しそうな感情を抑えながら働いている。茅島氏への反抗的な態度はくすぶり始めた欲求不満の表れなのだ。おそらく彼らは所属する会社から命じられるまま、どういう場所かもよく知らずに島へやって来たのだろう。それは荷物の運搬や漁のため海へ出て、ある日突然、流れ着いた漂流民の状況とどこか似ている。

テレビ隊や土木業者の戸惑いや不安は漂流民の感情に近い。彼らの方がわたしより何倍も漂流民の気持ちを実感できているはずだ。わたしは鳥島に関心があって自ら望んでやって来た。まだどこかに漂流民の洞窟があるのではないかと期待を寄せていた。不安も恐怖も感じない。

気がつけばわたしは漂流民に関心を寄せるあまり、彼らの孤独や叫びまでがどこか他人事になっていた。せっかく鳥島に来ても、それでは漂流民の気持ちなどわかるわけがない。

わたしはテレビ隊や土木業者らの何気ない振る舞いからそのようなことを知らされた。彼らがいなければ、肝心なことに気づかないまま島を去るところであった。

探検家は人よりも勇気があると思われがちだが、それは違う。ただ好奇心が恐怖心を麻痺させているだけなのだ。

長平のように、生米を嚙んで飢えをしのげるか。

甚八のように、もみ米を地面に植えて十九年ほどここで過ごせるか。

同じような境遇に陥った場合、自分も彼らと同じように生きる自信はない。

彼らにも家族や知人がいたはずだ。遠い故郷の人々は彼らが死んでしまったと悲しんで葬式を挙げた。「無人島談話」によれば長平に合流した志布志の甚右衛門が帰国した時、故郷ではすでに七回忌が弔われていたという。もしそんな不幸がわたしに降りかかってきたとするなら――。想像しただけでもぞっとする。とても堪えられるものではない。

日は暮れ、島はゆっくりと闇に包まれていった。

気がつけば第一キャンプから裸電球の光が漏れてきた。

「風呂が沸いたぞ！」

貯水槽が置かれた洗い場から声が聞こえてきた。

佐藤氏がわれわれのためにドラム缶で風呂を沸かしてくれたのだ。

僻地に取り残された日本人に安心を与えるもの。それは白米以外にもう一つあった。風呂だ。

「鳥嶋在留日誌」によれば、明治の開拓民らは玉置町で温泉を見つけた。千歳湊で穴を掘っていたところ突然、蒸気とともに湯が噴き出してきたのだという。


諸人萬金《もろびとまんきん》（大金）ヲ得タル如キ喜ビヲ為《な》セリ

ドラム缶風呂でも心弾む気分なのだから、鳥島で温泉を掘り当てた彼らの喜びは計りしれない。地獄を天国と見紛うほどだったろう。

順番が回ってきてわたしはドラム缶に飛び込んだ。

天を仰いだが、むら雲ばかりで星も月も見えない。

それでもふっと吐いた息で白い湯煙が乱れるのを見るのは久しぶりだ。

やはり風呂はいい。汗や身体の汚れとともに、不安や苦しみまで洗い流してくれる。

部屋に戻ると皆の顔に少し明るさが戻っていた。

第十章　漂流の日々を追う

島島に上陸して六日目の朝が来た。六月十八日のその日も隊長以下、土木作業員とテレビ隊は燕崎に出かけていった。

わたしは落としたGPS受信機を松島氏と探しにいくことにしていた。すぐにでも出かけたい。ところが松島氏は午前中に調査データを整理する仕事があるので午後からにしようという。

わたしはもどかしかった。自分で探しにいこうか。いや、活火山のこの島で単独行動は慎まなければならない。ちょっとした慢心が重大な事故につながる。松島氏と行動をともにしなければならないし、わたしの立場はあくまで彼のサポートにある。

わたしは午前中の時間を使って初寝崎周辺を歩いてみることにした。そこなら気象観測所跡地から離れずに一人で行ける。GPSのことも気にかかるが、初寝崎を確かめずに島を離れたら後悔するだろう。

「無人島談話」によれば漂流民の洞窟は西崖に二つあったという。地図には「土佐及大坂者初住」此」「日州船着」此」などと記されている。長平や大坂船の者たちが初めて身を寄せ、志布志の者が上陸した場所だ。

西崖は島の西部（真西）とされ、現代の地図では初寝崎に当たる。

上陸した日、わたしは初寝崎の気象観測所跡と海岸を行き来した。

水を運び上げるのに精一杯で、周囲の様子をゆっくり観察する余裕がなかったことも事実だが、初寝崎の崖は予想以上に切り立っていた。

改めて「無人島談話」の地図（81ページ 地図8）を見ると、西崖の海岸まで一本道が通じ、近くに「此所釣魚之濱」と書かれている。

鋭い岩が連なる初寝崎の絶壁に、江戸時代の地図に見られるような道が本当にあったのだろうか。魚を釣るために何度となく海まで下りられるような所だったのだろうか。実際に現地を歩いた記憶をもとにすればとても気軽に往来できる場所ではない。

でもどこかに道があったのかもしれない。漂流民が崖の上と海岸を往復した道を見つけ出せれば、二つの洞窟の位置を推定できるかもしれない。

わたしは寝泊まりしている無線室（第三キャンプ）を出発した。建物の背後に回り込むと気持ちのいい丘に出た。

風が強いためだろう。背の高い草はほとんど生えていない。

丘の斜面はそのまま下って行き、やがて断崖になって海へと落ちていった（次ページ 写真31）。

わたしはそのまま崖の突端に沿って歩いた。

どこまで行っても海岸まで下りていけそうな場所は見つからない。ロープを使って五十メートルも垂直降下しなければ行き着けないような急斜面ばかりだ。岩登りの熟練者ならまだしも、一般人には無理だ。

その傾斜は島の西岸から南岸に向かうほどきつくなり、垂直に海に落ち込んでいる（次ページ 写真32）。

結局、洞窟や住居がありそうな崖はおろか、漂流民の道さえ見つけ出すことはできなかった。

写真31

初寝崎の崖上にはなだらかな丘陵地帯が広がる。下って行くと絶壁となりストンと海に落ちる

写真32

初寝崎付近。江戸時代に道があったとは思えない。現在でも重機で造られた道を通らなければ崖の上に登っていくのは困難（写真提供：松島健氏）

気象観測員だった渡部栄一氏からの手紙によれば、初寝崎に観測所を建設する際、ダイナマイトを仕掛けたので景観はそれ以前とは様子が一変してしまったという。

何も見つからないのは、そのような事情も考えられる。

漂流民の道や洞窟はまだどこかにあるかもしれないし、すでに失われてしまったのかもしれない。ただし初寝崎を覆い尽くす断崖を前にすると、そこが漂流民の暮らした西崖だったとは思えない。

初寝崎を一巡りし、今度は気象観測所跡を見て歩くことにした。

ほとんどの建物は天井も床も抜け落ちてしまっている。むき出しのまま残る建物の基礎やコンクリートには何かを語りかけてくるような存在感があった（次ページ 写真33）。錆びついた水素ボンベが積み上がり、非日常的な世界に迷い込んでしまったような錯覚に陥る（次ページ 写真34）。

無線室（第三キャンプ）に戻り壁の落書きに目が留まった（203ページ 写真35）。上陸した日に見かけて以来、ずっと気になっていたものだ。

大エビ釣る　1・7貫《かん》
釣り　モロコ（ハタ科）　4貫15匁《もんめ》
蝶々魚《ちょうちょううお》 試食す　食用に供《きょう》せず

鉛筆書きでほとんど消えかけているが、釣りの記録が読み取れた。大エビやハタなどうまい獲

写真 33

気象観測所跡。残された建物の壁と土台

写真 34

高層気象観測用の水素ガスボンベ。辛うじて形をとどめている

写真35

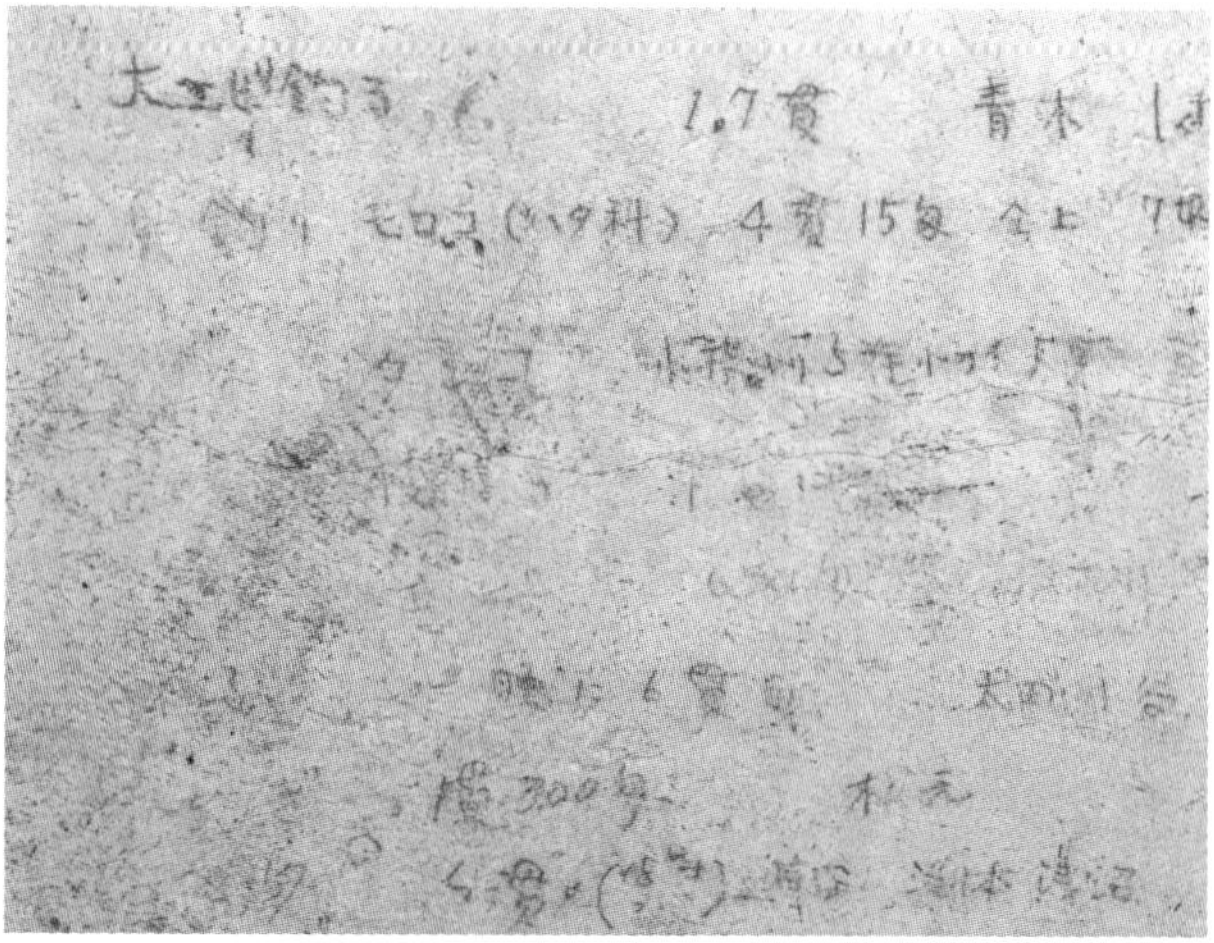

無線室（第3キャンプ）の落書き。鉛筆の文字はかすれて読みにくい

物が釣れた時もあった。チョウチョウウオが釣れたので試食してみたのだろう。とても食べられる代物ではなかったらしい。

壁の別の場所には「麻雀」や「囲碁」「餅つき」「完全優勝」といった文字も見られる。人の名前や数字なども脈略なく並んでいる。いずれも昭和の気象観測員たちが勤務の合間に暇を持てあまして書いたものだ。

もしわたしが漂流して命からがらこの地にたどり着き、落書きを見つけたらどう感じるか。麻雀も餅つきもない世界に取り残されている自分を直視し落ち込むだろう。

いや、正反対の感情も考えられる。このような絶海の孤島でも楽しく生活をしていた人々がいたのだと思い直し、一時、寂しさや恐怖を忘れられるかもしれない。

物事の感じ方一つが生と死を分ける分岐点となる。落書きは絶望の引き金となるだけでなく、希望への道しるべにもなりうる。後者なら生還の可能性は高まる。

初寝崎にあるアホウドリのコロニーへと向かう道ばたに気象観測所の人々が建てた石碑があった。丸い石に「殉職者之碑」と刻まれている（写真36）。観測隊の中にも命を落とした者がいたのだ。

鳥島で死んだ者の多くは殉職者だった。明治の大噴火で亡くなった百二十五人は出稼ぎでやって来た労働者だ。江戸時代の漂流民にしても出漁中だったり海運の途中で遭難した。各自与えられた職務を全うしようと真摯に働いていた人たちだった。

石碑は島で命を落とした全ての人に捧げられた鎮魂の碑だと言ってもいいだろう。

わたしは帰郷を果たせずに死んでいった漂流民の無念さを再び考えた。

写真 36

殉職者之碑。碑の前にはお猪口が置かれてあった

甚八や長平たちは漂流中の日々をどのように過ごしていたのか。ショッキングでいたたまれないような記録が残っているのは遠州の甚八たちだ。帰還者の証言を綴った「無人島漂着物語」には次のような証言が記されている。

あまりに古郷《ふるさと》恋したひ（慕い）水え入相果候《いりあいはて》（入水自殺した者）もあり、又《また》頭を岩え打付果《うちつけはて》しもあり

（『南部叢書』第十冊　一九二九）

証言はさらに続く。

穴の口を石にてふさき（塞ぎ）給ふべしとて穴え入申也《いりもうすなり》

岩穴にこもったまま死にたいので、入口を塞いでほしい。誰かがそう言い出したという。命があればきっと故郷に帰れる日も来よう。甚八たちは何とか説得しようとしたが、その人は断食して即身仏となる道を選んだ。残された者は彼の死後、断腸の思いで穴を閉じたという。甚八たちが生還を果たしたことを思えばそれらの死は痛ましく映る。十九年三ヵ月に及んだ無人島漂流の現実はあまりにも厳しかった。

「遠州船無人島物語」や「翁草」によれば、彼らが持っていた火打石は二、三年ですり減ってし

まった。困り果てた挙げ句、煙を上げている火山の高温地帯に踏み込み、茅の松明に火をつけて火種を得た。火を確保するために命がけの冒険をしなければならなかった。

月日とともに着ている服はぼろぼろになった。死者が出ると誰かが衣服を貰い受けた。それではとても足りず、彼らは海から流れ着いた帆布ばかりかアホウドリの羽まで身につけた。羽毛がついたままの皮を天日に干し、しばらく敷物として使って柔らかくしてからつなぎ合わせた服だ。亜熱帯気候の鳥島で夏の暑さは厳しく、服など不要なほどだった。それでも冬には風の強い日が多く、アホウドリの羽衣はウィンドブレーカーのように体温の低下を防いだのだろう。

火打石や衣服とは対照的に、彼らが持っていた鍋や釜は錆びることも表面が剝げることもなかった。アホウドリの脂が染み込んで耐久性が高まったためだろう。

彼らにとって幸運だったのは米俵を積んだ無人船が漂着したことだ（188ページ）。稲作が慰めを与えたことは確かだ。しかしそれはほんの気休めにすぎなかった。

「翁草」によれば遠い沖合に帆影を見つけたことがあった。全員で大声を張り上げたが船はあまりにも遠い。彼らは地面に身を投げ出し、船を島に吹き寄せてくれるよう風神に祈ったという。必死の祈りも空しく船は水平線の向こうに姿を消しかけた。すると仲間のうち二人がとっさに岩の上から身を投げようとした。その時の彼らの心情が次のように綴られている。

魂は責《せめ》てあの船に乗らん

（『日本随筆大成　新装版』〈第三期〉二十　一九九六）

命を絶って肉体を捨て、せめて魂だけでもいいからあの船に乗りたい――。

船頭の左太夫がわめく二人をなだめ、思いとどまらせた。それ以後、彼らは伊勢神宮の神札を持って浜へ下り、毎日欠かさず祈るようになったという。

ただし現実は苛烈を極めた。島に上陸したのは十二人だったが、十年が経つ頃までに八人が死亡した。

「遠州船無人島物語」によれば遠州新居の善三郎、喜三郎、八太夫、善五郎、善左衛門。それに江戸で雇い入れた善太郎と八兵衛。南部から武州神奈川まで行くつもりで乗り込んだ権次郎。彼らの中には入水自殺をした者、頭を岩にぶつけて自害した者、岩穴にこもって息絶えた者以外にも、老衰や病気で死んだ者もいたはずだ。

皆のまとめ役でもあった左太夫が死んだのは、甚八たちが帰国した年から遡って「九年以前」だったと「翁草」にある。上陸から十一年目に当たる一七三〇年頃のことだ。彼はこの世に残していく甚八、仁三郎、平三郎に遺言を伝えた。下田御番所の御切手や金子二両、銭百文、算用帳など帰国した時に身分を証明するものであるから大切に保管しておくようにという内容だった。

とはいえ三人が生きて帰れる保証はどこにもなかった。次にいつ誰が死ぬかもわからない。彼らは故郷で見たことがある木を海岸で見つけると、それで数珠を作った。臨終の際、念仏を唱えれば魂だけでも故郷に帰り着くことができると考えたのだ。祈りの原点のような行動だ。

ようやく一艘の難破船が島に漂着したのは、漂流から二十年目に当たる一七三九(元文四)年三月二十九日のこと。それは江戸堀江町の宮本善八が所有する船で、船頭の富蔵をはじめ十七人の船乗りがいた。彼らは前年十二月に房総沖で強風に遭い、小笠原諸島に流された。自力で脱出を試み、本船に積んでいた小船に乗って北へ向かった。ところがまたしても嵐に翻弄され、食料や衣類、各々の所持品を海に投げ捨ててどうにか鳥島に流れ着いた。

彼らに会った時の甚八らの反応が「翁草」に見える。

地獄にて仏に逢ひ候心地にて、唯《ただ》岩上にひれ伏し嬉し泣に泣き居たり

記録に残る甚八らの漂流生活をたどると、次々と仲間が命を落としていく様子は無念だ。ところが最後に生還を果たした三人がいかに困難を乗り越え、生き続けたのか。肝心の部分ははっきりとしない。彼らにとって生きる希望とは何だったのか。そんな単純なことすら資料からは浮かび上がってこない。

わたしは文学作品を手に取った。作家が歴史小説を書く動機となるのは何か。もちろん史実としてのおもしろさがなければならない。しかし記録が十分に残されている話をわざわざ作品にするだろうか。記録にない所をどう埋めるか。空想でどう補うか。歴史の中で最大の空白部と言えるのは、歴史上の人物が何を心に抱いていたのかという点にある。記録に残らない彼らの内面に光を当てることで、歴史の謎に迫る。歴史小説にはそんな側面もある。

わたしは小説を手がかりに漂流民らの感情を探ってみたいと思った。無人島に置き去りにされ

ることとはいかなるものか、内面に迫ってみて初めて、その現実をよりよく理解することができるはずだ。
甚八たちを描いたのは織田作之助だった。彼は甚八らをどう見たのか。
織田は『漂流』の中で、平三郎には爪を噛むくせがあったと書いている。何気ないその振る舞いが漂流者たちの間でとんでもない口論を巻き起こしていく。

「平三、行儀がわるい。なんぼ無人島じゃからとて、むさいことするな。わしはわれが爪噛んでるとこ見ると、見苦しい気がして、ならんのじゃ」

（『漂流』一九五六　以下同）

注意されて、平三郎は次のように言い訳をする。

「わしは爪を噛むのは、お政を想い出すためじゃ。お政を想い出すなと言うのか」

それに対する船頭左太夫の返答は哀れだ。

「女房のあるのは、われ一人じゃないぞ。憚《はばか》りながら、みなみな一人ずつは女房のある身じゃ。女房のこと言いたければ日中に言え。日が暮れてから言うのは、勝手気儘《きまま》じゃ」

幕府や各藩が行った漂流民の取り調べ資料には妻のことまでは出てこない。織田作之助は作品に漂流者の妻を登場させ、漂流民の心理を表現しようとした。

男たちは遠く離れ離れになった妻のことを思い出すといたたまれなくなったはずだ。ふさぎ込み、時には泣き出し、わめき散らすこともあっただろう。だからこそ彼らは何としてでも生きて帰りたいと思ったに違いない。それが彼らに新たな勇気や忍耐力を与えたはずだ。

漂流民たちは妻や家族のことを片時も忘れることはなかった。十九年もの間、心の中で大半を占めていたのは大切な人への思いだった。男同士で吐露し慰め合うことはなくても、それは何気ないやりとりの中で口をついて出てきた。織田の想像力でよみがえった甚八たちの振る舞いや心の動きはリアルに映る。資料の空白部をちらりと垣間見る思いがする。

では土佐の長平らはどうだったのだろう。甚八の漂着から六十五年後、鳥島に流れ着いた長平には全く異なるドラマが待っていた。

帰国した長平への調書「無人しまへ漂着之もの吟味書」によれば、鳥島に上陸した長平らは洞窟を見つけて身を寄せた。

（島を）所々見廻り候処、嶋内谷合の中腹に、弐《に》三尺（約六十〜九十センチメートル）四方の穴有之候間、一同相談之上、右之穴を追々六尺（百八十センチメートル）四方程に切広げ（身を寄せた）

（『近世漂流記集』一九六九）

ところが長平は二年と経たないうちに三人の仲間全員を失うことになる。「土州人長平漂流日記」を見ると、年長者だった源右衛門はしゃく（内臓の痛み）の持病を抱えていたらしく、体調を崩して上陸から七ヵ月後に死んだ。翌年、長六と甚兵衛も相次いで息を引き取った。二人とも関節や筋肉に痛みを覚え、歩くことも立ち上がることもできなくなり、食事さえ喉を通らなくなったという。死因ははっきりしないがその症状から考えられる節はある。

「土州人長平漂流日記」によれば、彼らは冬にアホウドリをたくさん捕まえて干し肉にし、渡っていってしまう夏の間の食料にした。一年目は一人当たり八十羽と計算し、不足分は磯で見つける貝や魚釣りで補った。二年目は二百羽分に増やした。すると食料を探す心配がなくなったためか、洞窟でごろごろと過ごすようになった。

長六と甚兵衛は運動不足に加え、アホウドリの肉ばかり食べ続けたことによるタンパク質過多に陥り、痛風にかかったのかもしれない。高尿酸血症は血管の状態を悪化させ、重症化すると心筋梗塞や脳卒中を引き起こして死をもたらす。

三年目の夏。一人取り残された長平はアホウドリの干し肉を百五十羽に減らし、磯で多くの食べ物を手に入れるようにした。

海岸に流れ着いた布切れで縄を綯《な》い、それに船釘をくくりつけて釣りをした。船釘は頭がL字型をしているのでひもに結びつけやすい。尖った先端を石などで叩いて折り曲げるとちょうど釣り針のようになる。「無人島談話」を参考にすると島で釣れた魚はササウオ（黒鯛の一種か）やボッコ（カサゴの一種か）など。まれにタコやウミガメも手に入った。そのおかげで体力は回復し、病気知らずだった。

長平の合理的な考え方は際立っている。「無人嶋漂流記」によれば月を観察して三日月を見た数を覚えておき、年月を把握した。「三十三回を閏《うるう》とする」計算方法を知っていたので、大坂船の者たちと合流して年月を確認した時も大きな誤差はなかったという。おそらく大坂船の者たちも同じ方法で暦を把握していたのだろう。

また彼は一日に飲む水を決めていた。アホウドリの卵の殻の容器一つ分に決めていたと「坐臥記」に書かれている。アホウドリの卵は長さ十二センチメートルほどある。暑さが厳しい島での夏を思えば、一日に必要とされる水分量としては足りない。かなりの節制を強いられていたことがわかる。

苦労をしながらも彼は数値化や規律化によって十分な食料や水を備えることができた。それが死の恐怖に打ち克つ自信や安心感を生み出したのだろう。まさに物資の蓄積に長けた経済人と評されたロビンソンを地でいくような人である。

皮肉なことに食料を十分に確保できたことは災いをもたらした。仲間を怠惰にさせ、死へと導いた。人間は満たされない部分があるからこそ生きられる。

強靭そうな長平だが、彼自身もかなり思い悩んでいた。商人であり学者の山片蟠桃《やまがたばんとう》は孤独に苦しむ長平の心情を「夢ノ代《しろ》」（一八二〇）の中に記録している。

唯《ただ》アケクレ（日は明け暮れ）古郷ノミヲ慕フ。水ニ投ゼントスルコト幾タビナレドモ、思ヒ直シテ貝ヲヒロヒ鳥ヲトリテ食ス。世ニハ天狗《てんぐ》ナルモノアルヨシ。我ヲツカンデ日本ノ地ニツレ行《ゆけ》ヨカシ

（『日本思想体系四十三　富永仲基《なかもと》　山片蟠桃』一九七三）

彼に自殺を思いとどまらせたものとは何だったのか。

何が拠り所になっていたのか。

全く記録に残っていない。ただ天狗でもいいから、日本に連れていってほしいと祈っているところに、帰国への強い思いが感じられる。故国で彼を待っている人がいたのだろう。両親だろうか。遭難当時、彼は二十四歳だった。結婚して家族がいたとしてもおかしくないが、そうでなくとも思いを寄せる異性の一人ぐらいいただろう。

彼は仲間が息を引き取るたびに遺言を聞いていた。生きて帰って家の者に伝えてほしい——。何事かを言い残して息を引き取った仲間の遺体を前に自殺するわけにはいかない。そんな心理が働いたとすれば、それもまた彼の生きる力となったはずだ。

「土州人長平漂流日記」によれば一人きりになって一年半が経った一七八八（天明八）年一月二十九日、思いがけず一艘の難船が鳥島に流れ着いた。

その船に乗っていた清蔵からの聞き書き「坐臥記」に乗員の名前が記録されている。船頭の儀三郎をはじめ五兵衛（ともに肥前）、忠八（仙台）、久七（伊豆）、市之丞と長兵衛（加賀）、吉蔵（江

戸）、清蔵（島根）、松兵衛（大坂）、三之助（南部）、由蔵（越後）の十一人。彼らは各地から集まった船乗りの寄り合い所帯だった。大坂の備前屋亀次郎が荷を運搬するため肥前の船主からチャーターした船だったことから、資料では乗員を一括りに「大坂者」などと記している。彼らは九十九里浜沖で嵐に遭い、小笠原諸島らしき島に漂着した。脱出こそできたが、再び漂流して鳥島に流されたのだ。

「坐臥記」には上陸時の様子が記されている。鳥島の西側に接近したが上陸地点を見つけられず潮に流された。焦った彼らは本船を捨てて小船に乗り移り島をめざした。若い者が海に飛び込んでわずかな平地を見つけ、全員で岸に上がった。小船は岩に激突し沈んでしまったという。嵐に見舞われるまま一週間ほど雨漏りがする海岸の小洞に身を寄せていたが、天気が回復すると暮らし向きのよい場所を探しに島の内陸へと出かけた。彼らはそこで思いがけないものを目にする。

岩場に釣り竿が寄せてあり、平地の側に洞窟があった。中には衣服一着と草履《ぞうり》一足が置いてあった。服は紋がついた浅黄《あさぎ》染めの着物だった。

彼らは島に日本人がいることを知り、捜索を開始した。そしてついに島の南東部（燕崎付近）で人間に出会った。その男は鳥の羽を身につけ（次ページ 図1）、髪の毛は蓮のように乱れていた。眼光鋭く彼らを睨んだという。

天狗か鬼神か。

近寄って名前を尋ねた。「土佐の長平」だという。緊張感あふれる出会いの場面だ。

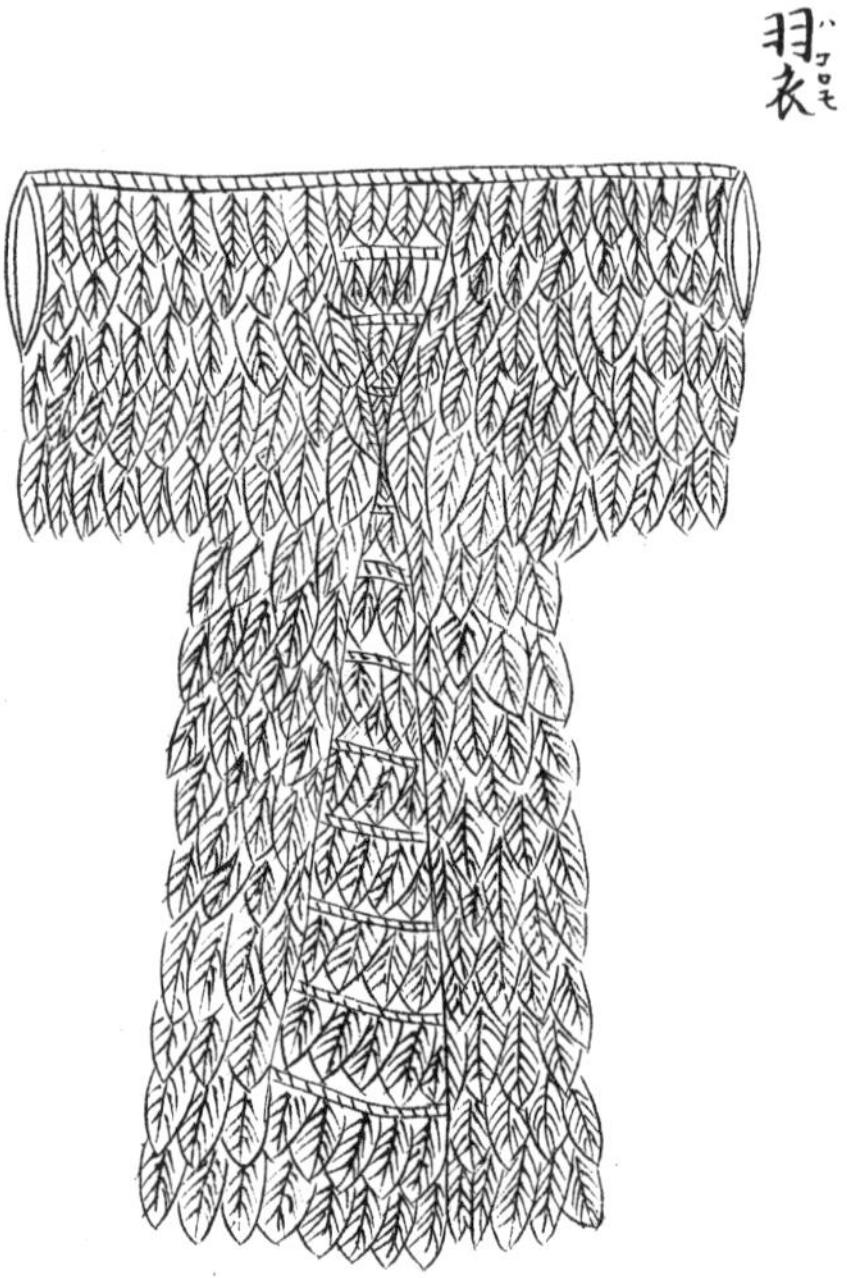

図1

アホウドリの羽で作った羽衣。長平が大坂船の漂流者と会った時に着ていた

出典：「無人島談話」（国立国会図書館蔵）

とはいえ大坂船の漂流者たちは素直に喜べなかった。彼らを震撼させたのは、異人のような長平の身なりだけではなかった。

長平が脱出できず三年も島にいること。長平の仲間が全員死んでしまったこと。さらに島には湧き水も穀類もなく、魚や鳥で露命《ろめい》をつながねばならないこと。厳しい現実を知った彼らは力を落とし、地面に崩れ落ちた。

「坐臥記」によれば長平は彼らをなぐさめようと水を飲ませ、アホウドリを五羽捕まえてきた。その生肉を勧める長平に大坂船の男たちは火打石を見せた。長平はようやく三年ぶりに温かいものを口にできると喜んだという。そんな長平の言動に彼らはまた衝撃を受けたはずだ。新たな漂流民たちとの出会いに希望を見いだす長平。長平の惨めで落ちぶれた姿に絶句する十一人。あまりにも対照的すぎる。

彼らは長平とともに島の南東部で三日を過ごした。大坂船の者たちも船を失ってしまった以上、救いが来るのを待つしかない。どうしたらいいだろう。彼らがいるのは日本本土がある戌亥《いぬい》（北西）とは反対側だ。また敷地が狭く大人数では暮らしに向かない。

彼らは大坂船の者たちの上陸地点へと戻った。そこに小屋を建てようと、建材に必要な茅を探しに出かけた。茅が生えている東の谷に下りてみると、そこでも新たに洞窟を発見した。「坐臥記」は次のように記している。

谷の側に窟穴あり、人作に似たり。然れども虎豹の穴なるか、龍蛇の窟なるか知るべからず。

故に猶豫《ゆうよ》せし（ためらっていた）が、若者決意して内に入り見しに、鍋一釜一を覆《ふせ》置けり。又板二枚あり、其一には書して曰く、江戸塩丁宮本善八船十七人乗組とあり。其一には遠州荒井筒山五兵衛十二人乗とあり。夫《それ》より四五間（約七〜九メートル）ほど去りて又一窟あり。桶一つあり

遠州荒井（新居）筒山五兵衛の船（十二人乗り）とは甚八らのことで、江戸の宮本善八船は甚八らと合流した十七人のことである。その書き置きから長平たちが見つけた二つの洞窟は、甚八たちが身を寄せていた場所だったとわかる。

洞窟の中で書き置きを見た彼らはどう感じたのだろう。落胆と慰め。わたしが第三キャンプで落書きを見た時に感じた相反する二つの感情。彼らの胸中にはどちらが去来したのだろうか。「坐臥記」にはそれがはっきりと記されている。

是体《このてい》（書き置きの様子）を見るに、存命にて帰りたる（生還した）者の所為と思はる。然《しか》れば吉《きち》瑞《ずい》なれば、此窟室に住居すべし

帰国した先人が残したものを見て、彼らは落ち込むことなく吉瑞と喜んだ。生還できる前兆と考えそこに移り住むことにしたという。洞窟は彼らに大きな希望を与えたのだ。

「坐臥記」によれば洞窟は二つあり、中を掃除すると船釘五、六貫（二十キログラム前後）が出て

きた。南京焼（中国製）の布袋像も見つかった。清蔵はそれを福神と呼び、見つけた八日を縁日にして祭ったという。

洞窟には死体も横たわっていた。彼らは近くに見つけた古い墓のそばに新たな墓を築き、死体を埋葬した。

大坂船の者たちがやって来てから二年が経過した一七九〇（寛政二）年一月末頃。もう一艘の船が鳥島に漂着した。

日向国志布志の船で船頭の栄右衛門、甚右衛門、重次郎、善助、八五郎、惣右衛門の六人が乗っていた。彼らは日向灘で遭難し海上を一ヵ月漂った後、鳥島に流れ着いた。

「無人島談話」には上陸時の緊迫した様子が書かれている。志布志船の六人は本船を捨て、小船で島に渡ろうとした。すると乱れ髪で裸体、あるいはボロをまとった男たちが崖の上に姿を現し、大声を発した。海上の六人は恐れをなして立ち去ろうとした。島で化け者に殺されるよりは船上で死んだ方がましだ。ところが島の男たちの言葉は日本語だった。六人は思い直し、上陸することにしたという。

とはいえ容易にはいかない。「坐臥記」を見ると、島の男たちが六人を縄で一人ずつ吊り上げたらしい。乗っていた小船は荒波に翻弄されるまま座礁し粉々になった。辛うじて回収できたのは道具類や船材の一部だけだった。

六人が新たに加わったことで、鳥島の漂流民は合計十八人になった。

「窟室三つを作り、五つの穴に三四人ほどづゝ住居せり」（「坐臥記」）とあるので、彼らはいっしょに暮らし始めたのだろう。

志布志船が来る前、長平らは甚八たちの板書きを吉瑞とみなし、二つの洞窟に暮らしていた。そこに新たに三つの洞窟を掘ったとすれば、洞窟の数は合計五つになるから数が合う。「無人島談話」にも志布志の者が上陸した後で掘ったのは「新洞すべて三所、みな北崖にあり」(56ページ)とあった。

ただし「無人島談話」を見ると北崖の洞窟は六つと書かれている。

志布志の者が合流した後で新洞を三つ掘ったという点では「坐臥記」と同じだが、「無人島談話」ではもとからあった洞窟の数を二つではなく三つとしている。

「無人島談話」の著者である曽槃もその点に気づいていた。彼は「享保漂落(甚八たち)のくち書(口述書)をみるに、即ち二洞ありといふ、今ここに(「無人島談話」において)三洞といふ、おもふにその一洞は、いづれの時につくれるものか、つまびらかならず」と書き添えている。

いずれにせよ甚八たちが身を寄せていた場所に長平と大坂船の者たちが住みつき、志布志の者がやって来て洞窟を新たに三つ作った。そこが北崖だったと考えていいだろう。

人数は増えたが荒れ狂う海を前にしては無力だった。救いの船が来るのを待ち続けるしかない。『八丈実記』によると、彼らは飛来したアホウドリの群れの中に藁縄をつけた鳥がいるのを見つけた。そこで木札約百枚に救いを求めるメッセージを書き、鳥の首や足、羽に結びつけて空に放った。返事を持ってきた鳥は一羽もいなかった。

長平たちの無人島生活については比較的多くの記録が残っている。帰国後の取り調べや書状、郷里の人が改めて聞き書きをしたもの。さらには長平の日記とされるものもある。ただし彼らがどんな不安や悩みを抱え、いかに立ち向かったかということについては依然としてわからない点が多い。

長平たちの漂流を描いた作家の吉村昭はその心理的空白をどう埋めたのか。

織田作之助が漂流者の妻を持ち出したように、吉村昭も女のことを書いた。『漂流』（一九八〇）には年老いた源右衛門が死ぬ間際に遺言を残す場面が出てくる。

「女房のちよのことだが、まだ若いし他家へ嫁いで幸せに暮らしてくれと言いたいのは山々だ。だが、それはおれの本心とちがう。他の男にちよの体を抱かせたくない。一生ひとり身でいて、おれの菩提をとむらって欲しいと言ってくれ」

胸がつかえるような話だ。無人島に取り残され、妻を思い続けて死に往く男の最期の叫び声とはこのようなものだろう。

さらに妻をめぐる話はエスカレートしていく。

「お前の女房は、今頃、入れ代わり立ち代わり男たちを相手にしているだろう」

と（八五郎が善助に）言うと、（善助は）顔を蒼白にして無言で八五郎につかみかかっていったのだ。

善助は、組み伏せられたが、爪を八五郎の顔に突き立てた。善助の鼻と口から血がふき出し、八五郎の顔からも血が流れた。

織田作之助の作品で女の存在は心の拠り所だった。吉村昭はそこからもう一歩踏み込んだ。このまま不在が続けば、大切に思っている女性は他の男に奪われてしまう。だから一刻も早く帰りたい。切迫感が望郷の念をいたずらに煽り立てたはずだ。彼らは互いに傷つけ合い、ののしり合いをするしか他に感情を表す術がなかった。

資料に書かれていないそのような心情こそ、彼らの生死に関わる大きな要素だったはずだ。故郷に残してきた女性に対する思いは焦燥感や葛藤をもたらしたことだろう。それは苦悶を生んだばかりか、彼らに生きて帰る強い動機も与えたはずだ。

ジョン万次郎らの内面についても井伏鱒二の『ジョン万次郎漂流記』が参考になる。彼は女の話を持ち出さなかった。主人公の万次郎が十五歳に満たない少年だったこともあるだろう。

井伏は水不足にあえぐ鳥島での窮状を三箇条の掟として描いている。

一つ、水を大事に致すこと。井戸水を隠れて盗み飲み致すこと堅く慎しむこと。

一つ、藤九郎（アホウドリ）を一羽食らうときに限り、井戸水はおのおの蠣殻《かきがら》に一杯ずつ飲むこと。それ以上を飲むことは堅く慎しむこと。

一つ、藻草などを食らうときは井戸水を飲まぬこと。藻草の塩けはよく拭きとりて食らい、唾をよくのみこむこと。

万次郎らが飲み水に苦労したことは「満次郎漂流記」を見てもわかる。漂着した木桶を拾って雨水を溜めて飲んだがそれでは足りず、草の葉を揉んで汁を吸い、しまいには小便まで飲むことがあったという。

ただし資料に掟のことは見られない。井伏鱒二の想像によるものだろう。

彼は掟を持ち出すことで、漂流者たちに生じていた一触即発の緊張を描こうとしたのではないか。掟を作り、守るということは、弱肉強食の野獣に成り下がることなく、より人間らしくあり続けるための最後の砦と言っていい。人間社会とつながるための示威行為とも受け取れる。掟には漂流者が心に抱いた底無しの不安や、生還に寄せる切なる思いが滲む。

われわれが無人島の漂流者に関心を寄せるのはなぜか。突き詰めるなら、彼らの生還を可能にしたものとは何だったのか、それを知りたいという一点に絞られていく。

漂流者が何を心の糧に、あるいはバネにして生還を果たしたのか。資料に書かれた事実だけでは決して答えを知ることはできない。

漂流の現場だけではなく、漂流者の内面という未知のフィールドにも踏み込まねばならない。彼らが置かれた状況をもとに想像力をどうふくらませるか。

考える手がかりは鳥島漂流民（225ページ 表2）の心理に迫った文学作品の中にも見いだせる。小説を単なるエンターテイメントとしてではなく、歴史の空白を人間精神から見つめ、埋めようとした試みとみなすなら、それは資料と同様有益な手がかりを与えてくれる。

三つの小説から読み取れるのは鳥島漂流民たちの心の叫びだった。妻や大切な人への思い。そこから生まれるさびしさや切なさ、焦り、怒り。わずかな飲み水をめぐる仲間への疑心暗鬼。そんな爆発しそうな感情の一つ一つこそが、彼らを生還へと導いたものだったはずだ。

表2 文学に描かれた鳥島漂流民たち

	船	鳥島にいた期間	上陸した者	帰国者
織田作之助 『漂流』	筒山五兵衛船 遠州 廻船	1720(享保5)年 1/26 ～ 1739(元文4)年 4/27頃 (19年3ヵ月)	甚八、仁三郎、 平三郎、左太夫 (1730)、善三郎、 喜三郎、八太夫、 善五郎、善左衛門、 善太郎、八兵衛、 権次郎 合計12人	甚八、仁三郎、 平三郎 合計3人 *宮本善八の船 (17人)と島を脱出
吉村昭 『漂流』	松屋儀七船 土佐 廻船	1785(天明5)年 2/14～ 1797(寛政9)年 6/8 (12年4ヵ月)	長平、 源右衛門(1785)、 長六(1786)、 甚兵衛(1786) 合計4人	長平 合計1人
	備前屋亀次郎船 大坂 廻船	1788(天明8)年 1/29(2/1とも)～ 1797(寛政9)年 6/8 (9年5ヵ月)	儀三郎、 五兵衛(1789)、 忠八(1789～92)、 久七、市之丞、 長兵衛、吉蔵、 清蔵、松兵衛、 三之助、由蔵 合計11人	儀三郎、久七、 市之丞、長兵衛、 吉蔵、清蔵、 松兵衛、三之助、 由蔵 合計9人
	中山屋三右衛門船 志布志 廻船	1790(寛政2)年 1/29前後～ 1797(寛政9)年 6/8 (7年5ヵ月)	栄右衛門、 甚右衛門、重次郎、 善助(1793)、 八五郎、惣右衛門 (1789か90) 合計6人	栄右衛門、 甚右衛門、 重次郎、八五郎 合計4人
井伏鱒二 『ジョン万次郎漂流記』	土佐 漁船	1841(天保12)年 1/14 ～5月 (5ヵ月) *万次郎らが救出されたのは米国船の記録によると6/27(旧暦5/9)。天保12年は閏年	万次郎、伝蔵、 五右衛門、 重助(ハワイで客死)、 寅右衛門 (ハワイに帰化) 合計5人	万次郎、伝蔵、 五右衛門 合計3人 *万次郎はハワイにいた2人と1851(嘉永4)年に帰国

※「遠州船無人島物語」「翁草」「坐臥記」『増補改訂版 中浜万次郎集成』「土州人長平漂流日記」「鳥嶋在留日誌」「漂客談奇」「無人島談話」「無人島漂流記」「無人嶋漂流記」を参考に作成。漂流民の名前は資料によって多少の相違がある。上陸者名の後の(　)は死亡年

第十一章　脱出への道のり

初寝崎や気象観測所の廃墟などを見ているうちに昼時となった。

わたしは第一キャンプに行き、デスクワークを終えた松島氏とトマトジュースやパンなどを口にした。八丈島で買った干しブドウパンの残りもあった。日持ちがするからといって長谷川博氏が鳥島行きに常備し始め、鳥島関係者の中で知られるようになったものだ。島に上陸して六日目となるが、パンはまだやわらかい。干しブドウの甘みは力をみなぎらせる。

食事を終えてすぐにわれわれは落とし物のＧＰＳを探しに島の内陸へと出発した（地図23）。

松島氏は自分のＧＰＳ受信機を起動させ、昨日歩いたルートをなぞるように歩き始めた。

わたしは周囲を注視しながらゆっくりと歩いていった。すぐに先を行く彼との間に距離が開いた。早いペースでは見落としてしまう。こちらの心配をよそに、松島氏はどんどん先へと進んでいく。

山から吹き下りてくる風とともに周囲は一気に濃い霧に包まれた。白いカーテンが引かれたように彼の姿も見えなくなった。わたしはやむなく歩幅を大きく取り、先を急いだ。

松島氏は霧の中で待っていた。そして目が合うと地面を指差した。

そこに落ちていたか！　わたしは急いで近寄った。

地面をのぞき込むと、水蒸気が上がっている。

「ちょっと温度を測ってみましょう」

彼の言葉に歯がゆさを感じつつも、地中に温度計を打ち込んだ。

数字は急速に上昇して九十度以上を示した。これまでになかった高温だ。

地図 23　上陸6日目のルート 2010年6月18日

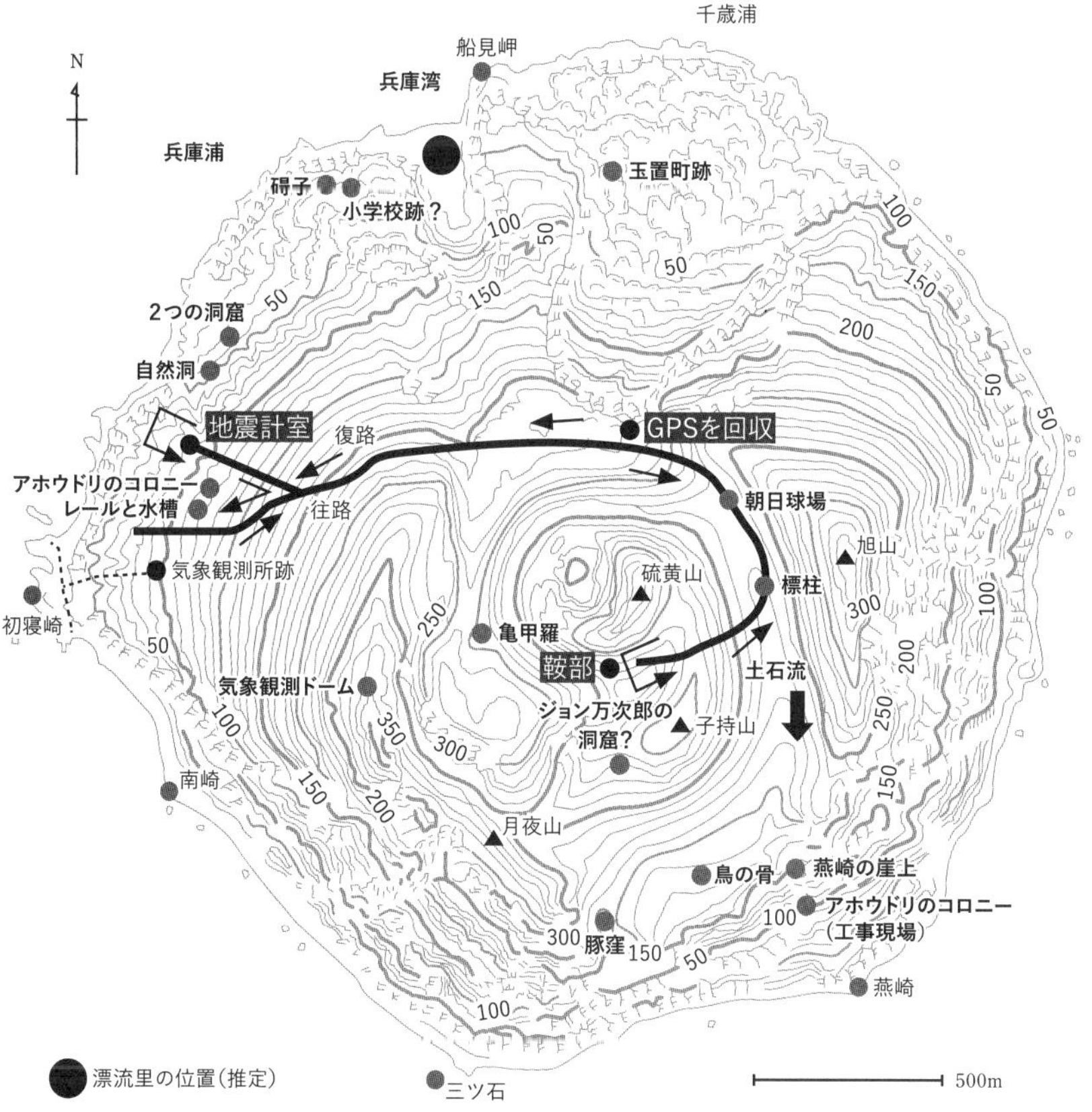

「百度いかないか……」

期待が外れて、早々に先へと歩み始めた松島氏にわたしは言った。

「GPSは小さいから見つけるのは大変かもしれません」

「昨日歩いたルートをたどってきたんですけどね」

落とし物は地面を注意深く探さなければ見つかるはずがない。わたしはそう考えていたが、彼は少々違うらしい。GPSが指し示す昨日のルートを歩いてきたのだから、これまで見つからなかったのはそこに落ちていなかったからだ。地球物理学者らしい科学的な考え方だ。

歩き始めるとまた距離が開いた。そのたびに彼は先で待っていてくれた。赤茶けた岩場に差しかかると、彼は地面を指差した。いかにも地中の温度が高そうだ。この数日、鳥島で何度も地面の温度を測ってきたので、わたしも温度の高そうな場所が何となくわかるようになってきた。

「温度ですか？」

わたしはそう言いながらバッグから温度計を取り出そうとした。

「いや。ここの写真を撮っておいた方がいいよ」

松島氏はにやりと笑った。

足元にわたしのGPS受信機が転がっていた。

彼の提案通り落とし物の記念写真を撮り、拾い上げた。電源を入れると問題なく起動した。何とか無事に回収できた。わたしは胸をなで下ろした。

われわれは次に子持山と硫黄山の鞍部《あんぶ》（尾根のくぼんだ所）に登り始めた。ところが尾根にたどり着いた所で空からストンと濃霧のカーテンが落とされてしまった。何も見えなくなり引き返さざるを得ない。噴石が転がる山の斜面は、視界が悪くなると下山にも時間がかかった。結局、今日はＧＰＳを回収するぐらいしかできなかった。

帰り道で霧は晴れ、兵庫浦の黒い溶岩地帯が姿を現した。それと対峙するかのように、丘の斜面は緑色に染まっている。今なお真水のない不毛な火山島であるが、生命は脈々と息づいている。厳しい環境で懸命に生きる植物の姿はどこか漂流民の存在と重なって見えた。草々はこの地でたくましく生きた漂流民のことを伝える語り部であるかに思えた。

わたしは長平たちのことを考えた。

無人島に流れ着いた三つの船。十八人の漂流者たちは互いの運命が交差するように集まった。今後、どうしたらいいのか。なすすべなく日々を送る彼らを大きく変えたできごとが起きた。相次ぐ仲間の死だ。大坂船の五兵衛と忠八、志布志船の善助と惣右衛門。いずれもが病に倒れた。「無人島談話」には仲間を弔った記録が残されている。

その尸《しかばね》を焼きて白骨を葬《とむら》ひ、石碑を建て歳月、郷里、俗名を刻み、また別にその骨を収めて、朝夕に一滴の水をほどこし、後は又携えもち行く（携えて持ち歩いた）

明治期に玉置半右衛門が漂流里で見つけた墓にも彼ら四人の名前が彫られていた（→62ページ）。資料と墓石では没年に食い違いがあるが、一七八九年から九三年までの五年の間のできごとであったらしい。「無人島談話」に彼らの心情と行動が記されている。

かゝるためし（相次ぐ死者）のかずあれば、生還の想ひかぎりなく

黙っていては朽ち果てていくばかりだ。

運よく彼らの中に鍛冶《かじ》や船大工の経験者がいた。志布志船から回収したのこぎりやのみ、斧などもあった。洞窟の中には前の漂流者が残していった船釘もある。残された者たちは船を造って島を抜け出そうと決意した。忠八が死んだ頃だったという。「無人島談話」によれば一七九二（寛政四）年のことになる。

最初に茅のむしろで船の雛形を作ってみた。それがうまくいくと木材で三尺（約九十センチメートル）ほどの模型をこしらえた。たとえ小さくても形にすることで、漠然とした思いつきはより精緻な計画となった。必要とされる木材の大きさや数が明らかになったばかりか、帆についても考えがまとまった。

始より衣類は帆に作らんと貯え置き、夏は裸冬は鳥の羽を着たり

（「坐臥記」）

とはいえ材木をどうやって手に入れたらいいのだろう。島のどこを探しても船を造れる大木は

生えていない。

鳥島には様々なものが漂着した。彼らは流木に期待を寄せた。ただし船一艘分の木材を集めるのに何年かかるかわからないし、必要な材料が揃うとも限らない。結局、彼らができることは毎日、神仏に祈って待ち続けることだけだった。

願いが通じたのか、船底になりそうな大きなクスの板が流れてきた。長さ四尋というから約六メートル。幅は二尺（約六十センチメートル）もある大きな板材だ。

いざ作業に取りかかろうとしたが、やはり道具が足りない。

鍛冶の心得のある者がふいごを作ってみようと持ち出した。金属の精錬や加工に欠かせない送風装置だ。ふいごが完成すると全員で力を合わせて古い船釘を火で溶かしにかかった。一度、鉄の塊に戻し、斧の頭（刃の反対側）を打鉄代わりに振るった。そうやって金槌や釘抜き、錐《きり》といった大工道具を自分たちで作った（次ページ 図2）。

船底をようやく組み立てたところで材木と釘が尽きた。

彼らを励ますように杉の丸太が三本流れてきた。待ってさえいれば木材は何とかなりそうだ。では釘はどうしたらいいのか。

そこでまた奇跡が起きる。彼らは海の底から頭をのぞかせている岩の様子が変なことに気がついた。「坐臥記」には次のようにある。

常に見馴れたる岩角《いわかど》なれども、鉄錆あるに似たり。因《よっ》て泳ぎ往《ゆ》きて見れば、鉄碇の角なり。

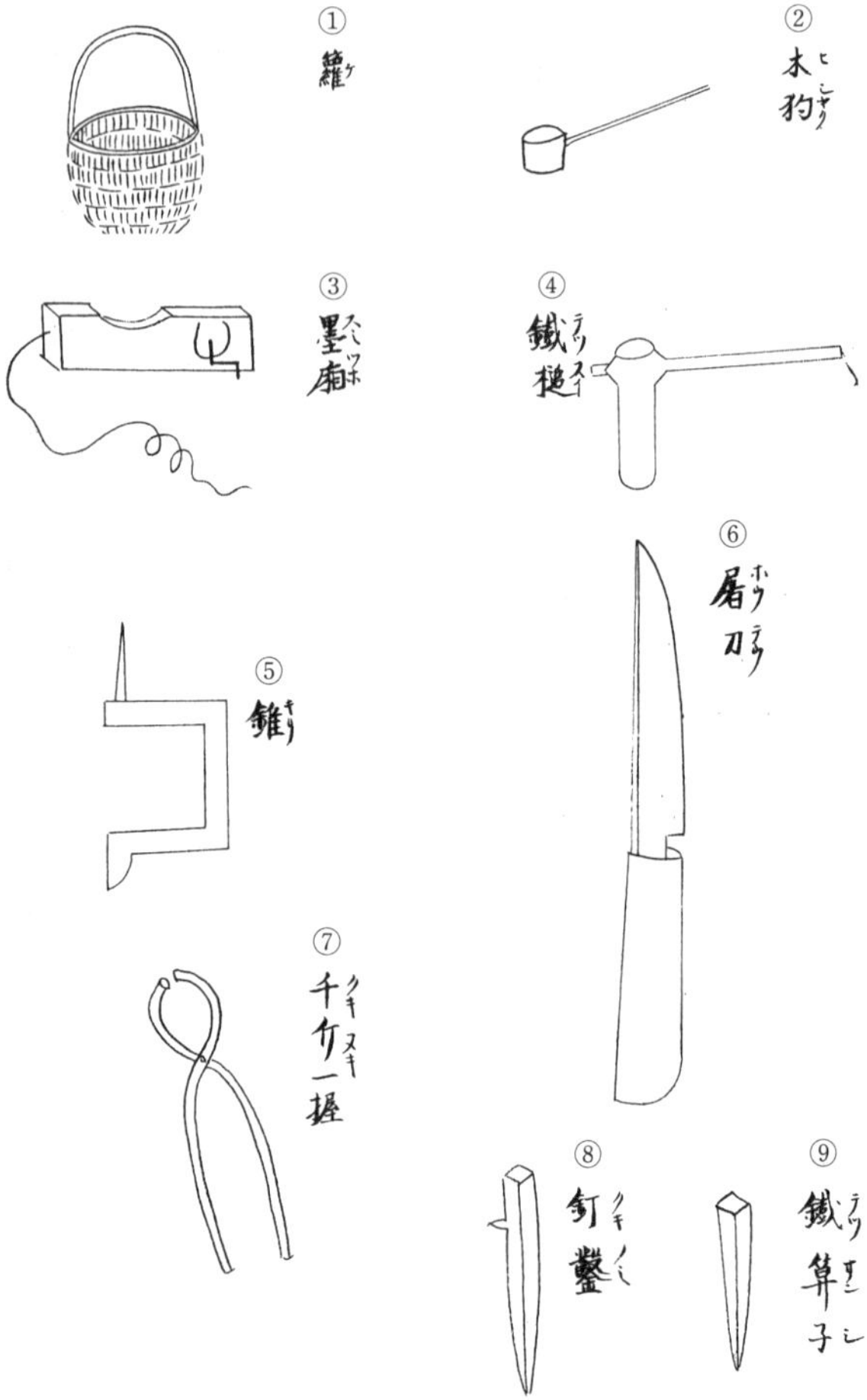

図2 漂流民の道具

①かご　②木杓　流木で作った　③墨つぼ　木材に直線を引く道具
④鉄槌（金槌）　⑤錐（キリ）　⑥屠刀（包丁）　⑦千斤一握（クギヌキ）　⑧釘鑿（クギノミ）
⑨鉄算子　釘を打ち込む道具　出典：「無人島談話」（国立国会図書館蔵）

即ち同友を呼来り、力を合せて岩を引起し、碇を取上ぐれば、重さ十貫目（三十七・五キログラム）に余れり

彼らは荒波の海に入り、海底に沈んでいる鉄のいかりを引き揚げた。ふいごで溶かし打ち直すと船を造るのに十分な数の釘ができたという。

彼らはそうやって少しずつ船体を組み立てていき、長さ六尋（約九メートル）広さ七、八尺（約二メートル半）の船が徐々に姿を現し始めた。

必要とする材料の中にはいつまで待っても手に入らないものもあった。貯水用の桶を作るための竹だ。桶のたがには竹が不可欠だ。真水を持たず海に乗り出すことはできない。

彼らは神仏に祈り、じっと待ち続けた。そこで三度目の奇跡が起こる。

まさに欲しいと思っていた竹竿が五本も流れ着いたのだ。帆柱に使えそうな杉の丸木も流れてきた。彼らは神明の賜物であると互いに喜び合った。

願いが聞き届けられるかのように、必要なものが次々と流れてくるのは驚きだ。奇跡というよりも何か目に見えない力に助けられているようにも思える。それを可能にしたのは彼らの徹底した待ちの姿勢だった。

超人的とも言える忍耐力はどこから生み出されたのか。

帰国への強い思いは当然としても、十分な道具も持たないまま流木で船を造るという難事業に挑もうとしたことが大きかったのではないか。不可能と思われれば思われるほど十四人の結束は

強まったに違いない。

長平の合理的な考え方もうまく機能した。彼は食料や水を数値化して管理し、十分な数量を確保した。そのゆとりが船を造る夢を現実へと向かわせたのだ。

ついに船は完成した。

ところが船造りと並行して彼らが取り組んでいた難題があった。

彼らは高潮にさらわれないように千歳浦の小高い丘の上で船を造っていた。「無人島談話」の地図にはその位置が「此所修船」と記されている（地図24）。

出帆するためには船を海岸まで下ろさなければならない。

沿岸は岩壁が連なり海まで降りられそうな所には火山の大岩が転がっている。そんな場所でどうやって船を下ろせるのか。

彼らは思いもよらない行動に出た。のみなどで大岩を削り、道を切り開こうとした。一つの岩を破壊するのに何ヵ月もかかった。大岩はいくつもある。彼らは何かに取り憑かれたように熱狂的に働き続けた。

人役は誠に三千人計《ばかり》も掛り申候哉

「無人嶋漂流記」には約三千人がかりの労力を要する作業だったと記されている。

そしてついに崖の上から海まで通じる一本の道を造った。

地図 24 造船と船出の地点

北崖（漂流里）で暮らしていた長平たちは「此所修船」で船を造った。
「開路発船於此所」まで道を切り開き、船を海岸に下ろして島を脱出した
出典：「無人島談話」（国立国会図書館蔵）

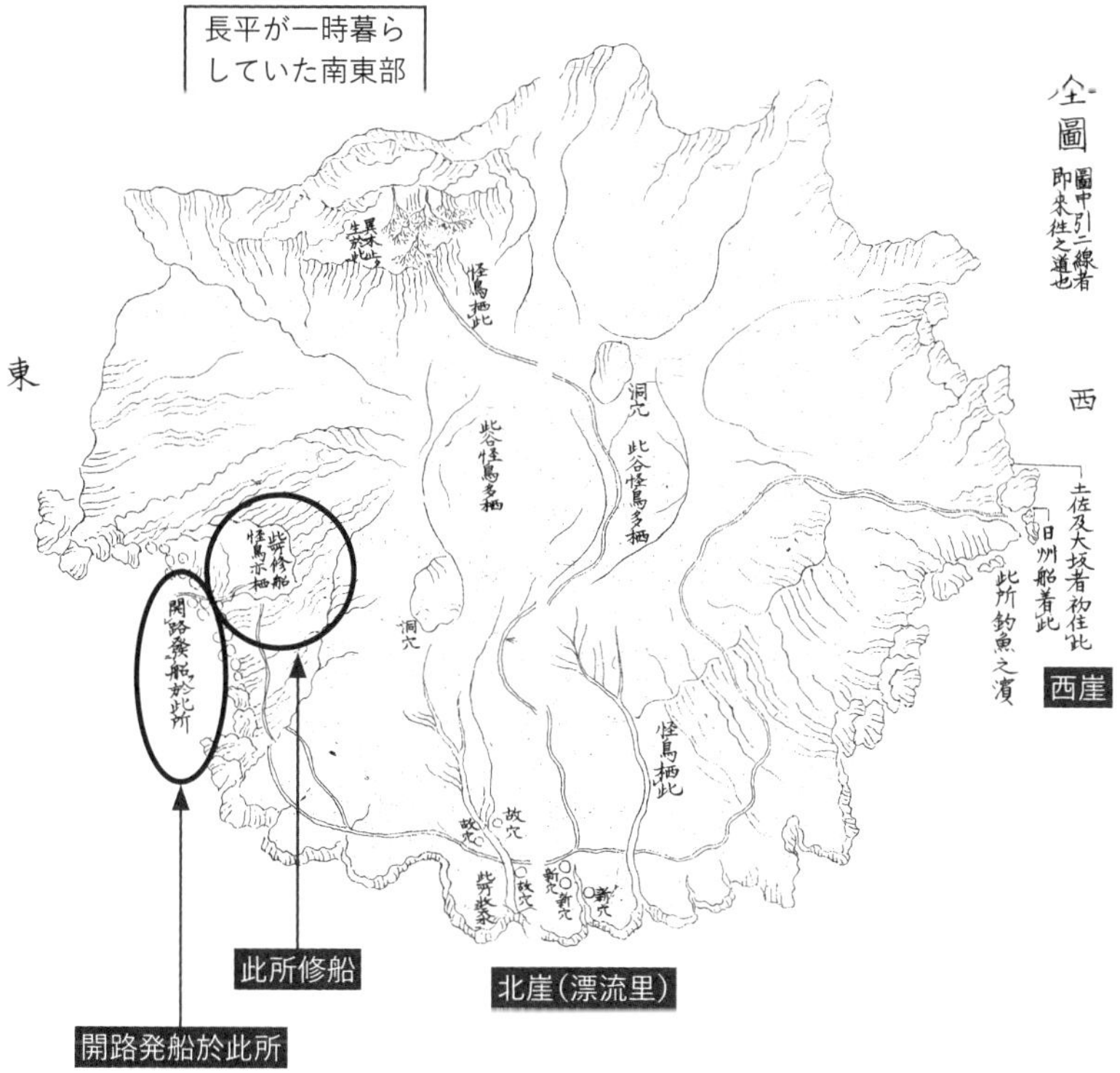

五年之間ニ幅壱丈五六尺（約四・五〜四・八メートル）計に切抜キ、其処より船を卸申候
（「岸本長平無人島江漂流之覺」）

船を海岸まで下ろした位置は地図に「開㆑路発㆓船ヲ於此所㆒」と記されている。気がつけば船を造ろうと決意してから実に五年という歳月が流れていた。彼らは忍耐と創意工夫、運までも味方につけて自らの手で帰国への道を切り拓いたのである。

彼らの足取りを追って鳥島にやって来たわたしは火山調査で各地を歩き回った。洞窟があったとされる北崖と西崖の候補地に立ってみてわかったのは次のようなことだ。

＊漂流里（北崖）は北部の兵庫湾付近にあったとされる。明治期のマグマ水蒸気爆発で吹き飛び、その時にできた馬蹄形の湾には美しい砂浜があった。漂流里は完全に破壊されたようだ。

＊北西部の兵庫浦の溶岩地帯でも周囲を確かめた。昭和期の爆発で流れ込んだ溶岩は大量（厚さ平均七メートル）だったため、それまでの地形を一変させてしまった。気象庁の元観測員が見つけた戦闘機が入るほどの洞窟（『鳥島』の地図に記された二つのほら穴）は溶岩流の空洞と思われる。溶岩地帯では昭和期の建物の屋根や碍子などが見られたが、江戸期に遡るものはなかった。

＊西崖は西部の初寝崎付近と考えられる。切り立った断崖が海岸全体を覆っている。現場を見る

限り、人が住めそうな崖や洞窟、江戸期に通じていたとされる道は見かけなかった。昭和期に気象観測所を建設するためにダイナマイトで破壊されたという情報もある。

明治と昭和に起きた二つの大噴火などにより、江戸期の遺跡のほとんどが失われてしまったとみていい。

それでも実際に歩いてみなければわからない発見もあった。防空壕とされる二つの洞窟だ。内部は機械を用いてきれいにくり抜かれ、生活の痕跡は見られない。入口付近に古い時代のものと思われる石垣が埋もれていた。

気になるのはその位置だ。わたしが漂流里の捜索範囲（兵庫湾から兵庫浦の溶岩地帯）と決めていた場所からわずかに外れた所にある。溶岩地帯から約百五十メートル、漂流里からは六百メートルほどだ。現場に立った印象からすると探していた場所に洞窟があったと思えるぐらい近くに感じられた。

二つの洞窟はわたしに何かを語りかけているようでならない。その声に耳を傾けてみたい。たどり着いた直後から心の中に芽吹いた思いは、何度抜いても地面に顔を出す雑草のごとくわたしの心に根ざした。

キャンプに戻る前にわれわれは地震計室を訪ねた。気象観測所跡のベースキャンプから少し離れた所にあり、見晴らしがきく高台からは海が見渡せた。建物の近くにはソーラーパネルが置かれ、太陽電池の電源で動く地震計が設置されている。

わたしは扉を開けて中に入ってみた。たくさんのアホウドリのデコイが棚にずらりと居並んでいる。初寝崎に新コロニーを作る時、アホウドリを呼び寄せるために使われたものだ。デコイはどれも壊れかけたり、色が剝げたりしていた。保護活動の道のりや苦労が偲ばれる。

松島氏を手伝って機器のメンテナンスをした後、キャンプに戻った。ちょうど山階隊も燕崎から帰ってきていた。

わたしは佐藤氏にGPSを無事に回収できたことを報告した。彼はにやりとして言った。

「それは残念。もしかしたら手に入ると思っていたんだけどな」

わたしのGPSを探して自分のものにしようとでも思っていたのか。冗談とも本気とも取れる言葉にドキリとする。もし今日見つけられなかったら、明日も探しにいく考えでいた。やんわりとそう返事をすると彼は答えた。

「いや、もう明日の滞在はありませんよ。翔鴎が小笠原を出発したようです」

たとえ迎えのヨットが来ても波が高ければ乗り込むことはできない。波浪と天候次第だが、それでも明日には鳥島沖にヨットが到着するという。

いよいよ島を離れると聞くと、後ろ髪を引かれるような感情が込み上げてきた。わたしは思わず佐藤氏に告げた。

「洞窟を調べてみたいと思っているんです」

「ああ、あの防空壕?」

彼は無表情で応えた。わたしは情熱的に語り続けた。

「防空壕だとは思いますが、二つの洞窟は漂流里に近い所にあるんです。漂流里には複数の洞窟があったといいます。もう少し調べてみて、手がかりがつかめたら調査をしてみたいんです」

「計画を申請するなら、きちんとした図面を用意することです」

わたしは佐藤氏からのアドバイスに感謝し、部屋を出た。

外にあるキッチンでは今野氏が一人で作業をしていた。プラスチックの容器にキュウリを入れている。

「ぬか漬けですよ。次回の楽しみに今から仕込んでおくんです」

「わたしも食べられるかな」

「いっしょに食べましょうよ」

彼は人懐っこい笑顔を見せた。

第三キャンプに戻るとテレビ隊は陽気だった。ついに帰れる日が来た。彼らはきびきびとした動きで準備をしていた。

上陸して六日。一週間にも満たないがとても遠い所に来たように思えた。家族が待つ故郷もやけに懐かしく感じられる。

夕食を終え、寝袋に入ったが、わたしは興奮してなかなか寝つけなかった。

次はいつここに戻ってこられるだろう。わたしの中ではもう、次が始まっていた。

第十二章　生還者たち

潮位予測によれば満潮は午前八時頃だという。初寝崎の岩浜に海水が満ち、その時だけ喫水《きっすい》の浅いゴムボートが接岸できる。潮流や風の影響を受けるので必ず着けられるとは限らない。しかも北側のA港か南側のB港かのどちらかに着岸できるというきわどさだ。

六月十九日。テレビ隊と松島氏、それにわたしの七人は荷造りを済ませて天候判断を待った。翔鴎は鳥島の沖合に到着しているらしいが、船影は見えない。

空は昨日までと変わらず濁ったように曇っていた。風も海も荒れ模様で沖合では白波が立っている。遠い景色に不穏さが滲んでいた。

船長の能崎氏は当時の様子を振り返って航海日誌に綴っている。

濃霧のために島影は全く見えない。GPSを信じてさらに接近をはかった。午前五時ちょうどに岩場を視認。

無線連絡の結果、午前七時半から撤収を開始することにした。条件はこれまでのうち最悪である。暴風雨が岸に向かって吹いているうえに、視界四十メートル程度。断じて行う決意をもって作業を開始した。

(『カモメの船長さん』)

隊長の佐藤氏が「出発」の最終判断を下したのは午前七時半だった。港は北に向いたA港と決まった。満潮までわずか三十分しかない。われわれは荷物を背負うだけではなく腹にも抱えて、坂を転がるように下りていった。

船着き場からもヨットの姿は見えない。依然として霧の向こうにいるらしい。次第に海のうねりも大きくなってきている。

トランシーバーから能崎氏の声が響いた。

「島が見えない」

「あとは霧が晴れるかどうかだな」

出発をサポートするためにやって来た茅島氏が返答した。

時計の針は八時を回ってしまった。ぼやぼやしていたら潮が引いていってしまう。気が急《せ》くばかりだが、見通しが悪くてはどうしようもない。

われわれはもどかしさを噛み締めてじっと海を見つめた（次ページ写真37）。

思いが通じたのか、風向きが変わった。一瞬、遠くにヨットの白い船体が見えた。予想よりも遠くにいる。

「もっと近づけないかな」

茅島氏はトランシーバーに呼びかけた。

「これ以上は無理だ。波が高すぎるよ。流されて岩にぶつかるぞ」

能崎氏の声はぶっきらぼうに聞こえた。

もしかしたらヨットに乗れないかもしれない。そんな思いが脳裏をよぎった途端、霧が一気に晴れ始めた。うねりは相変わらずだが、奇跡的に風向きもいい方向に転じた。

写真 37

本土に帰る日。海は荒れ模様。視界が悪くヨットが見えない

写真 38

ゴムボートから舫い綱が投げられる。ヨットまで無事に行けるだろうか。緊張感が高まる

「今だ」

茅島氏の叫び声に合わせるようにヨットからゴムボートが下ろされ、二人の船員が飛び乗った。彼らはすぐにエンジンを起動させ、A港へと近づいてきた。

ヨットに戻る第一陣は松島氏とわたしに決まり、荷物をできるだけ運ぶことになった。

船着き場に立って海を見下ろす。海水が右へ左へと大きく揺らぎ、岩にぶつかっては大きな飛沫を上げている。

恐怖心もさることながら、見ているだけで船酔いしそうだ。わたしは自分に言い聞かせた。朝食を抜き、酔い止め薬を飲んだ。耳と手のツボもしっかり押した。心配ない。心の中でつぶやくそんな言葉はまじないでもある。

エンジン音を震わせながらゴムボートが近づいてきた。舫《もや》い綱を投げた船員の一人が(写真38)われわれの乗船をサポートするために上陸した。

ゴムボートを見てわたしはあぜんとした。中に水が溜まっている。十分な空気も入っていない。船中にいる若い船員は足踏みポンプを手で動かし、空気を補充しようとしていた。不安定な波の上ではうまくいかない。彼は途中であきらめ、今度は溜まっていく一方の水をバケツで掻き出し始めた。顔には疲労の色が滲んでいる。

だいじょうぶなのか。わたしは胸騒ぎがした。こんな状態では沈没してしまうかもしれない。泳ぐのは好きだが高潮の中に着衣のまま放り投げられた経験はない。立ち泳ぎさえできず、海水を飲み込んで溺れてしまうのではないか。

不安をよそに「今だ」という合図が聞こえた。わたしは祈るような思いでゴムボートに飛び乗った。ボートに足がつくと、クッションのようなやわらかい感触が伝わった。やはり空気不足だ。

「どっかに穴が開いてるんじゃない？」

わたしは我慢ができず船員に話しかけた。

彼は耳の後ろに手を当て、言葉が聞こえないとゼスチャーした。

繰り返し文句を言う暇もない。次に乗り込んでくる松島氏に手を貸し、荷物を受け取った。その準備はすぐに整い、船員は沖合の本船に向かってボートを発進させた。

それらが一つ、二つと増えるごとにゴムボートは海の中に沈み込んでいく。

次第にスピードが上がり、後部に重心がかかった。大波が襲ってきてその拍子に頭から派手に波をかぶった。びしょ濡れだ。船員はわれわれに叫んだ。

「前に行って！」

松島氏とわたしは慌ててボートの前方に移動した。それでどうにか平衡を保つことができた。

ゴムボートはうねりに弱い。荒れた海上を無理に直進しようとすれば水をかぶってしまう。船員は波に追突しないように何度もハンドルを切ってやり過ごした。その間にも空気圧はさらに低下していっているようだ。続けざまに襲ってくる高波に怖じけずいたのか、船員は本船に向かって手を振り、叫んだ。

「こっちに来て」

だが風の音にかき消されて声は届かない。

もっとも能崎氏はヨットをそれ以上島に近づけるつもりはなさそうだ。もしここでゴムボートが転覆したら、わたしは本船か岸まで自力で泳いでいくしかない。テレビドラマや映画のようなことが自分に起こるなんて想像できない。それでもテレビ隊のビデオカメラはわれわれの様子を撮影していた。薄気味悪いような奇妙な気分だ。

やがてゴムボートの船員は意を決し、エンジン全開でうねりの中に突っ込み始めた。わたしは何度も岩にぶつかるような衝撃を受け、海水を滝のように浴びた。塩辛い水が針のように舌を刺激する。船首にいたわたしは全身水浸しだ。

ヨットに横づけし、高波が来た瞬間を見計らってわたしはデッキに飛び移った。思わず大きく息をつく。ひとまず転覆せず本船にたどり着けた。幸運だった。

ピストン輸送は急いで続けられ空気の抜けかけたゴムボートは辛うじて最後まで堪えた。そして人も荷物も収容した時には潮がだいぶ引いてしまっていた。翔鴎はすぐに島を離れた。遠くの岩場で手を振る茅島氏の姿が見えたが、別れの情緒に浸る暇もない。島は大きく揺れる水平線の向こうに消えた。

壁のような白波が目の前に立ちはだかり、舳先に砕け落ちる。手すりにつかまって立っているのがやっとだ。船体は大きく傾き、誰かがキャビンで転倒した。

わたしも自分のバッグを引き込もうとして危うく床に転がるところだった。どうにか簡易ベッドにたどり着き腰を下ろした。

わたしはカメラバッグのことが気になっていた。ゴムボート内の水溜まりに水没してしまったからだ。よく見るといつの間にか防水カバーに穴が開いていた。やはり悪い予感は的中した。穴から水が入り込み、バッグの中は水浸しだ。カメラもレンズもびしょ濡れだった。

何てこった！

撮影した写真データが破損していたら泣くに泣けない。慌ててカメラのボディからメモリーカードを引き抜き、シャツの胸ポケットにしまった。生乾きのバンダナでカメラやレンズを拭いていると、次第に目が回り、口の中に胃液が逆流してきた。酸っぱい液をどうにか飲み込み、わたしはベッドに倒れ伏した。そして気絶したように動けなくなった。

陸に上がるのも地獄、去るのも地獄。鳥島はそんな場所だ。

島から脱出を図った漂流民も同じような思いをしたのだろうか。

誰かが来るのを待ち続けていた甚八ら三人のもとにようやく十七人の漂流民（小笠原諸島から流れてきた宮本善八船）がやってきた。

「遠州無人島物語」によれば一七三九（元文四）年三月二十九日。甚八、仁三郎、平三郎の三人が鳥島に漂着してから十九年二ヵ月が経った頃のことだ。上陸してきた宮本善八船の者は、怪物のように成り果てた仁三郎が洞窟にいるのを見つけて逃げ出した。仁三郎は「われも日本の者なり」と呼んだという。

無事に合流を果たすと甚八らは彼らの小船をすぐに高い場所に引き上げて囲わせた。そのため生還の道が閉ざされずに済んだ。

彼らは日本本土が北東の方角にあると判断し、順風の日を待ち続けた。一ヵ月も待っていたというから慎重ぶりがうかがえる。いよいよ出発の日、航海の無事を神仏に祈り、伊勢神宮の大麻を海に投じた。彼らはそれが北東に流れていくことを確かめてから帆を上げた。

二十人は肩を寄せ合いながら海上を進み、三日三晩で八丈島に到着した。一七三九（元文四）年五月一日だったという。

鳥島を離れる前、彼らは洞窟の中に漂流の経緯を記した書き置きを残した。また余ったもみ米を撒いたと「翁草」に書かれているが、それは後から来る漂流民のためを思ってのことだろう。

その木札を吉瑞とみなした長平たちは甚八らの精神を受け継いだ。五年がかりで流木の船や海までの通路を完成させ、島から脱出できる日が来ると洞窟の中に様々なものを残した。「無人島談話」には次のように書かれている。

天明以来、三船漂落《さんせんひょうらく》の始終（鳥島に三つの船が漂着した経緯）と、衣食、居住、器用（道具）、かつ洋船（長平たちが造った船。船底が尖っている海洋航海に適した船）修補《しゅうほ》（造船）のことを木牌にしるし、また模船（船の模型）、風箱《ふいご》、火燧（火打石）、をよび鍋一口《ひとくち》、おの〳〵かたく函中（箱の中）に納め、皆、上記を書き、洞穴の中に蔵《おさ》め、標識を建て、後来漂客（後から来る漂流者）の助けとなすのみ

現代風に言うなら、それはサバイバルマニュアルでありツールだ。

彼らは後から来る漂流者のためにそれらを箱にしまい、洞窟の中に埋めた。それればかりではない。無念のまま島で命を落とした仲間たちにも手を差しのべた。

在島中死亡ノ霊魂ヲ一々俗名《ぞくみょう》ヲ呼《よび》テ船ハウ（浮）ケル乗《のれ》エイト高声ニ呼立《よびたて》〱カナシミノ涙ナカラニ（ながらに）纜《ともづな》ヲ解《とく》

（『八丈実記』第二巻　一九六九）

ともづなを解く寸前、彼らは死者の名前を呼んだ。船は浮いたぞ、いっしょに乗れと霊魂に呼びかけたという。

「坐臥記」によれば、彼らはもっと直接的な行動に出ていた。

五兵衛、忠八、薩摩（志布志）の惣右衛門、善助、此四人は島にて病死したれば、其火葬の骨と土佐人（長平といっしょに来た）三人の骨と、古窟の屍《しかばね》（元から洞窟に置かれていた遺骨）及び其側の墓の骨と、九人の骨をも皆（鳥島から）持帰り、其（帰国の）本願を達せしめんと、皆取り集めたり

彼らは鳥島で野たれ死にした漂流民の遺骨を拾って帰ったらしい。「無人嶋漂流記」によれば八丈島の宗福寺《そうふくじ》に葬ったとある。

生死の淵に追いつめられた者の行動とは思えないような余裕。まさに英雄だ。英雄とは悲劇の中にありながら他者を救える人だ。彼らは未来の漂流者だけでなく、命を落とした者の魂さえ救済しようとした。これほどの英雄がかつて日本にいただろうか。

出帆の準備が整うと長平らはみくじを引いて北西に進めという神託を得た。ついに本土へと向かう時が来たのだ。「無人島談話」によればそれは一七九七（寛政九）年六月八日。五年もかけて完成した船は海上を威風堂々と進んでいった（次ページ 図3）。

振り返ると遠い水平線上に鳥島が見えなくなった。

その時の長平らの思いが『八丈実記』に綴られている。

恩愛《おんあい》深キ鳥島ヲ見カクシ（見えなくした）

絶望。孤独。断絶。

それらを嫌というほど味わわされた者が鳥島に恩愛を感じていた。

わたしは彼らが生き延びられた本当の理由を知る思いがした。

鳥島をまるで第二の故郷のように、愛し敬うべき土地と感じるようになっていた。荒野を沃野《よくや》とするような、世界の果てを世界の中心にするような生き方だ。

船出から五日が経った六月十三日、彼らは八丈島の南およそ六十五キロメートルに位置する青ヶ島にたどり着いた。

図3

長平たちが流木で完成させた船。帆は自分たちの服を縫い合わせて作った。
長さ6尋（約9メートル）、木材は160余枚だった

出典：「無人島談話」（国立国会図書館蔵）

土佐の長平　十二年四ヵ月。
大坂船の九人　九年五ヵ月。
志布志の四人　七年五ヵ月。
果てしない艱難《かんなん》。祈り。島の恩愛を見いだし、どうにか命をつないできた日々はようやく終わりを告げたのである。

気がつけば、ヨットは揺れることもなく静かに停まった。

二〇一〇年六月二十日。時計の針は午前六時半を指している。わたしは寝台から飛び起き、甲板に出た。

八丈島だ。出航した時と同じ神湊港に到着した。

町はまだ半分眠りについたままだ。

「おーい、トラックだ！　トフックがあるぞ」

テレビ隊の一人が叫んだ。

「信号機もあるじゃないか！」

誰かが呼応した。

「おっ、人がいるぞ。人だ」

彼らは笑い合ってはしゃいだ。帰ってきたことが夢ではないことを確かめているようだ。

見慣れて気にも留めていなかったものがどこか懐かしいものに変わっていた。日本国内、いや東京都内にいながらこんな気分を味わおうとは思ってもみなかった。外国よりもさらに遠い異境に行っていたような感覚だ。

われわれは小崎荘に戻り、女将のエキさんの笑顔に迎えられた。

鳥島に行っている間に梅雨明けしたらしいが依然すっきりしない天候が続いているという。そんな何気ない会話をするのも久しぶりだ。

部屋に入るとわたしは水没したカメラのメモリーカードをパソコンに差し込んでみた。撮影した写真や動画は無事だった。問題はカメラとレンズだ。海水に浸かったために修理は無理そうだ。

「GPSといい、カメラといい、お祓いをしてもらった方がいいんじゃないの」

松島氏は気落ちしたわたしに冗談を浴びせ、温泉へと誘ってくれた。八丈島にもいくつかの温泉がある。

カメラのことはひとまず忘れて車で町に出た。雨が降り出したが濡れて入る露天温泉もまたいいものだ。

帰り道、またしても良からぬできごとが起きた。

ポケットに入れてあった携帯電話が水溜まりに落ちてしまったのだ。

松島氏は気の毒そうにわたしを見つめた。

「水難だな。鳥島からなんか悪いものでも連れてきちゃったんじゃないの。洞窟で顔を踏んづけた祟りかも……」

よからぬことが三度続くと冗談も冗談では済まされなくなる。

やはり彼が言うように、洞窟の亡霊を起こしてしまったのか。ちょっと気味が悪い。結果的にカメラとレンズ、携帯電話はことごとく使い物にならなくなった。全てを一気に買い替えるとなれば生活費の大半が持っていかれる。これでは妻にも顔向けができない。亡霊のしわざだとしてもいささか質《たち》が悪い。

そんなことを思いながら、わたしの脳裏にはまたしても洞窟のことが立ち上ってきた。松島氏やテレビ隊は本土へと帰っていった。わたしは鳥島のことを知る人や古い記録が八丈島に残っていないか調べてみることにした。東京都八丈支庁や八丈島教育委員会を訪ねて手がかりを探した。

すると昭和の大噴火の直前まで鳥島で暮らしていた人が何人か存命しているらしい。

一九二八（昭和三）年に八丈島出身の開拓者、奥山秀作が拓いた奥山村の住人だ。村は昭和の大噴火の際、吹き出した溶岩流に押しつぶされた。今でも兵庫浦の溶岩地帯に白い碍子や茶碗のかけら、溶岩に飲み込まれた建物の屋根が残っている。

島の生活はどのようなものだったのか。鳥島から帰ってきて余計に興味が湧いた。そればかりではない。彼らは今回、わたしが鳥島で見た二つの洞窟について何か知っているかもしれない。地元の人に案内してもらい、わたしは西浜陽子さんと沖山恒正さんの二人を訪ねた。

「七つの時に島に渡って、八つで帰ってきたの」

昭和六年生まれだという西浜さんは両親に連れられて鳥島に渡った。翌年、大噴火のため撤退したが、今でもその時の体験は忘れ難いものだという。

昭和期に鳥島開拓を始めた奥山秀作は牧畜、漁業、オーストンウミツバメの羽毛採取や珊瑚採りなどを行った。玉置半右衛門の再来のような存在だったが、奥山の場合は家族経営的な規模だった。西浜さんや一歳下の沖山さんも彼の親戚筋に当たる。

わたしはバッグから『鳥島』を取り出し、奥山村の写真が載っているページを開いた。女性と子どもたちがちょっと緊張した表情で写っているカットがある。

「あら懐かしいわね。これはわたしよ。隣にいるのが母」

彼女の記憶が一気によみがえっていく。

わたしは村の様子を尋ねた。長屋、倉庫、近くには小学校や海軍水路部の気象観測所。村道の側に鳥居があって、その奥に小さな神社があったという。

「神社にはよく遊びに行ったわね。グミの実をたくさん採りました」

「他にも遊び場がありましたか。たとえば洞窟とか……」

わたしの質問に彼女ははっきりした口調で答えた。

「そうそう。穴の中で鳥の卵を見つけたりしてね」

「どんな洞窟か覚えていますか」

わたしは質問し、返答を待った。

「中は真っ暗でした。棒で鳥の卵を転がして遊びましたよ」

わたしはテーブルに地図を広げて洞窟がどの辺にあったかを尋ねてみた。残念ながらよくわからないという。洞窟の位置は彼女の記憶に残っていない。彼女よりも小さかった沖山さんは洞窟の記憶さえないようだ。

二人と会ってわたしは意外な事実を知った。たとえ一時でも、鳥島を楽しい子ども時代の記憶として思い出す人がいるのだ。鳥島の歴史にはそんな一面もあったのである。

楽しい日々は突然、終わりを告げた。一九三九(昭和十四)年八月十八日。西浜さんは当時を振り返って言う。

「昼過ぎでした。『噴火だ』って叫ぶ声がしたんです」

外で遊んでいた彼女は山から黒煙が上がっているのを見たという。村人たちは海軍の観測所に逃げ込んだ。

午後六時。砲弾が降ってくるような大鳴動がして、ガラス窓が音を立てて震えた。火柱が上空に噴き上がり、暗い夜空を赤く不気味に染めた。西浜さんにはその光景が子ども心にきれいな花火と映ったという。

翌日、彼らは救出船に乗り、爆発寸前に島を離れることができた。

遠ざかる島から動物の鳴き声が聞こえてきた。取り残された牛たちだ。迫りくる火の海に逃げ場を失い、断崖に追いつめられていた。彼女はそれを見て大声で泣き叫んだという。

西浜さんたちと別れた後も、当時八歳だった少女が見た鳥島の情景は、わたしの心に余韻を残した。

第十三章　探検の回廊

自宅に戻り、鳥島でたどり着いた二つの洞窟に関することを調べてみた。それらは戦時中の防空壕と言われていた。

鳥島に防空壕はあったのだろうか。

『鳥島』他によれば戦時中の一九四四（昭和一九）年、三百人を超える兵士が駐屯していた。大戦末期、敗戦の色が濃くなると米軍の本土爆撃が始まった。鳥島は爆撃機B二九が通過する航路上にあったため、日本兵はそれを探知する任務に当たっていた。

電波探知機の設置場所は旧庁舎の西側下、無線機器は旧庁舎の南側斜面（後に地震計を設置した場所）と雄浜のテント内に、それぞれ二百五十ワットの短波送信機を設置していた。

※（ ）は原文注

旧庁舎がどこを指しているかは不明だが、無線機器が地震計室と雄浜に設置されていたことがわかる。

地震計室があるのは初寝崎だ。わたしは鳥島の第六日目に地震計室に出かけた（239ページ）。周囲の空は大きく開け、通信をするには格好の立地だったとわかる。

雄浜についてはかつて元気象観測員の渡部氏から男浜（玉石海岸）と同じだと聞いたことがあった（91ページ）。わたしがたどり着いた二つの洞窟は、まさにその男浜（玉石海岸）の内陸に位置している（地図25）。

地図25 戦時中の鳥島

戦時中、無線機器は地震計室と男浜に置かれていた。地図中には「男浜水槽」（本文141ページ）という文字も見えるが、無線機器が置かれたのは北西岸の男浜（玉石海岸）だ

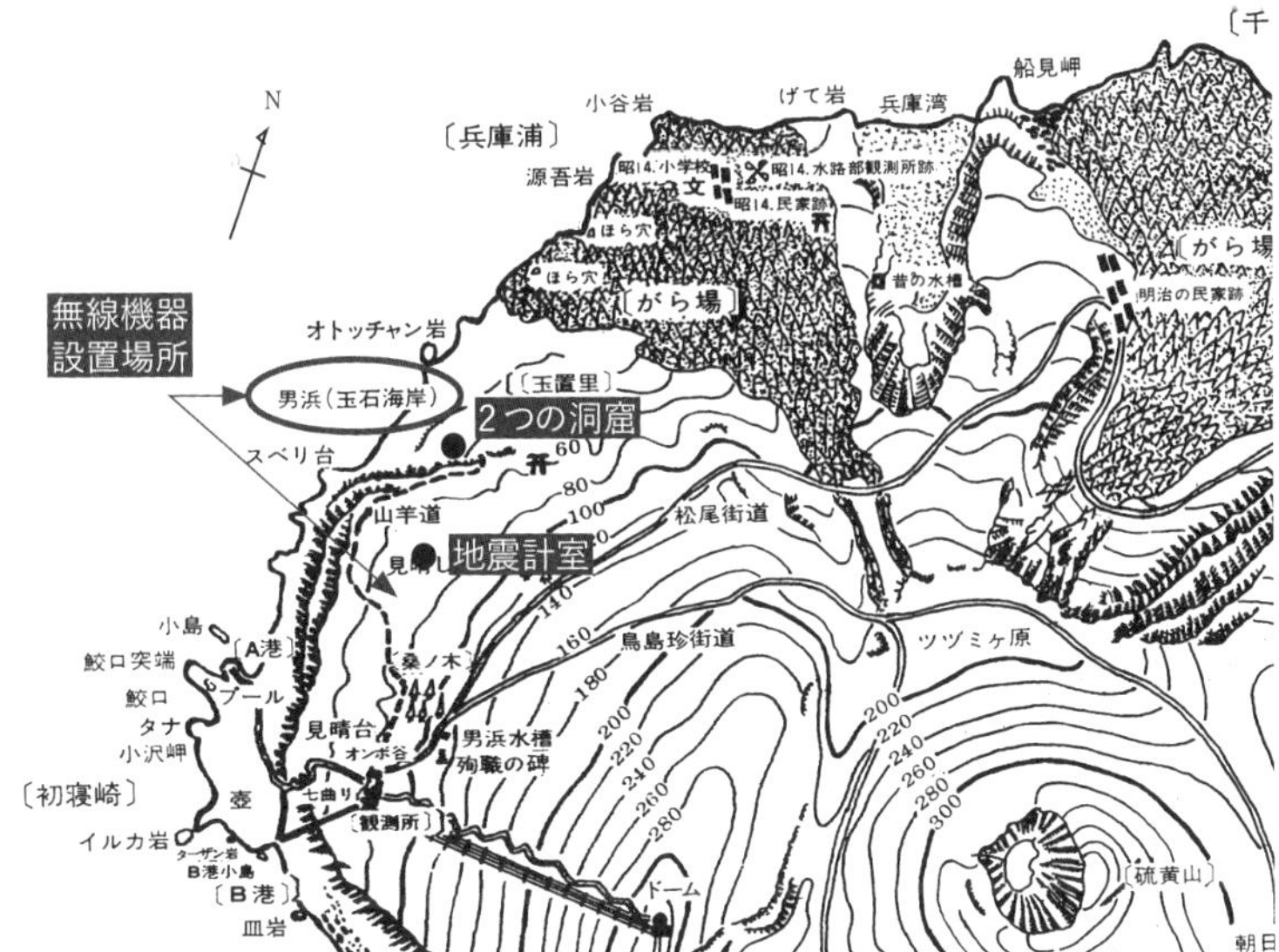

出典：『鳥島』

男浜のテントに無線機器があったというのだから、兵士は二つの洞窟の近くに常駐していたことになる。日本兵が何らかの形で利用していた可能性は高い。洞窟の内部はきれいにくり抜かれていた。生活の場という雰囲気が薄いことから、やはり防空壕かもしれない。

その一方、洞窟の入口付近にあった石垣も気になる。土に埋もれた様子から、昭和の大戦期よりずっと古い時代の遺跡に見えたからだ。

江戸時代の漂流民の資料に石垣は出てこないだろうか。『漂流奇談集成』（一九九〇）に収められた資料（「九州肥前寺江村金左衛門船、荒浜御城米積受下り候に付、大坂北堀備前屋亀次郎船に相成、無人島え漂流之日記」）に次の一節があった。長平たちが見つけた洞窟に関するくだりだ。

海辺道すし（道筋）中程まて行懸け候処、石垣のやうに相見候まゝ立寄見候得共、むかしの人築《きずき》立置候跡相見候付、其奥のそき（覗き）見候処、穴有」之候（中略）冬は風当り強きゆへか、穴のまへ（前）石垣を築候様子見へ申候（中略）板に書付有」之様に相見（中略）遠州船南部へ参、流され候趣江戸塩町宮本善八船、元文三年正月此島へ流居候

洞窟の前に石垣が設けられていた！　しかもそれは甚八らの書き置きが残されていた洞窟だったというから、北崖の洞窟ということになる。見つかった資料はわたしに強いインスピレーションを与えた。

鳥島で見た石積みの遺跡は二つの洞窟を囲み、敷地と外を区切る塀のようだった。住居のよう

な雰囲気が見て取れた。

それが石垣だったとすれば、二つの洞窟は北崖の一部だった——。

北崖の洞窟群について整理してみる。

「無人島談話」によればそれは島の北部にあり、洞窟は六つあった。長平らは洞窟内で見つけた甚八たちの板書きを吉瑞と考え、そこに住み始めた。明治期には玉置半右衛門が洞窟以外にも長平らが建てたと思われる墓石などを発見し、一帯を漂流里と名づけた（62〜63ページ）。北崖（漂流里）はその後、明治期の大噴火で失われ兵庫湾となった。

これまでわたしは洞窟がまだ周辺に残されていることを期待し、追跡をしてきたのだ。石垣という接点から、北崖（漂流里）の洞窟が存在する可能性が見えてきた。

期待は急速に高まる。

二つの洞窟は防空壕か、漂流民の洞窟か。

しばらく思案していたが、ふと思いついた。二者択一ではなく、どちらも当てはまると考えたらどうだろう。

つまり江戸時代の漂流民の洞窟が戦時下の兵士によって再利用された。明治期や昭和期の開拓民もそれを利用していたかもしれない。そして日本兵が防空壕として整備した時に、洞窟内にあった過去の遺物や痕跡は失われてしまった。そう考えると矛盾なく収まりはしないか。

もちろん裏づけとなる証拠はない。洞窟を調査してみるしかない。

石垣や周辺の遺跡を探るには専門家とともに発掘調査を行う必要がある。学術調査の計画を立て、現状変更の申請をしなければならない。

長谷川博氏から教えられた東京都の窓口に問い合わせた時、漂流民の洞窟を見つけるのは困難だと否定的な反応だった。しかしもはやわたしは島のあちこちを探し回る必要はない。二つの洞窟の入口や内部、周辺などごく限られたエリアを調査するだけで何かが見つかる確率は高い。考古学者らとともにチームを組んで学術的な調査を行いたい。

わたしは日経ナショナル ジオグラフィック社の社長（当時）である伊藤達生氏にメールを送ってみた。

ちょうど実在したロビンソン・クルーソーの住居跡発見を綴った本を彼の出版社から出したところだった。鳥島の話をどう受け止めるだろうか。

千代田区平河町の小料理屋で待ち合わせをしてお互いビールを喉に流し込んだ。タコ刺しをひと切れ、ふた切れつまんだ後、わたしは切り出した。

「鳥島でおもしろいものを見つけたんです」

わたしはこれまでのいきさつと二つの洞窟のことを話した。

伊藤氏は真剣な表情を崩さず、わたしに質問した。

「で、洞窟をどうするんですか」

「本格的に調査してみたいと思っているんです。発掘すれば日本のロビンソンの住居跡だったことを示す物的証拠を発見できるかもしれません」

「鳥島。考えたこともありませんでした。いいじゃないですか」

伊藤氏は微笑んだ。

わたしは彼にプロジェクト実現に向けての青写真を説明した。

まずは協力してくれる考古学者を探さなければならない。現地でアホウドリの環境を損ねないように活動するため再び山階隊に加えてもらうよう交渉する必要もある。その上で東京都を通じ環境省合意のもと文化庁から現状変更の許可をもらわなければならない。

資金の工面も必要だ。現地での食料や飲料水、電源確保、調査や出土品の分析、年代測定などにも金がかかる。万一、山階のアホウドリ調査船に便乗できない場合、自分たちで船を調達しなければならない。松島氏によれば漁船をチャーターすれば数百万円のオーダーになるという。

探検はビジネスではない。しかし商売と同じくらい他人にメリットを感じさせられなければ資金を工面することはできない。探検家とは売れないものを売り歩くセールスマン同然なのだ。いや、利益を追求するわけではないから商売よりも始末が悪い。「勧誘・セールスお断り」と玄関先に掲げる人がいるこの世の中は予想以上にせちがらい。探検を道楽と見る風潮さえある。ならばこちらも居直っていっしょに道楽をしないかと勧めてみたくなる。

「持ち帰っていろいろと検討してみますよ。とにかくがんばろうじゃないですか」

伊藤氏はそう言って、店の女将に酒のおかわりを注文した。

彼はお情けでそう言ってくれたのだろうか。いや、ビジネスの世界に生きている以上、慈善活動家のように振る舞ったりはしないだろう。鳥島の探検に何かメリットを見いだせそうだと感じてくれているのだ。

それが何かはわからないが、協力者を得られたことはありがたい。

わたしは鳥島の現場でいっしょに調査できそうな考古学者を探し始めた。つてを頼って方々を探し回ったが、なかなか思うようにいかない。多くの考古学者の関心は縄文時代頃に集中している。定説をくつがえすようなテーマであれば、近世でも興味を持つ人もいるだろう。しかし無人島漂流民という、歴史上無名の人たちの遺跡を掘ることには心が躍らないようだ。

中には関心を示す人もいた。ただ、現在取りかかっている研究を投げ出してでも鳥島に行こうという人はいなかった。おもしろい。しかし忙しい。そんな感じだ。

六月に鳥島から戻って、あっという間に三ヵ月が過ぎた。

大学に入り直してわたしが考古学者になった方がいい。何度か考えたが、やはりそれは違う。わたしにとって考古学は手段であって、目的ではない。追跡したいのは無人島に漂流した人間の生きざまなのだ。漂流民の場合、それが洞窟の中や地中に埋もれているというだけのことにすぎない。

自分があらゆる分野の専門家になる必要はない。大切なことはプロジェクトを起こすことだ。誰もなし得なかったことに向かってチャレンジすることだ。

わたしはそういった仕事のスタイルを十年以上勤めた広告代理店で学んだ。

そこにはディレクターとプロデューサーという職種がある。ディレクターは主に制作現場の仕事に携わるのに対し、プロデューサーは企画や運営、資金繰りなども含めて総合的に行う。横文字だからわかりにくいが、要はどの会社にもある技術畑と営業畑、あるいは専門職と総合職の違いだ。現場でプロデューサー（営業）感覚を叩き込まれたわたしは大胆で斬新なアイデアがあれば、ともに汗を流すディレクター（専門の職人）やスタッフ、実現させるための資金さえ集められることを経験した。

鳥島の探検プロジェクトにもそのノウハウが生かせるはずだ。

考古学者は現場監督を務めるディレクターに当たる。わたしの役割は彼らと調査計画を練りつつも許可取得の行政手続きや資金集め、全体の運営を行うプロデューサーだ。

探検とは非日常のことに思われがちだが、やっている本人に言わせればサラリーマン時代とさして変わりはない。それは職場で誰かが立ち上げる新規事業のようなもので、最初から思い通りになどいかない。あちこちに出かけていっては頭を下げっぱなしで、頭が上がる人はどこにもいない。何となく偉そうなプロデューサーという横文字の肩書きは、自分のボロを隠し、他人を煙に巻くための隠れみのだと思えたほどだ。

わたしは作戦を変更した。

山階鳥類研究所の佐藤氏に連絡を取り、次の調査隊に参加させてもらえないだろうかと打診した。漠然とした計画のまま考古学者を回っても埒があかない。そこで調査期間を具体的に決めることで物事を進めていこうと考えたのだ。これも広告代理店時代に叩き込まれたノウハウだった。漠然とした夢を形にするのは具体的な枠組みなのだ。

二〇一〇年十月。わたしは佐藤氏に会い、改めて洞窟を詳しく調べてみたいと話した。

「参加者や申請手続きなどはまだなのですが、もし許可が下りたら次回の船に同船させてもらえないでしょうか」

佐藤氏は快諾してくれた。

「次回は一月二十七日出発、二月十五日帰りの予定ですよ」

彼によれば現状変更の申請許可について毎月一回、文化庁で会議が開かれるという。十一月の会議に諮れれば、一月の出発に間に合うはずだ。そんなアドバイスももらった。

十一月の会議まで、あと一ヵ月しかない。

メンバーを集め、調査計画を立て、申請する。課題は山積みだ。

わたしは秋田と東京を頻繁に往復して準備を進めた。

あれこれ調べていくうち、伊豆諸島で発掘を行ってきた考古学者がいることを知った。元東京都職員の小田静夫氏だ。

彼は一九八〇年代初めに伊豆諸島の遺跡分布調査に参加している。「文化財の保護」（第十六号一九八四 東京都教育庁編）によれば、大島や三宅島などを一島ずつ訪れ、平安時代以前の遺跡がどのくらいあるかを確かめようとしたものだ。ところが鳥島は調査の対象から外されている。無人島だったということもあるだろう。

もっとも小田氏は考古学界ではよく知られた存在だ。

二〇〇〇年に旧石器捏造事件が発覚した。考古学研究者の藤村新一氏によって発掘された旧石器時代の遺跡の多くが捏造だったというものだ。次々と人目を惹くような発見をし、「神の手」

ともてはやされていた彼の説をいち早く二十年も前から批判していたのが小田氏だった。藤村氏のインチキが明るみになり、それまで学会などから煙たがられていた小田氏はようやく評価されるに至った。正しいと思うことを曲げなかった姿勢が捏造を暴くきっかけになったのだ。

そんな彼は鳥島での調査についてどう反応するだろうか。

面会の約束をしたホテルのラウンジで落ち合い、わたしは思いを打ち明けた。小田氏はじっと耳を傾け明るい表情ですぐに言った。

「すばらしい計画です。よく思いつきましたね。鳥島ではいまだ遺跡の確認はありません。いろんなものが見つかる可能性がある。いや、見つからないわけはないと思いますね」

彼は調査の実現に向けて手を貸してくれるという。わたしは同調してもらえた喜び以上に、勇気を与えられる思いがした。

そして結果的には彼を含めた五人の考古学者が直接、間接的に洞窟調査に参加してくれることになった。伊豆諸島で調査経験があるか、強い関心を寄せている研究者ばかりだ。鳥島で考古調査をするなら外せない人たちが揃ったと言ってもよかった。

また日経ナショナル ジオグラフィック社の伊藤氏ともやり取りをした。

会社に持ち帰った彼は事業化の道筋を検討していた。雑誌やテレビ、ウェブと連動した形でプロジェクトをサポートできそうだという。探検の現場からリアルタイムでレポートを行い、読者からも支援を募る参加型のスタイルを模索中とのこと。

調査計画書のたたき台ができるとわたしは山階鳥類研究所の佐藤氏にメールで送り見てもらっ

た。いくつか書き加えるべきことはあるが、問題はなさそうだという。

二〇一〇年十月二十七日。わたしは申請書を完成させて東京都庁へと向かった。

あらかじめアポイントを取っていた担当者に名刺を渡して自己紹介した。計画書を見せ、調査の趣旨を説明する。

話し終えると沈黙が訪れ、彼は独り言のように言った。

「なんか、漠々としてるな」

わたしの調査チームには大学教授をはじめ、小田氏のように元東京都の職員も名前を連ねている。後援社も公によく知られた日本のメディアだ。どこも漠々としたところなどない。

「任意団体なわけですよね」

彼は再び独り言の延長のように言った。そして書類を受け取り、翌日には文化庁とのミーティングがあると言って自分の机に戻っていった。

わたしは都庁を後にし、結果の連絡を待った。文化庁でのミーティングがあるはずの二十八日はこちらから電話をかけるのを控えた。二十九日も連絡がないまま、週末となってしまった。

十一月一日、月曜日。わたしは都庁に電話をかけた。

担当者はわたしの調査申請について電話越しにぼそぼそと話し始めた。

「調査隊の組織も目的もはっきりしていませんね」

わたしは黙って聞いていた。

「鳥島ではこの手の調査の前例はないんです。今やらなければならない緊急性もありません。やったところで、探検になってしまう」

探検になってしまう？

どういう意味なのだ⁉　わたしは携帯電話を握りしめた。まるで探検が遊びであるか、遺跡や自然環境の破壊行為であるかのような言い方ではないか。

探検が日本の社会でリスペクトされないのは仕方がない。彼の発言はそれを通り越して探検が社会悪だと言っているようにさえ聞こえた。

わたしは電話機を耳に押し当てながら、早くも彼が言うであろう結論を想像し始めていた。

「討議の上、却下された」とでも言うのか。

しかし彼は思いがけない事実を口にした。

「上司の判断で文化庁には提出しませんでした」

何と、討議さえされなかった！

わたしは耳を疑った。

それはないだろう。

わたしは怒りをぶつけようとしたが、電話は切られてしまった。

ショックはそれだけではなかった。鳥島調査の道が電話一本で断ち切られてしまった後、わたしは協力を約束してくれた方々に頭を下げに回り、山階鳥類研究所の佐藤氏に調査隊への参加の延期をお願いしたいと申し出た。

するとと佐藤氏は思いがけないことを口にした。都庁の担当者が彼に電話をかけてきたという。

「髙橋さんが鳥島に上陸したのは事前調査に当たるのではないかというのです。それはわれわれにとってもよくない進め方です」

わたしが都庁に電話をかけた時、担当者は事前調査のことは一言も話題にしなかった。にもかかわらず佐藤氏に連絡をしたと知り驚いた。都庁は佐藤氏にわたしへの協力をしないようにと言ったも同然だ。ある種の圧力と言ってもいい。

いずれにせよ都庁はわたしが勝手に鳥島で洞窟調査をしたと思い込んでいるらしい。長谷川氏から紹介されて手紙を書いていたことがあったので、彼らはわたしに疑いをかけたのだろう。

確かにそう思われても仕方がないくらいわたしは漂流民の足跡に関心を示していた。ただ現実には火山調査やアホウドリの工事に関わり、現場やルート上で漂流民に思いをはせてみたにすぎない。そんなわたしの前に突然、二つの洞窟が姿を現したのだ。探し出そうと思って見つけ出したというよりも、洞窟の方からわたしに手を差しのべてきたという方が的を射ている。事前調査というのは誤解だ。

「今回はだめでも、またチャレンジしてみたいと思います」

わたしは込み上げる感情をどうにか押しとどめて佐藤氏に頭を下げた。迷惑が及んだとすれば詫びたいと思うし、また力を貸してほしいと願った。

佐藤氏はうつむき加減で答えた。

「鳥島で歴史を調べようという人は他にいませんからね」

協力しようにもアホウドリ研究以外のことはわからないという。

考古学者たちの反応はまた違っていた。

鳥島は無人島であり、ましてやアホウドリの保護区なのだから、文化庁や環境省が文化遺産の発見を敬遠しているのでないか。鳥島では遺跡の分布調査さえ行われてこなかった。それは行政の怠慢という他ないが、都は中央省庁と面倒を起こしたくないためにそのような対応をしているのだろう。前例を作りたくないという気持ちもあるはずだ。現に国立公園などで発掘を計画しても、似たように漠然とした理由で断られ、憤懣《ふんまん》やるかたない思いをしている考古学者が少なからずいるという。

彼らはわたしに同情してくれた。しかし屈することなく都庁に掛け合うべきだという人はいなかった。

気がつけばわたしは無人島に取り残されたように一人ぽっちだった。

落ち込んでいるわたしを見て、妻が嘆いた。

「バラエティ番組でも許可が下りたのに」

彼女の言葉はやり場のないわたしの心の中でいつまでも反響していた。

第十四章　可能性の扉

理不尽さに対する怒りや失望、もどかしさ、やるせなさ。

わたしは抑えがたい感情とともに鳥島関係の本や資料を段ボール箱にしまい込んだ。しばらくは機運をじっと待つしかないのだろう。二〇一一年に東日本大震災が起こると、直接的な被災を免れた秋田市に暮らしていても足が地につくような活動はできなかった。関心が薄れることはなかったが、鳥島は疎遠になるばかりだ。このまま段ボール箱を開封する時はやって来ないかもしれない。計画が頓挫して時間が過ぎゆく中で、ふとあきらめにも似た無力感が潮のように満ちてきた。

ところが停滞したわたしをつき動かすようなできごとが立て続けに二つ起こった。

二〇一二年八月。残暑の厳しい一日で、夕方になっても気温が下がる気配はなかった。テレビをつけるとニュースが始まっていた。わたしは止めどなく滲み出る額の汗をぬぐい、うちわを勢いよくあおいだ。生暖かく湿った空気は重く、息苦しい。

画面には東京都の石原慎太郎知事（当時）が映し出され、不機嫌そうな顔つきで記者の質問に答え始めた。

「逮捕するなら結構だ」

語気の激しさに、わたしは思わずテレビを注視した。

ニュースは中国との領有権問題で揺れる尖閣諸島の話題らしい。石原氏は東京都が尖閣諸島を購入すると発表し、現地調査の申請書を国に提出した。ところがその日、国は東京都の申請を却下した。「平穏かつ安定的な維持管理のため」だという。

石原氏は激高した。申請が無下にされた彼は「理由にならない理由。到底理解できない」と叫び、尖閣諸島に行くつもりだと告げて逮捕するなら結構だと吐き捨てたのだ。

現地調査の申請、却下、東京都。ニュースに出てくるキーワードは図らずも二年前のわたしの苦い体験を連想させた。しかも尖閣諸島には鳥島と同じくアホウドリが棲息している。画面に向かって吠える石原氏を見ているうち、突然、心の奥底に押しとどめていたことが堰を切ったようによみがえってきた。

あの時、東京都の担当者は鳥島の考古学調査申請を「前例がない」としてにべもなく却下した。わたしは耳を疑った。前例がないならば、なおさら調査の必要があるはずではないか。どう考えても理由にならない理由だ。到底理解できるものではない。

皮肉なことにわたしの計画を頭ごなしに拒絶した当の東京都の知事が石原氏だった。それを思えば不条理な理由で現地調査を却下するのは彼の東京都も同じではないかと嚙みつきたくなってくる。

それはともかくニュースに取り上げられるまで、わたしは尖閣諸島のことを何も知らなかった。鳥島にだってそんなところがありはしないか。わたしはロビンソン・クルーソーに関心を持ったことから日本の漂流者や鳥島に関心を抱いた。それ以前は鳥島の存在さえ意識したことがなかった。

尖閣諸島と鳥島。場所も違えば取り巻く状況も違う。しかし双方はどちらも無人島だ。わたしはそこに何か大きな意味が含まれているような気がした。

日本の無人島とはどのような存在なのだろう。自問してみて答えに窮した。

探検家としてこれまで外国の秘境に心を寄せてきた。秘境とは外部の人間が足を踏み入れたことがほとんどなく、まだ一般に知られていない土地という意味だ。わたしの探検のフィールドがいつも外国になるのは日本に秘境がないという思い込みがあったからだ。確かに本土や離島（有人）に秘境と言える所はないに違いない。そして鳥島に関心を持つまで、わたしは日本の無人島にも同じ烙印を押し、探検の対象として意識してみることすらなかった。

総務省統計局の日本統計年鑑によれば日本には六千八百五十二もの島嶼《とうしょ》がある。それら日本の島のうち、有人島は四百あまりしかない。つまり日本の島のうち大部分が無人島ということになる。日本は島国だとの認識はあっても、それほどまで多くの無人島が日本にあることは一般には認知されていない。

問題の核心はそこにある。日本人が鳥島や尖閣諸島などの無人島を意識の外に放置してしまっている。無人島は国土の一部として認識されていない空白地帯なのだ。そのように意識の外に放置された秘境は日本にまだある。その探検を探検家がやらずに誰がやるというのか。

そのようなことを感じ始めた矢先の二〇一二年十月。もう一つのできごとが起こった。

松島氏から突然、メールが届いた。鳥島の行き帰りで世話になったヨットの船長、能崎知文氏が亡くなったという。彼はその年もアホウドリ調査隊を鳥島に移送する仕事をしていた。立て続けにやってきた台風の合間を縫って無事に調査隊を島に送り届けた後、戻ってきた八丈島で落水事故に遭い命を失ったという。

信じ難いことに、彼が命を落としたのは外洋ではなく、八丈島の藍ヶ江《あいがえ》港だった。そこは海が荒れると波が港内に入ってくるため、地元の人は避難所には使わないという。彼がそのことを知っていたか否かは別にして、高波に翻弄されるまま必死の思いでその場所にたどり着いたのだろう。

江戸から明治、昭和とそれぞれの時代に鳥島へと足を運び非業の死を遂げた人たちがいた。能崎氏が亡くなったのは八丈島だったが、彼もまた鳥島に関わった殉職者だと言っていい。

鳥島のことを知っている人は現在、日本に何人いるだろう。うかうかしていたら現地のことを教えてくれる人だって誰もいなくなってしまう。鳥島の知られざる歴史も忘却の彼方に消えてしまうに違いない。

鳥島での調査の機運は待っていても来ない。段ボール箱に閉じ込めてしまったら、再び意識の底に沈んでいってしまうだけだ。鳥島の昔のことを記憶に留めている人はまだ存命している。手遅れになる前に、聞いておかなければならないことはきっとあるはずだ。

一度は封印しかけた鳥島への思い。ここで停滞すべきではない。わたしは段ボール箱から資料を取り出し、目を通し始めた。

二つの洞窟は何だったのか――。見つけて以来、ずっと心に抱き続けてきたのはその疑問だった。大戦中の防空壕とは聞いたが、単純には納得できない。地中に埋もれた石垣はだいぶ古そうに見えたし、甚八たちが北崖の洞窟の前に石垣を作っていたとの記録もあった。

改めて『鳥島』を開いてみる。すると素朴な疑問が立ち上がった。

昭和四十二年に刊行されたその本には、二つの洞窟のことは書かれていない。地図にも示されていない。ところが地図をよく見ると、二つの洞窟がある近くに神社の記号が記されている（地図26）。

記号の位置は標高六十メートル付近に記されている。鳥島を歩いた時のGPSのデータによれば、二つの洞窟は標高三十六メートルだった。現地で見た崖の高さからすると、神社と洞窟は崖の上と下に位置していると考えられる。わたしが現地を歩いた時は神社や鳥居のようなものは見かけなかった。

地図が製作されたのは気象観測員らが島にいた時代だ。彼らは何か知っていないだろうか。漂流民の洞窟について聞いた時には話題に出てこなかった。遺跡という尋ね方だったので結びつかなかったのかもしれない。神社や二つの洞窟と言えば何か思い出してもらえるかもしれない。わたしは彼らに手紙を書いてみた。

しばらくすると藤澤格氏の家族の方から電話があった。彼は二〇一一年に亡くなったという。直接会って貴重な話を聞かせてくれた時も闘病中だった。楽しそうに思い出話をしていた時の表情が脳裏に浮かんだ。わたしは電話を切り、しばし黙祷を捧げた。

それにしても鳥島のことを知っている人がまた失われてしまった。わたしは入ろうとしている扉が閉じかかっていくような焦燥感を覚えた。

ほどなくもう一人の観測員、渡部栄一氏から返信が届いた。彼は神社や洞窟については思い出せないという。

地図26 2つの洞窟と神社の記号

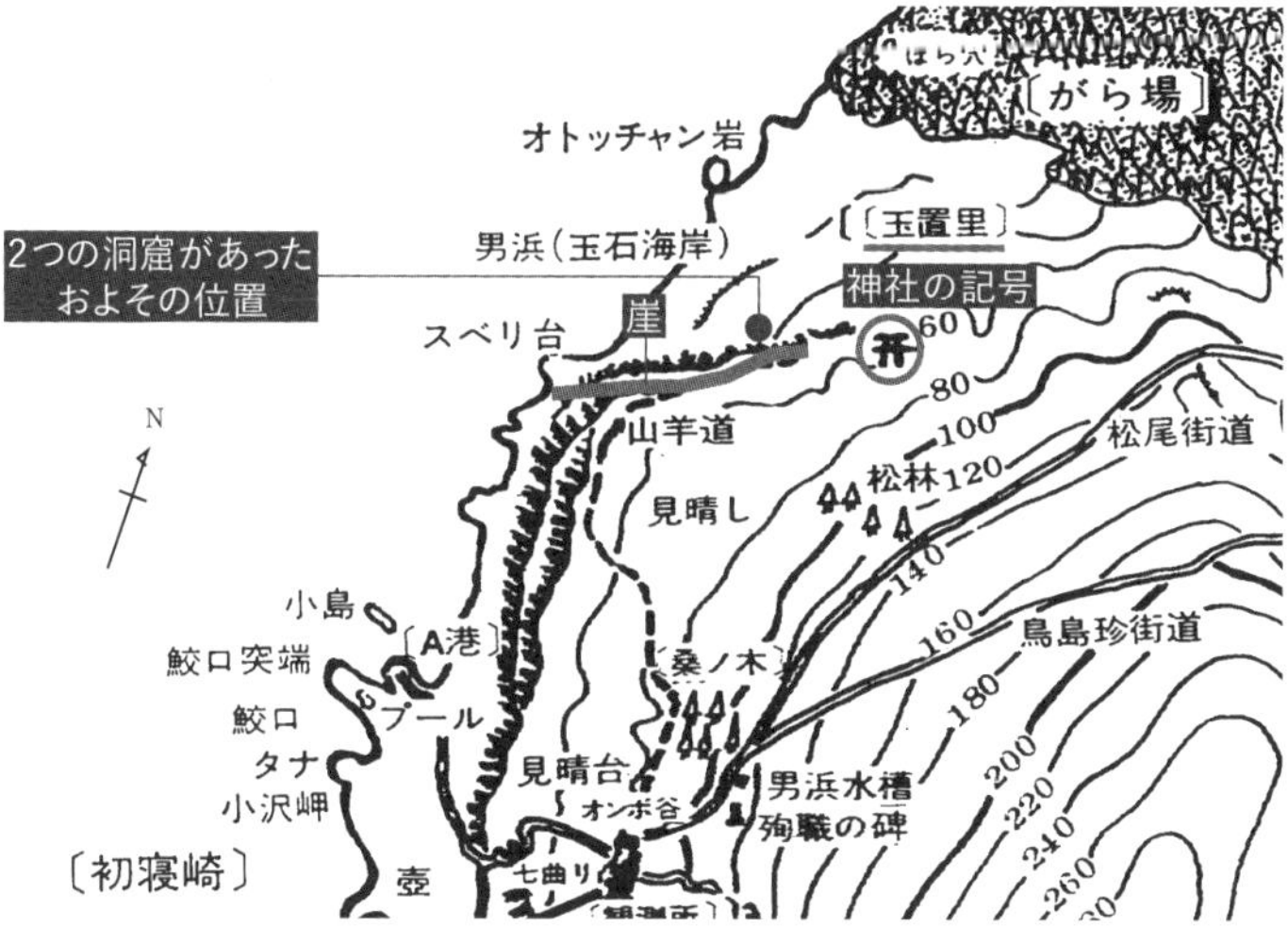

出典：『鳥島』

わたしは再度手紙を書いて食い下がった。もしかしたら忘却の彼方に消えつつある歴史を知る、これが最後のチャンスに違いない。

彼はわたしの思いを汲み、鳥島に赴任した先輩や同僚に聞いてくれた。何度か手紙をやり取りするうち鳥居と洞窟のことを知っている人が見つかった。戦後間もない一九四六（昭和二十一）年二月、中央気象台鳥島臨時出張所の開設を命じられ現地入りした小見山実氏だ。

彼は当時、島北西岸の男浜から上陸したらしく、内陸に神社の鳥居と洞窟があったことを記憶していた。しかしそれがどれくらい古いものかなど、詳しいことはわからないという。

他に何か知っている人が見つからない限り、それ以上のアプローチは難しそうだ。

再び『鳥島』の地図に戻る。二つの洞窟を追跡する手がかりはもう一つ考えられる。

二つの洞窟の近くに玉置里という地名が見える（前ページ 地図26）。その地名から明治の玉置半右衛門との関係が連想される。どんな由来があるのか。改めて「鳥嶋在留日誌」を開いてみた。

上陸セシ海岸ヲ仮リニ明治浦ト称シ、烽火《のろし》ヲ揚ゲタル野原ヲ玉置里ト称ス

玉置半右衛門は明治浦から鳥島に上陸し、本船に無事を知らせるために狼煙《のろし》を上げた記念すべき場所を玉置里と名づけたのだという。

「鳥嶋在留日誌」によれば玉置半右衛門は上陸した日の夜、内陸へと出かけ漂流民の洞窟を見つけていた（60〜61ページ）。

もしその内陸が玉置里のことならば、二つの洞窟は玉置半右衛門が見つけたものだったのかもしれない。そんな考えが頭をよぎった。

鳥島上陸直後の彼の足取りについて資料を詳しく検討してみる。

彼が鳥島に到着したのは、一八八七（明治二十）年十一月五日のことだ。明治浦から岸に上がったのは午後七時。雨が降り出しそうな天候だったので、翌日のうちには家屋を作って貨物を収容してしまいたい。すぐに建築予定地の千歳湊へ行き、準備をしようということになった。

蘿蔓ニ取付キ（蔦葛をつかんで）岩石ヲ伝ヒ山岳ニ攀《よ》ヂ登リ、渓谷ニ滑落シ原野ヲ跋渉《ばっしょう》シテ（渡り）千難萬苦ヲ避ケズ、足ニ任セテ進ミ行クニ、到ル処白雁（アホウドリの）構巣（が）列居シテ（中略）逍遥《しょうよう》セシニ（歩き回っているうち）、図ラズ一ノ（一つの）岩窟ヲ発見シ、内ニ入リテ火ヲ灯シ四《よ》隅《すみ》ヲ照シ見ルニ、正シク人力ヲ以テ穿《うが》チタルモノニテ結構甚ダ希《まれ》ナリ

洞窟があったのは明治浦の海岸から蔓草で覆われた山によじ登り、渓谷や原野を進み、無数のアホウドリがいる営巣地を過ぎた所だったという。洞窟を見た後、彼らは山に登っていく。

此所（洞窟）ヲ出デ歩ヲ西南ニ運ブニ一ノ高山アリテ、満山白雁ヲ以テ掩《おお》ヒ立錐《りっすい》ノ地ヲ見ズ（少しのすき間もない）（中略）頂上ニ達スル頃ハ東天稍々《しょうしょう》（ようやく）紅ヲ催シ（中略）夜来夢中ニ奔走セシヲ以テ方角ヲ誤リ（中略）午前十一時過グル頃上陸ノ場所ニ帰レリ

彼らが登ったのは南西に聳える山だったという。頂上にたどり着く頃、夜が明けた。結果的には千歳湊へ行き着けなかったし、道にも迷った。それでもどうにか昼前には上陸地点に戻ることができた。

ではこの足取りは現代の鳥島ではどこに当たるのか。

まずは玉置の上陸地点はどこだったのか。明治浦と命名した海岸だったようだが、『鳥島』に載っている昭和期の地図には記されていない。

『鳥島』所載の火山爆発前の推定図（95ページ　地図10A）を見ると島北西岸の二つの岬付近に明治浦と記されているが、昭和期の地図上で位置を確定することは難しい。

資料を開いているうち、常谷幸雄著「鳥島の景観と植生」（『南鳥島・鳥島の気象累年報および調査報告』）に次のような一節を見つけた。

明治浦及び鯱岩《しゃちいわ》に亘る海岸を男浜といい、砂浜をなし波打ち際は小形の円礫《えんれき》からなっている。

明治浦は男浜（玉石海岸）だという。それなら昭和期の地図に出ている（地図27）。玉置らは男浜（明治浦）から上陸した。めざしていたのは千歳浦（千歳湊）だった。千歳浦は男浜から見れば東側に位置する。

彼らが計画したであろうルートを直線（地図27　破線矢印）で示す。男浜から玉置里を通過し、漂

地図27 玉置半右衛門の足取り（昭和期の地図）

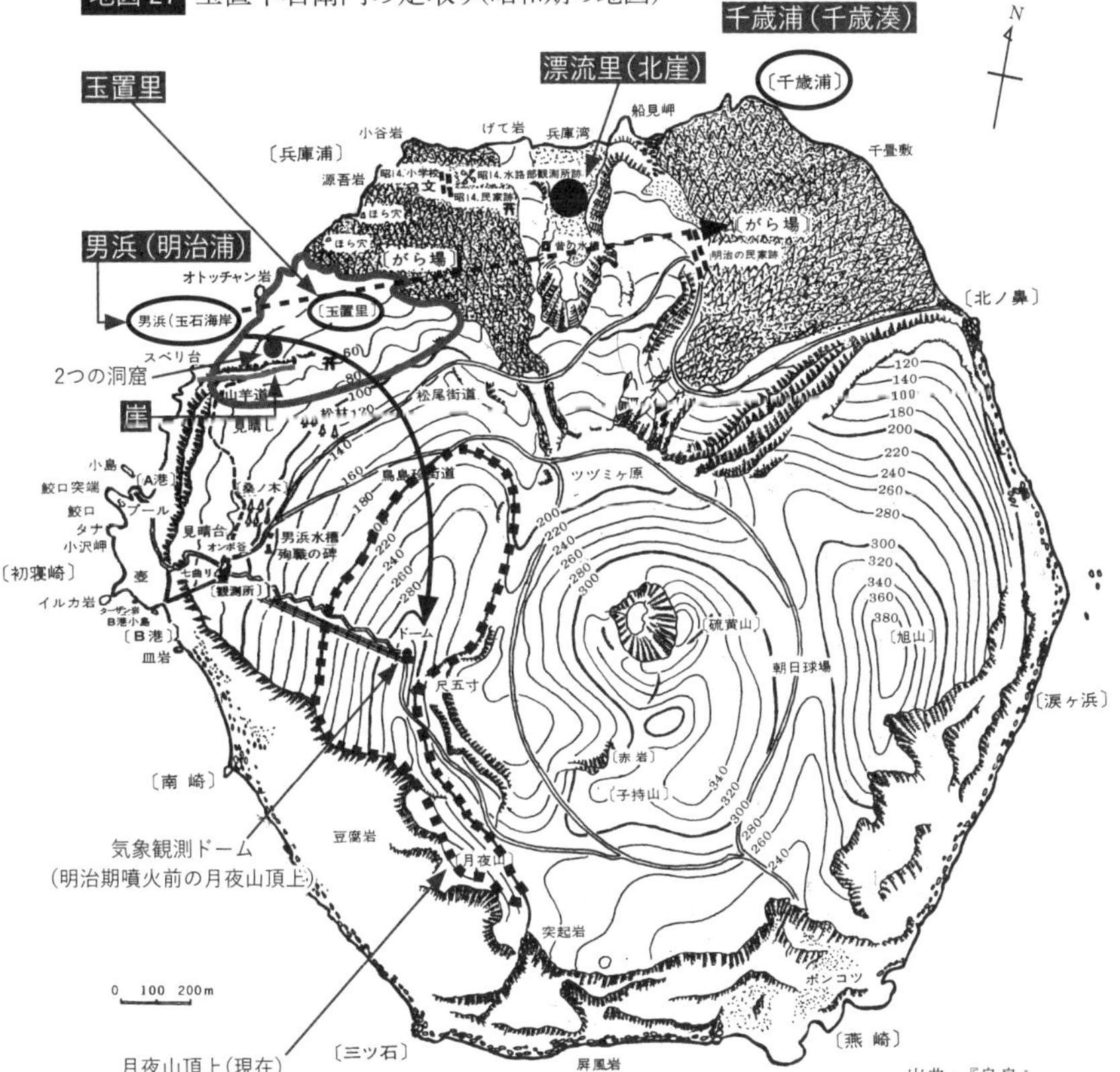

出典：『鳥島』

- - - -▶ 玉置半右衛門が計画したルート（推定）

──▶ 玉置半右衛門が実際に進んだルート（推定）

■ ■ ■ ■ ■ ■ 月夜山の範囲（標高200m以上の山域）

▬▬ 玉置里の範囲（海岸から2つの洞窟のある崖近辺までの丘陵地帯と想定。ただし兵庫浦の溶岩地帯における範囲は不明）

流里を北側に見ながら千歳浦へと向かうはずだったろう。

彼らは途中で洞窟にたどり着いたが、それは漂流里ではなかった。彼らが漂流里にたどり着くのは上陸の四日後のことで、初日に見つけた洞窟とは別のものだったからだ（61ページ）。

ではどこで洞窟を見つけたのか。考えるヒントは一つある。彼らは洞窟発見の後、「西南の高山」に登ったと証言している。

男浜（明治浦）の内陸には月夜山が聳えている。明治期の噴火で崩落するまで山頂（最高点）は気象観測ドームがある南西部の尾根付近にあった（地図27）。つまり玉置が来た頃には月夜山の山頂は明治浦から斜面を登った所にあったことになる。彼が「西南の高山」と呼んだのは月夜山と考えて間違いない。

洞窟があったのは明治浦から月夜山山頂までの間のどこかだ。

彼らが実際に進んだとみられる想定ルート（地図27実線矢印）を地図上に描いてみる。

男浜（明治浦）から東側に進むつもりが、どこかの地点で方角を見失い、月夜山の気象観測ドーム（当時の山頂）付近まで登った。

玉置半右衛門が月夜山に登り始めたのは洞窟発見後だった、という記録は重要だ。

現地を歩いたわたしの印象では、明治浦から月夜山へと上る傾斜は、玉置里にある崖の上あたりからどんどんきつくなった。地図27を見ると崖を越えた標高八十メートル付近から等高線の間隔は狭くなっていく。崖の上あたりから月夜山に登るという感覚になる。

この点から、彼が洞窟を発見した場所は、月夜山へ本格的な登りに差しかかる前の、玉置里の崖だったと考えられる。

わたしが見つけた二つの洞窟はまさにその地に位置している。

閉ざされていた扉のすき間から一つの可能性が見えてきた。

それはわたしに新たな追跡の道を示している。

第十五章　江戸時代を航空写真で

鳥島の北西部にある二つの洞窟は、玉置半右衛門が上陸初日に見つけた洞窟だったと考えられる。だとすると、それは江戸時代の漂流民のものだと言える。

「無人島談話」によれば、漂流民たちの洞窟は北崖（漂流里）と西崖にあった。

わたしはこれまで、二つの洞窟は北崖（漂流里）の一部ではないか、と期待を寄せてきた。漂流里があった北部の兵庫湾に比較的近く、また、北崖の特徴の一つである石垣が築かれていたからだ（264ページ）。

ところが、二つの洞窟を玉置半右衛門が上陸初日に見つけたものとみなせる以上、その考えは成り立たない。玉置は上陸の夜に見つけた洞窟と、その四日後にたどり着く北崖（漂流里）を区別しているからだ。

二つの洞窟は北崖ではなかったことになる。

では、西崖だった可能性はあるのか。

わたしはこれまで、西崖を島の西部（初寝崎）と考えてきた。「無人島談話」の地図で西崖は真西とされていたからだ。

改めて「無人島談話」に記された西崖の特徴を挙げてみる。

＊　二つの洞窟があった
＊　海岸まで道が通じていた
＊　魚釣りのできる浜辺（「此所釣魚之濱」）

＊　志布志の者たちの上陸地点（「日州船着」此」）
＊　長平と大坂船の者たちが最初に暮らした場所（「土佐及大坂者初住」此」）

わたしが鳥島で過ごした時間は限られたものだったが、気象観測所跡のある初寝崎では、他に人が暮らせそうな崖や洞窟は見かけなかった。海岸は断崖絶壁が続き、道が通じていたような場所や日常的な釣り場があったとも思えない。

西崖の特徴は、現在の初寝崎には全く当てはまらない。

では北西部の玉置里ならどうか。

江戸期に西崖と呼ばれたように玉置里には崖があった。そこでわたしが見つけた洞窟は二つだったから、数も一致する。

玉置里は傾斜が穏やかだった。江戸時代も現在のような地形だったとするなら海岸まで道が通じていたことは容易に想像できる。

明治時代に玉置半右衛門が上陸したことからもわかる通り、北西部の明治浦（男浜）は船が接岸できる数少ないポイントだ。

浜辺に釣り場があったとしても不思議ではない。

志布志船の上陸地点とも考えられる。

二つの洞窟が存在していることから、長平や大坂船の者たちの居住区としても違和感は全くない。

西崖の特徴は、現在の島北西部の地理環境にすっきり当てはまるのだ。

わたしは視点を変えることにした。これまでは江戸期の資料に記された洞窟の位置情報をもとに、実際の現場に何か残されていないかを探ってきた。今度は、玉置里で見つけた二つの洞窟が江戸期の資料に出てこないか調べてみる。北西部という位置をキーワードに、何か見つからないだろうか。

資料を読み返すうち、島の北西部に洞窟があった証拠となりそうな一節が目に留まった。長平と合流した大坂船の漂流民の記録「坐臥記」の中だ。

すでに見たように大坂船の者たちは鳥島に到着し、上陸地点からさほど遠くない内陸で洞窟にたどり着いた。そこで釣り竿や着物、草履を目にし、長平と出会うきっかけとなった（215ページ）。彼らは島の南東部（燕崎周辺）で長平と合流した後、再び上陸地点に戻ることにした。その時の思いと行動を綴った部分だ。

（今いる）此処は東南隅なれば方角よからず、其上平地狭ければ、初め着船の方に帰り小屋がけすべし（小屋を作ろう）と、即ち土佐人共に十二人、西北に帰る

大坂船の漂流民の上陸地点は「西北」、つまり島の北西部だったという。だとすれば彼らが上陸地付近で釣り竿などとともに見つけた洞窟も北西部にあったことになる。わたしが玉置里で見つけた二つの洞窟との接点が浮上してくるのだ。

「坐臥記」の続きを読むと、彼らが北西部に上陸したと信ずるべきもう一つのヒントが書かれていた。

上陸地点に戻った大坂船の者たちはそこに小屋を作ろうと考え、建材となる茅を探しに出かけた先で新たに洞窟を発見する。釣り竿などとともに見つけた洞窟とは別のものだ。

小屋がけせんとて、茅を折り集む。東の谷に茅多ければ、相伴ひて（皆で）谷底に下りけるに、谷の側に窟穴あり（中略）板二枚あり、其一には書して曰く、江戸塩丁宮本善八船十七人乗組とあり。其一には遠州荒井筒山五兵衛十二人乗とあり。夫より四五間ほど去りて又一窟あり。桶一つあり、是体を見るに、存命にて帰りたる者の所為と思はる。然れば吉瑞なれば、此窟室に居住すべし

それは大坂船の者たちが甚八たちの板書きを見つけ吉瑞だと言って暮らし始めた洞窟（北崖）だった（217〜218ページ）。

ここで注目すべきはその北崖（漂流里）が、大坂船の者たちの上陸地点から見て東の谷にあったという証言だ。北部にある北崖（漂流里）を指して「東の谷」と言っていることから、この東は島東部ではなく、現在地から見て東方向であることは明らかだ。

航空写真（297ページ 写真39）を確認してみよう。

大坂船の者たちの上陸地点を北西部としてみる。玉置里の東側には兵庫浦や兵庫湾（漂流里）

へと落ち込む下り斜面が続く。周辺は火山噴火の影響が甚だしいが、溶岩が流れ込んだ場所に谷間があったことは想像に難くない。

一方、島の西部（初寝崎）に当てはめてみると、初寝崎の東の方向には月夜山が聳えていて谷はない。

北部に位置している漂流里を東方向と呼べるのは、西部ではなく、より北に位置している北西部の方が自然だと言える。

大坂船の者たちの上陸地点は北西部だったと言えそうだ。

すると彼らが釣り竿などとともに見つけた洞窟は、わたしが見つけた二つの洞窟と同じく北西部にあったことになる。

その事実にもっと迫りたい。

わたしは「坐臥記」に記された彼らの足取りを航空写真に当てはめながら詳しく検討してみることにした。

彼らが陸に上がったのは夕方で、島の様子を見に行く余裕もなかったという。何より飢渇が激しく、海岸で海藻や貝をとって口にした。そして近くで小さな岩穴を見つけた。

側に小洞あり（中略）洞下に集り居たりしが、夜に入り暴雨たちまち降る。此島皆焼岩（火山岩）なれば、上より（雨が）漏り下りて、洞下も洞外に異ならず（中略）連日淋雨《りんう》（長雨）すれば、只海草を食ひて六七日を送る。漸《ようや》く晴を得て、さらば島廻りすべし

写真39「坐臥記」東の谷の解釈

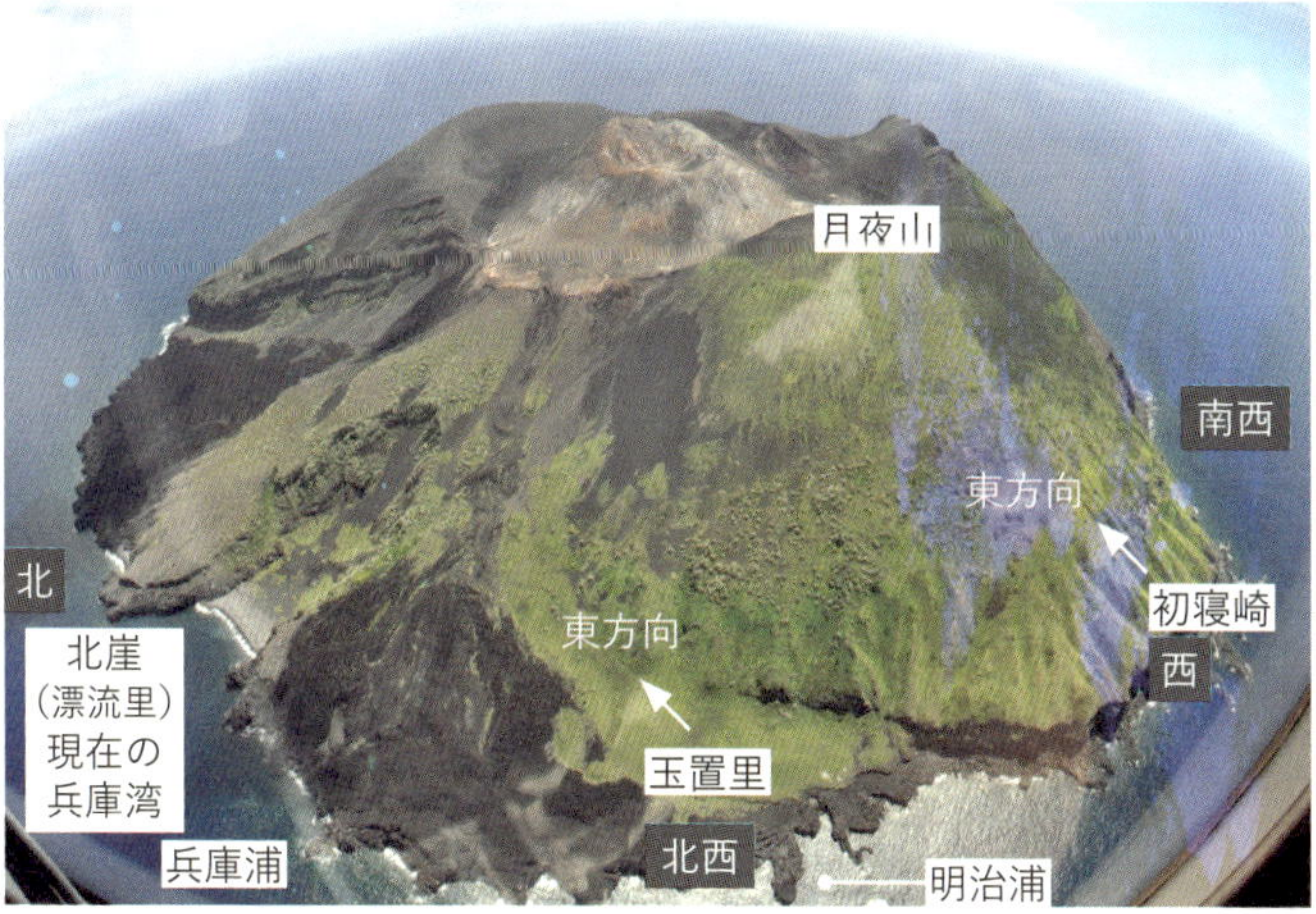

(写真提供:松島健氏)

島の真西(初寝崎)から東へ向かうと月夜山にぶつかる。谷はなく、漂流里へもたどり着けない。北西部から東に向かうと、兵庫浦や兵庫湾へと落ち込む下り斜面が海側に見えてくる。火山噴火の影響で当時の様子はわかりづらいが、そこは谷間になっていたはずだ小洞に一週間ほど留まって天候が回復するのを待ち、彼ら十一人のうち若者五人が暮らし向きに合う場所を求めて内陸へと進んでいった。

若者五人岩をはひ（這い）茅《かや》を攀《よ》ぢて（茅が生い茂る崖をよじ上り）、南の方に往くこと二丁（二百十八メートル）ばかりにして、二尋（三メートル）ばかりの竹に釣を付けて岩に倚《よ》せたる（立てかけてあるの）を見る。此処にも平地ありて、側に洞穴あり。其洞中に衣服一つ草履一足あり。其服を取出し見れば、浅黄染にして紋所《もんどころ》あり、正しく日本人の着物なり

彼らは海岸付近から南へ約二百メートル行った所で釣り道具を見つけた。そばに洞窟があった。洞窟の数は書かれていない。中を調べると浅黄染めの着物が入っていた。日本人が島にいる！彼らは持ち主を探し出そうとする。

然らば此島に日本人栖《す》めるなりと喜びて、二人は是《これ》（着物）を持帰りて同友に示す。三人は猶又《なおまた》南を指して往くこと五丁（五百四十五メートル）ばかり、此処に西の方へ出でたる山の鼻（西の方に突き出た山の尾根）あり。絶壁峻《けわし》く立ち足がゝりなし、夫より三人も帰りけり。日暮に及べば、又明日出づべしと相議す

洞窟にたどり着いた所で、五人のうち二人が海岸近くの小洞に引き返した。仲間に着物を見せるためだ。残り三人はさらに南へ五百四十五メートルほど進んだ。島の反対側の南まで行って島全体の様子を知りたいという思いもあったろう。

彼らの足取りを現在の鳥島北西部に当てはめてみる。

彼らの上陸地点は明治浦付近と考えられる。そこは玉置半右衛門が上陸し、漂流民の洞窟を見つけた起点となった。北西部の中でも上陸しやすい海岸であり、大坂船の漂流民が上陸した可能性も十分に考えられよう。

わたしは航空写真（301ページ 写真40）を使いながらルート検証を始めた。海に突き出した二つの岬が明治浦と推定される。

第一日目は偵察に出た若者五人が海岸付近から南へと進んだ。厳密に言えば出発点は上陸地付近の小洞だったはずだ。その位置がわからないので仮に明治浦の二つの岬の中間点を起点として設定する。

若者五人は海岸付近から二丁のところで洞窟を発見した。その後二人が引き返し、残る三人でさらに五丁進み、絶壁に阻まれて引き返した。

彼らはその山を「西の方へ出でたる山の鼻（西の方に突き出た山の尾根）」と証言している。その山とはどこか。

島の北西部で言うなら、月夜山以外にない。月夜山の尾根は北西部から西部に延び、南部へと続いている。当時の山頂（最高点）は気象観測ドームが立つ高台周辺にあった。「絶壁峻く立ち足がゝりなし」と書いていることから、彼らは月夜山の斜面を登って山頂付近の絶壁で立ち往生したのだろう。

その日彼らは海岸付近から合計で七丁（七百六十三メートル）進んだことになる。

わたしは明治浦から気象観測ドーム方向に矢印を引いてみた（写真40）。彼らは登りやすい斜面を選んで進んだはずだから、矢印の直線がそのまま実際のルートとはならないだろうが、明治浦から気象観測ドーム付近までが、まさに七丁なのだ。しかも、矢印の方向は島の南へと向かっている。

「坐臥記」に記された大坂船の者たちの足取りは明治浦を起点にするとうまく説明がつく。

彼らは明治浦から玉置里を通過して、月夜山の山頂付近にまで到達し、絶壁に阻まれ引き返した。

日本人に会いたいという思いは彼ら全員の願いだった。彼らは翌日も捜索に出かけた（302ページ写真41②のルート）。


彼釣《かの》竿のありし所より、東の方に山を越ゆる路あらんと（あるだろうと）、翌日は十一人皆東に向つて山に登る

一夜明けて今度は十一人全員で出発した。釣り竿などとともに見つけた洞窟にたどり着き、そこから東をめざした。前日に月夜山の斜面を約七百六十三メートル登り、坂が急すぎて島の反対

断崖にはばまれる。気象観測ドーム付近
には江戸時代、月夜山山頂があった

写真40 大坂船の漂流民の足取り 第1日目

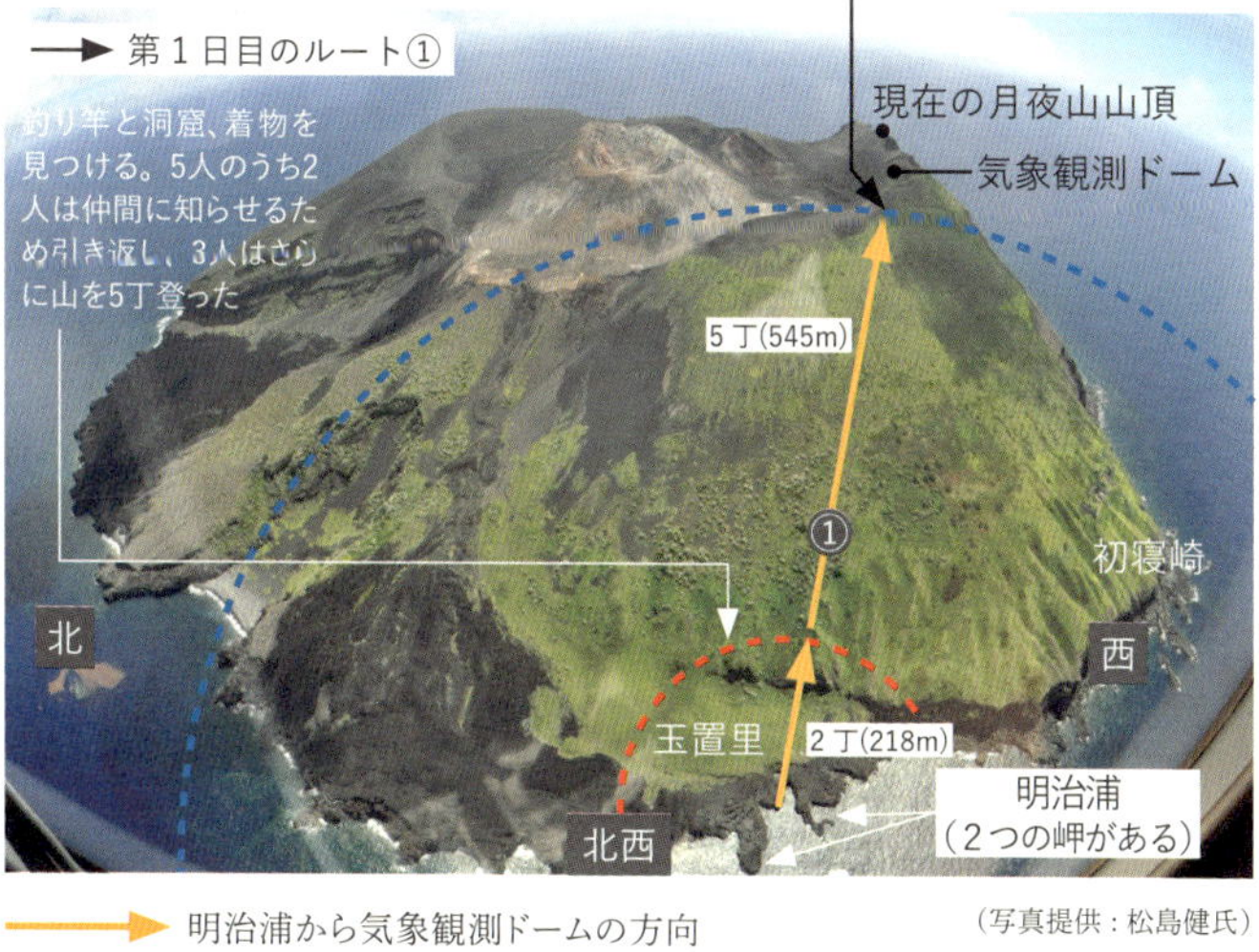

(写真提供:松島健氏)

大坂船の漂流民が第1日目にたどった実際の足取りは登りやすい斜面を選びながら進んだはずで、図に示した矢印が直ちに推定ルートとはならない。2丁の地点で洞窟を見つけ、7丁の地点で断崖に行き当たった

写真41 大坂船の漂流民の足取り 第2日目

(写真提供：松島健氏)

11人全員で洞窟まで行き、そこから東へと山を登った。途中、大鳥(アホウドリ)の平原を通過しながら島の南へと進んでいく

明治浦から気象観測ドームの方向

明治浦から2丁の範囲

第2日目のルート②(推定)

第2日目にたどった大坂船の漂流民の足取り。第1日目に見つけた洞窟から東へと進み、南部方面へと向かった

側へ行けないことを知ったからだろう。「西の方へ出でたる山の鼻」と言っていたように、島の西側には月夜山の急峻な尾根が続いていて進むことができなかった。それに比べて東側の斜面は傾斜がまだゆるやかだ。写真で確認するとルート選択が理にかなっていることがわかる。

彼らは迷うことなく、東側へと向かった。

岩を攀ぢ茅を分け山の半腹《はんぷく》（中腹）に至れば、十丁（一・一キロメートル）四面もあるべき平原あり、其原に大鳥充満せり。又攀ぢ登りて山の七分目（七合目）に至る。此処は平地倍々《ますます》大なり。方三十丁（三・三キロメートル）もあるべし。又大鳥充満せり、鳥を推《おし》分けて南隅に至りて下を見下せば、数千尋の断岸なり

鳥島の直径は二・七キロメートルだから、三・三キロメートル四方もあるアホウドリの営巣地は現実にそぐわない。ただしその表現から島全体を覆うほどいたことが伝わってくる。明治期の地図にアホウドリの営巣地の位置が載っているので彼らの足取りを当てはめてみる（304ページ地図28）。

彼らが進んだと思われるルート上に「海鷲原」という地名が見える。同じ地名は島の反対側にも見え、より広く描かれている。彼らが見たアホウドリの営巣地はその二ヵ所だった。

中間に（崖の中ほどに）平地ありて、是にも大鳥聚集せり。遥に海辺を望めば、人の如くなる

地図28「坐臥記」を明治期の地図で検証する

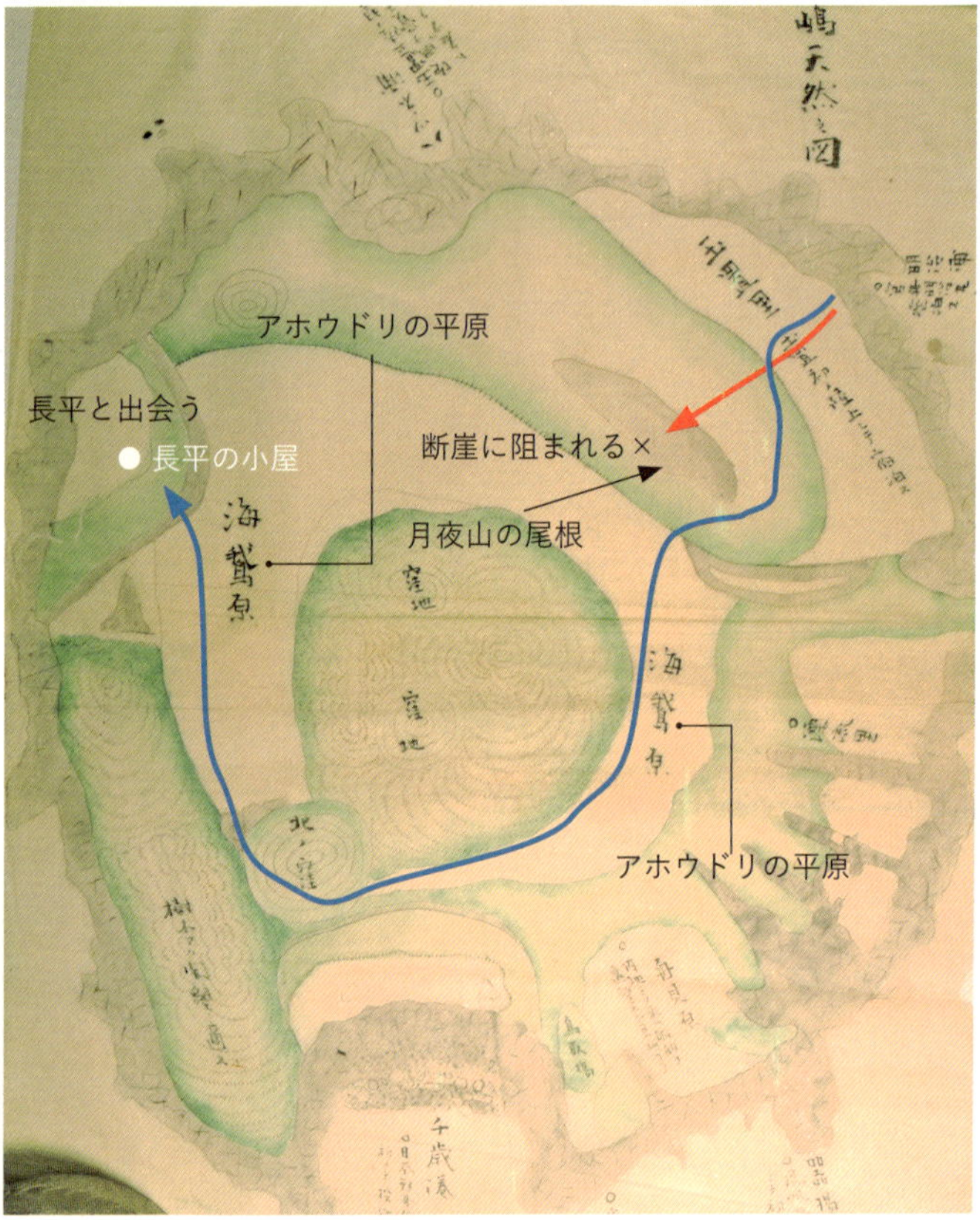

出典：鳥嶋天然之図（東京都公文書館蔵）

第1日目 海岸から2丁の所に洞窟を見つけ、さらに5丁登ったが断崖に阻まれて引き返した

第2日目 洞窟から東に向かって山を登る。途中にアホウドリの平原あり。進むとより広い平原にアホウドリが群れていた。その後、長平と合流した

物あり。（中略）其人の子細を尋ぬれば、我は土佐の国の長平と云ふ者なり

大坂船の者たちは崖の下でアホウドリ以外に、何か動くものの影を見た。そこにいたのは長平だった。彼らはついに合流を果たしたのだ。

「坐臥記」に記された大坂船の者たちの足取りは、北西部の明治浦を起点にして考えると、現在の鳥島の地理にうまく当てはまる。

彼らが上陸したのはやはり北西部だったのだ。

そして何より、北西部には洞窟があったことがわかった。この北西の地こそ、西崖だったのだ。大坂船の者たちが北西部の洞窟のそばで見つけた釣り竿については、「無人嶋漂流記」に長平の証言が残っている。

（大坂船の者たちは）本船は捨（て）橋舩（小船）ニ乗磯へ着。皆々上り申候。然るに其所ニ私之釣道具有之候

釣り竿は長平の持ち物だった。つまり、この西崖の洞窟は、長平の洞窟だったのだ。「無人島談話」の地図には、西崖の位置に「土佐及大坂者初住」此」とある。この北西部の洞窟に、長平は最初に住んだのであろう。

改めて二〇一〇年にたどり着いた二つの洞窟周辺の航空写真を確かめる（307ページ写真42）。

二つの洞窟は明治浦から島の南へおよそ二百メートルの玉置里にある。

大坂船の者たちが見つけた長平の洞窟は、明治浦から島の南へ二丁（二百十八メートル）。明治浦を起点とすると、海岸からの距離と方向は合致している。

二つの洞窟は長平の洞窟だったと言えそうだ。

ただし一点、気になることがある。洞窟の数だ。「無人島談話」で西崖の洞窟は二つとされていたが、「坐臥記」は数については触れていない。文脈からは一つだったかのような印象も受ける。この点をどう理解すればいいのか。

「無人島談話」を見ると西崖の二洞について次のような注釈がつけられている。


大坂のもの、こゝ（西崖）にありて、後また一洞を鑿りて（掘って）、その居を分つといふ

西崖、つまり玉置里にある二つの洞窟は、大坂船の者たちが長平の洞窟を見つけた後のいずれかの時点で新たに一つを掘って二つにしたものだったようだ。「坐臥記」の記録は大坂船の者たちが長平の洞窟を見つけた時点でのことなので二つとは書かれていなかったのだ。

わたしが見た二つの洞窟は何だったのか。徐々に輪郭が明らかになってきた。

それは江戸時代に長平が暮らしていた洞窟だった――。

そう言い切るためには課題はまだ残されている。

それでも戦時中の防空壕とされる洞窟は、忘れられし過去をついに語ってくれたように思えた。

写真42 長平の洞窟と玉置里の2つの洞窟

(写真提供：松島健氏)

大坂船の上陸地点とルート(推定)
1788年、海岸付近から2丁(218m)の所に長平の洞窟を発見

第十六章　科学的論証

あとは物的証拠を探し出すしかない。

鳥島の北西部で見つけた二つの洞窟は長平の洞窟だったに違いない。わたしは再び鳥島に行きたいという衝動に駆られた。あとは現場から証拠となる遺物を発見できるかどうかにかかっている。

しかし考古調査に許可が下りないという状況に変わりはない。どんなに追跡しても、現地に出かけて答えを探し求めることはできない。それはわたしの前途を閉ざす現実であり、限界点なのだ。現場を失った探検は探検とは言えない。

その時、ふとある一語が脳裏に立ち上がった。

好奇心には限界などない。

わたしの胸の内にはまだ好奇心の灯がともっていた。これまでの検証が確実だったと言える最後の決め手を得たい。

なぜわたしは考古調査にこだわるのだろう。それは資料の内容や現地で得た見解を客観的に裏づける物的証拠をつかみたいからだ。とはいえ歴史の全てが考古学的証拠で支えられているわけではない。物的証拠が得られなくても、科学的に論証できる方法はまだあるはずだ。たとえ机上に留め置かれているとしても探検をしたい。わたしは自ら解き放つ好奇心の翼に乗って、現場へ行けないという限界点を超えたいと思った。

これまでの検証をまとめてみる。現在、明治期そして江戸期。各時代の情報をもとに洞窟の数、大きさ、祭壇の有無、位置に関する情報を資料から書き出した（表3）。

表3 3つの時代の洞窟を比較する

	現在	明治期	江戸期
	玉置里にある 2つの洞窟 2010(平成22)年 髙橋が現地で確認	**玉置半右衛門が 見つけた洞窟** 1887(明治20)年 「鳥嶋在留日誌」	**大坂船の 漂流民が見た洞窟** 1788(天明8)年 「坐臥記」
数	2つ	1つ	1つ?(明確な記述なし)
サイズ 間口×奥行	第1洞窟 1.3m×4.7m 第2洞窟 1.4m×3.9m	間口2間×奥行2間半余 3.6m×4.5m	記述なし
祭壇	なし	あり	記述なし
位置	北西部の玉置里。男浜(明治浦)から島の南へ200mほどの崖に位置している	明治浦(男浜)から上陸した彼らは千歳浦をめざす途中で洞窟を発見した。その後月夜山(南西の高山)に登っていることから、洞窟は月夜山の麓に位置する玉置里の崖にあったと考えられる	大坂船の漂流民は、北西部の上陸地付近から南へ2丁(218m)の所で長平の洞窟を発見した。明治浦を起点とすれば、玉置里の崖にある2つの洞窟と距離と方向が合致する

※長平が上陸当初(1785年)に身を寄せた洞窟は「嶋内谷合の中腹」にあって、大きさは6尺(1.8m)四方だったとする記録「無人しまへ漂流之もの吟味書」もある(211ページ)

記述のない項目もあるが数や大きさ、祭壇などの情報には食い違いがある。

鳥島で洞窟を見つけた二〇一〇年は、長平が上陸した時代から二百二十五年、玉置半右衛門が発見した時からでもすでに百二十三年の歳月が流れている。時とともに外見などの様子は変わっていく。大きさ、祭壇の有無などの特徴も変化する。たとえば戦時中に日本兵が内部を清掃整備したとすれば、その時に失われたこともありうる。それらの単純な比較から洞窟が別の物だったとは断定できない。

各時代の洞窟の位置を見てみよう。

わたしが見つけた二つの洞窟は鳥島の北西部にある。明治浦から島の南へ約二百メートルの、玉置里と呼ばれるエリアにある崖に位置している。

明治期には玉置半右衛門が明治浦から上陸し、漂流民の洞窟を見つけた。洞窟発見後に登った西南の高山が月夜山と考えられることから、彼が見つけた洞窟は明治浦と月夜山の間に位置する玉置里の崖にあったと判断できる。

江戸期に遡ると、大坂船の漂流民たちが、上陸地点である明治浦付近から南へ二丁（二百十八メートル）進んだ内陸で長平の洞窟を発見した。そこは西崖とも呼ばれ、明治浦からの距離と方向が玉置里の崖にある二つの洞窟と合致する。

三つの時代に発見された洞窟はいずれも玉置里の崖にあったと考えられる。同じ場所に位置していることから、江戸期の洞窟が姿形を変えながら現在まで残ったのだろう。わたしは江戸期の資料を現代の鳥島の地形や航空写真に当てはめてその結論に達した。ところがそれは江戸期と現在の地形が同じという前提に立ったものだ。火山島の鳥島では過去に大噴火が起きている。江戸期の資料を現代の地形でも検証できるという点を客観的に確かめられない限り、わたしがたどり着いた二つの洞窟が長平の洞窟だったという確信は手にできない。

考えるヒントとして淵本一著「鳥島の歴史」（『鳥島』所収）に次のような考察を見つけた。

（江戸期の）古記録には「焼山」の文字があるので活火山であったことは確実であるが、噴火の記録は全く見られず、地震の数も非常に稀で、地形を記述した古い時代のものと新しい時代のものとに、大きな変化が見られない（中略）明治爆発前二百五十年位は大きな地形変化はなかったものと推定される。

確かにこれまで当たってきた江戸時代の文献によれば、甚八たちが火山の高温地帯から火を松明で取ってきたという話はあったが、山体が変わるほどの爆発や被災者が出るほどの大噴火の記録はなかった。また漂流民のリスト（39ページ 表1）を確認すると、甚八らが鳥島を去った一七三九年以後、藤八ら（一七五四年漂着）と長平ら（一七八五、八八年漂着）が北崖（漂流里）で甚八の洞窟を見つけている。甚八以前もどこかの洞窟で先住者の痕跡を見た者がいる。これらは主に北崖（漂流里）の情報だが、鳥島では江戸時代に地形を変えるほどの大噴火があったとは言えそうにない。

ところがその北崖（漂流里）の洞窟は明治の大噴火で消失してしまった。

長平の洞窟があったと考えられる玉置里が影響を受けなかったと言い切れるだろうか。大噴火は明治期だけでなく昭和期にも起きた。北西部の兵庫浦に流れ込んだ溶岩流は昭和期のものだ。島の地形が江戸期のまま残されている可能性については何とも言えない。

ただしそれら噴火の影響がないとすれば、玉置里の二つの洞窟は江戸期に遡れると言える。

玉置里にある二つの洞窟はいつ頃にまで遡れるのか。岩石などを分析する地質学的手法で明らかにできるのではないか。

わたしは二つの洞窟がある崖に着目した。崖は海岸から内陸に延びていて、二つの洞窟以外にも自然洞が存在している。その崖を調べれば、洞窟や周辺の地形が大噴火以前からあったのかどうか、大噴火の影響を受けているのか否かを確かめることができるはずだ。

玉置里の崖はいつ頃できたものか。極めて重要なポイントだ。

わたしは火山学者の松島健氏の意見を聞いてみることにした。

二〇一三年十月。彼と久しぶりに会う約束をし、東京の神田神保町に出かけた。

二つの洞窟に関する謎解きを再開してからすでに一年が経過した。資料に当たり直したり関係者と手紙のやり取りをしているうちに時間はあっという間に過ぎ去った。それでもようやく核心に迫る所まで来られた。

古書街を通り抜け、喫茶店に入る。約束の時間より少し前だったが、すでに松島氏は来ていた。

わたしは注文したポットの紅茶をカップに半分ほど注いで一口飲んだ。紅茶が喉を通る音がゴクリと聞こえた。緊張のために身体がこわばっている。崖が明治か昭和の大噴火でできたものであれば、積み上げてきた仮説の積み木は一気に崩れ落ちてしまう。どんな答えが返ってくるか。

まさに運命の一瞬なのだ。わたしは単刀直入に尋ねた。

「崖はどのくらい古いものですか」

固唾《かたず》を呑み、松島氏の答えを待った。

「島の形成期にまで遡ります」

「島が誕生した頃ということですか」

「そうです。二〇〇三年に岩石調査をした時、サンプルを取って調べたんです。論文にも載せていますよ」

わたしはバッグの中に押し込んでいた書類の包みから彼の論文「伊豆鳥島火山の岩石学的研究」（二〇〇五）を取り出した。

「これですか」

「中にパミス・フォール・デポジットと書かれているでしょう」

彼はそう言いながら、鳥島の断面図を指さした（次ページ 図4）。

パミス・フォール・デポジットとは降下軽石堆積物といい、火山噴火の軽石などが堆積した地層だ。鳥島が誕生した頃にまで遡る古い地層だという。

「掘れば簡単に洞窟が作れます。それぐらいやわらかいんです」

松島氏の話にわたしはうなずいた。鳥島の漂流民たちは洞窟を自らの手で思いのままに拡張していた。二つの洞窟が漂流民のものだったということを裏づける事実だ。

それはともかく、玉置里の崖は鳥島の誕生とともにできた地層だというが、具体的にはどのく

図4 玉置里の崖の地層

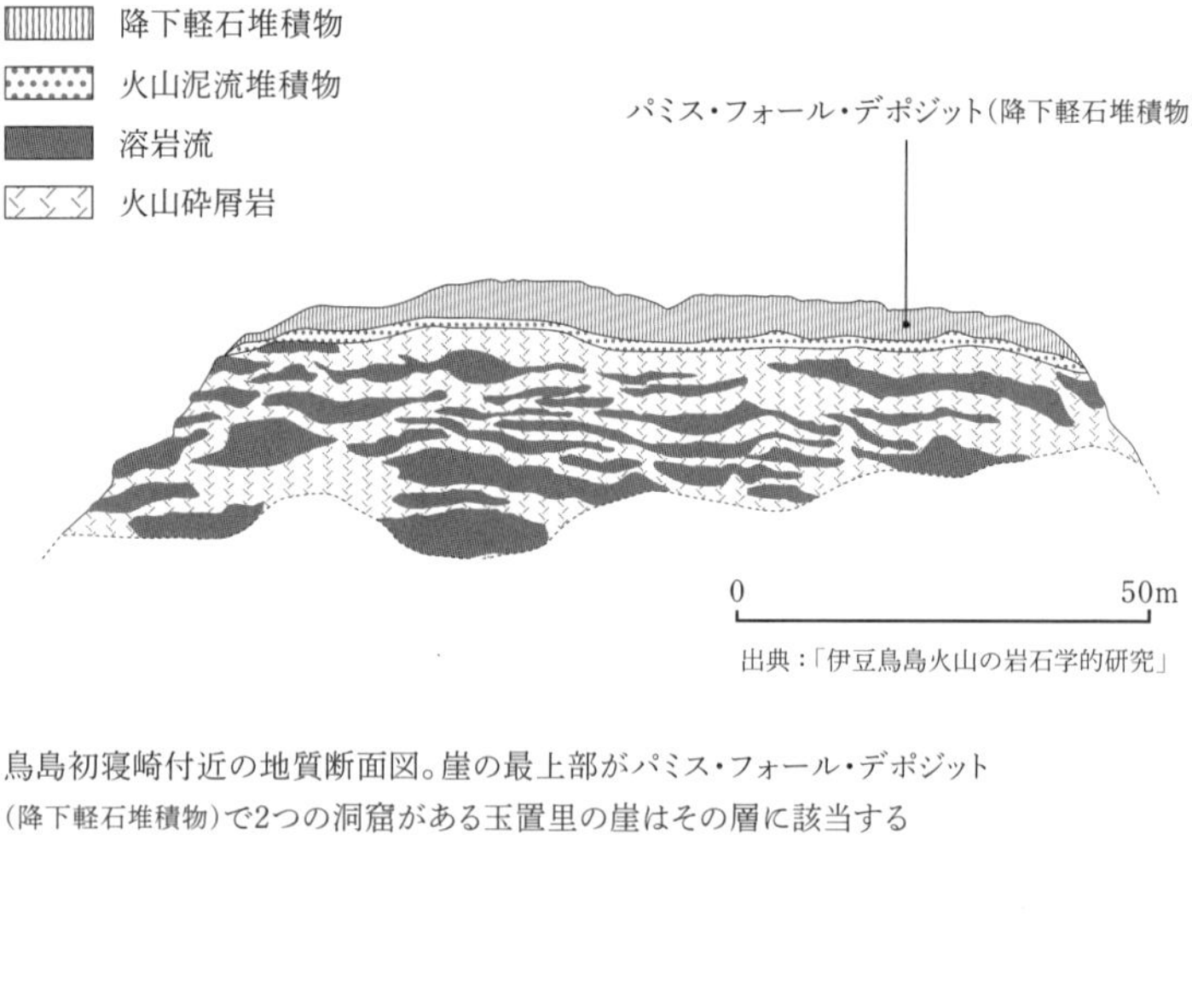

鳥島初寝崎付近の地質断面図。崖の最上部がパミス・フォール・デポジット(降下軽石堆積物)で2つの洞窟がある玉置里の崖はその層に該当する

らい昔のことなのか。わたしの質問に彼は首をかしげながら答えた。

「それはわからないんです。炭化木などが見つかれば年代測定できるんですが」

「江戸時代という可能性もありますか」

松島氏は首を横に振った。

「それはありません。島の風化の具合から考えると、鳥島ができたのは千〜五千年前ぐらいじゃないかと思います」

わたしは安堵した。胸をなで下ろすわたしを尻目に松島氏はパソコンを取り出して起動させた。画面に鳥島の航空写真を映し出し、玉置里から明治浦周辺の地質を確認し始めた。

彼の表情は真剣そのものだ。どうやらまだ喜ぶのは早いようだ。わたしは少し不安を覚えた。地面の様子を眺め終わると、彼は火山学者らしく冷静に分析を始めた（319ページ写真43）。

「玉置里に向かって延びている崖（①）は島が誕生した頃の海岸線なんです。その後、溶岩流が流れ込んで現在の海岸線（②）ができました」

彼は画面を注視しながら②の海岸付近を調べた。場所によって地面の様子が異なる。同じような溶岩でも色や濃淡に違いが見られる。それをもとに新旧の区別がつく。鳥島北西部の海岸付近は四つの段階（火山活動）を経て現在の姿になったと考えられる。

第一期溶岩流　鳥島形成期の海岸線（①）に流れ込んだ溶岩流。

第二期溶岩流　①にさらに溶岩が流れ込み、明治浦が形成された。

第三期火山砕屑物層《さいせつぶつ》　第二期の溶岩の上に火山灰等が堆積し、玉置里の丘陵地ができた。
第四期溶岩流　一九三九（昭和十四）年の大噴火で流された溶岩。時期が新しいので、黒さが際立ち濃く見える。

第一期（島の形成期）は江戸時代より遥か以前、千～五千年前とのことだった。そして第四期は昭和期大噴火の一九三九（昭和十四）年に当たる。

問題は第二期と第三期だ。それらは江戸期にまで遡れるのだろうか。

まず、明治浦ができた第二期はいつだったのか。

玉置半右衛門が明治浦から鳥島に上陸したのは一八八七（明治二十）年のことだ。彼が島に来た時点ですでに明治浦は存在していたことになる。明治の大噴火が起きるのは、玉置が入植してから十五年後の一九〇二（明治三十五）年だ。つまり明治浦は明治の大噴火以前からあったことになる。

松島氏によれば明治浦周辺の第二期溶岩流は、玉置が島に来た頃と現在の様子とで大きな変化は見られないという。

次に玉置里はどうか。それは第三期にできた火山砕屑物層に当たるというが、いつの頃のものか。

松島氏に疑問をぶつけると、すぐに答えが返ってきた。

第三期の火山活動も第二期同様、明治の大噴火より前に起きたという。

写真43　火山噴出物から見た鳥島北西部の地形形成

（写真提供：松島健氏）

第1期溶岩流……鳥島が誕生した頃にできた海岸線
第2期溶岩流……明治浦（海に突き出した2つの岬）が誕生した
第3期火山砕屑物層……玉置里が誕生した
第4期溶岩流……1939（昭和14）年の大噴火の時に流れ込んだ

過去の噴火事象をまとめた「伊豆諸島における火山噴火の特質及び火山防災に関する調査研究資料集」（一九九二）によれば、明治期の大噴火で新しい溶岩や火山灰は噴出しなかった。爆発の影響で古い溶岩塊や火山灰が飛び散る程度だったという。玉置里も現在まで変化はなかった。

つまり明治浦と玉置里は明治期の爆発以前から存在し、現在まで大きな地形の変化は起きなかったことになる。

江戸期の様子については『鳥島』に「明治爆発前二百五十年位は大きな地形変化はなかったものと推定される」と書かれていた。

明治浦や玉置里では江戸初期から現在に至るまで地形はほぼ同じだったと言える。

これで明らかになった。江戸期の漂流民たちや玉置半右衛門らの上陸後の足取りを現代の鳥島の地形や航空写真に当てはめた論証は正しかったのだ。

松島氏によれば、西部の初寝崎も鳥島形成期の層に当たるという。初寝崎周辺も江戸時代から地形はあまり変わっていない。わたしはその険しい断崖絶壁を根拠に初寝崎は西崖ではなかったという推論に至った。それも妥当性があったことになる。

いずれにせよわたしが見た鳥島の風景は、漂流民が見た風景でもあった。

江戸時代に西崖にあった長平の洞窟は明治期、玉置半右衛門によって玉置里で発見された。外観などは時代を経て様変わりしたが、わたしが訪れた二〇一〇年にも玉置里の崖にそのまま存在していたのだ。

パソコンの電源を切った松島氏はわたしの仮説について感想を口にした。

「リーズナブルですね」

その日初めて見せる彼の笑顔に、ようやく緊張が解けた。

これまで試行錯誤を繰り返しながら行ってきたわたしの検証は火山学によっても客観的に裏づけられた。

玉置里にある二つの洞窟は長平の洞窟だったのだ。

わたしはついにその確信にたどり着いた。

挫折をして資料を段ボール箱に封印してしまっていた頃には、これほどの結末が前途でわたしを待っているとは思わなかった。

日本のロビンソン・クルーソーと呼ばれる、長平の洞窟がまだ鳥島に残っていた——。

四年半の道のりに、ようやく今、一条の光が差し込むようであった。

第十七章　もう一つのドラマ

結局、受け取った手紙は六通にもなる。

玉置里にある二つの洞窟や鳥居について気象庁の元観測員だった渡部栄一氏と手紙をやり取りしているうち、わたしは思いがけない事実を知った。

戦後まもなく鳥島に観測所を設けようとした際、漂流事件が起こったというのである。

彼の手紙には次のように書かれていた。

昭和二十一年二月、開設要員を乗せた小舟が（男浜海岸で）陸揚げ作業中に故障、（母船は）八丈島へ戻ってしまいました。一次で上陸した者は島流しで置き去りにされてしまいました。その中に友人の小見山さんもおりました。

小見山氏は玉置里の二つの洞窟近くに鳥居があったことを教えてくれた人だ（284ページ）。彼は鳥島に上陸した直後、思わぬハプニングに遭い鳥島に置き去りにされてしまったという。

島流し組は男浜にあったほら穴二ヵ所に寝たそうです。（中略）小見山さんはそこへ入ったが四人で満室だったそうです。その上の方に鳥居があったと言っています。

男浜付近にあった二つの洞窟である点、さらに鳥居との位置関係から、昭和の漂流者が身を寄せたのは玉置里に残る二つの洞窟だったと考えられる。

渡部氏が提供してくれた資料をもとに漂流事件の経緯を調べてみる。
『南鳥島・鳥島の気象累年報および調査報告』によれば一九四六（昭和二十一）年二月、敗戦後の日本に進駐した連合国軍最高司令官は鳥島での気象観測再開を指示した。終戦からわずか六ヵ月後のことだ。

荒れ果てた国土をどのように復興させるか。それが急務であった時代、進駐軍は気象観測を社会復興の基盤にしようとした。台風や海の時化などを事前に把握することは、人々の日常生活だけでなく農林漁業、工業の発展にとっても欠かせない。首都東京から南に五百八十キロメートル離れた鳥島は台風の進路や大きさ、速度、梅雨前線の動きをより的確に把握する上で絶好の位置にあった。

指令を受けた中央気象台の職員らは観測所を開設すべく鳥島に向かった。

二月二十五日。男浜に上陸班を下ろしたところで季節風が吹き荒れ、船が岩礁に乗り上げた。母船には他の小型船艇が積まれていなかったので、上陸者二十三人を置き去りにしたまま八丈島に引き返し、船を入手して運んでくることになった。

渡部氏が送ってくれた機関誌「きしょう春秋」（一九八六）の記事「鳥島事始め」（宮坂達己著）には島に置き去りにされた時の回顧録が掲載されている。

> ビショ濡れの全身が寒さでガクガク早速焚火で暖を取った（中略）皆疲れ切って居り、先《ま》ず仮眠と宿探しをした。砂浜の奥の小高い処に筵囲《むしろがこい》の掘立小屋があり、またその奥に洞窟があ

った。年輩者は小屋に若手は洞窟で筵を敷いて仮眠した。眠りから覚めた彼らは体があまりにも痒《かゆ》く、悲鳴を上げた。筵にはたくさんのシラミが潜んでいたという。

小見山氏も洞窟で寝たと言っているから、その犠牲になったのかもしれない。彼が事件から六十五年以上経っても洞窟と鳥居のことを忘れずに記憶していたのには理由があった。彼自身が命からがら洞窟に身を寄せた漂流者だったのだ。

洞窟と掘っ立て小屋（戦時中の建物か）に落ち着いた彼らにとって、次なる問題は水と食料の確保だった。彼らは島に食料の備蓄があるらしいと聞かされていたので何も持たずに上陸したという。本当に食料はあるのだろうか。手記には不安を胸に島中を探し回り、ついに見つけた時の心情が綴られている。

各所を探査、幸い食糧はかなり登った山腹の倉庫や電探小屋に積まれてあり、大歓声をあげたものである。

残されていたのはマグロやサバ、五目煮、いなり寿司や赤飯の缶詰。乾燥したジャガイモやカボチャ、乾パン、金平糖や固形ブドウ糖など。しかも飲料水はドラム缶に七、八本も残されていたという。

絶海の孤島に取り残された男たちにとって、それは命をつなぐ救いの手だった。島に水と食料を残していったのは誰なのか。『鳥島』にはそれが終戦を迎えた日本兵だったと記されている。

食べ残した缶詰類は「いつの日か役に立つやも知れぬ」という事で、鳥居下の洞穴と七曲《ななまが》り（初寝崎）附近に分散して埋蔵した。

鳥居下の洞穴とは玉置里の二つの洞窟のことかもしれない。ただし漂流した観測員の回顧録には身を寄せた洞窟に食料があったとは書かれていない。兵士の記憶違いかもしれないし、洞窟にあったものが少量だったため観測員の意識に残らなかったということも考えられる。

いずれにせよ食料難の終戦直後、缶詰や乾パンを本土に持ち帰れば少しぐらいは腹の足しになったはずだが撤退する日本兵は手をつけず島に残していった。

いつの日か役に立つやもしれぬ。そんな思いが半年後には、絶体絶命の淵に立たされた観測員らの命を救うことになったのだ。

小見山氏たちは約二週間を生き延び、無事に救出された。栄養不足のため身体は衰弱していたという。

何ということだ。長平が暮らした西崖の洞窟で、現代でも生死の危険を乗り越えた人がいた。

わたしはノートを開いて鳥北西部の二つの洞窟について知り得たことを書き出してみた。

一七八五（天明五）年、土佐の長平は鳥島に漂着し、内陸（北西部）に洞窟を見つけて身を寄せた。後に合流した大坂船の漂流民が洞窟を新たに掘って二つになった。

一八八七（明治二十）年、玉置半右衛門が明治浦から鳥島に上陸。海岸から少し登った所にある丘陵地を玉置里と呼び、そこの崖で漂流民の洞窟を発見した。

一九四四（昭和十九）年、太平洋戦争中に鳥島へ派遣された兵士たちは洞窟を清掃整備して軍事拠点として利用していた。

一九四五（昭和二十）年、敗戦を迎える。日本兵は残った食料を洞窟（鳥居下の洞穴）などに埋めて撤退した。

一九四六（昭和二十一）年、中央気象台の職員が島に取り残される。北西部の男浜（明治浦）から上陸し洞窟に身を寄せ、日本兵が残していった食料で命拾いをした。

二〇一〇（平成二十二）年現在、二つの洞窟は防空壕と伝えられている。

今回わたしがたどり着いた二つの洞窟は遠い昔の遺跡ではなかった。現代に生きる観測員もまた、同じ場所に身を寄せ、命をつないだ。観測員たちは長平の洞窟に救われたのだ。江戸時代の漂流民の体験を単に過去の世界に押し込んではおけない。鳥島は今も変わらず漂流の島だ。

考えてみれば鳥島を舞台にした五本の文学作品が書かれたのは二十世紀になってからだ。それらは今なお読み継がれている。現代のわれわれにとって漂流とは、鳥島とはどんな存在なのか。われわれはそこに何を求めているのか。

わたしは小説を刊行順に並べてみた。
井伏鱒二『ジョン万次郎漂流記』（一九三七）
織田作之助『漂流』（一九四二）
新田次郎『孤島』（一九五五）、『火の島』（一九六六）
吉村昭『漂流』（一九七六）
これら五本の作品は一九三〇年代から七〇年代までの四十年間に書かれ世に送り出された。四人の小説家はまるで何かの使命感に憑かれた年代記作家のように、鳥島や漂流民のことを書き継いだかにも思える。
彼らを突き動かしたものとは何だったのか。
吉村昭は『漂流』の序章で示唆に富んだ考察を綴っている。

> 私が、江戸時代の漂流者の記録に興味をもつのは、突然のように姿を現わす元日本兵に対する驚きが原因なのかもしれない。（中略）江戸時代の漂流者たちと、それら元日本兵の行動、かれらを取り巻く環境は、余りにも類似点が多い。元日本兵も、戦争という激しい潮流に押し流された漂流者たちなのだろう。

彼が言う元日本兵とは一九七二（昭和四十七）年にグアム島から帰還した横井庄一《よこいしょういち》。そして一九七四（昭和四十九）年にフィリピンのルバング島から帰還した小野田寛郎《おのだひろお》を指すのだろう。彼が

『漂流』を刊行するのは小野田寛郎が帰還した二年後のことだ。

吉村昭は江戸期の鳥島漂流者を、戦争という激しい時代の潮流に押し流された元日本兵に重ね合わせた。

新田次郎は無人島をテーマにした自らの作品について振り返っている。

孤島という限界状態において人間がいかにして生きるか、つまり私は孤島精神を書きたかった

（「孤島精神」『鳥島』一九六七）

時代の漂流者。限界状態。孤島精神。

現代を生きるわれわれが漂流民と同じ体験をすることはほとんどない。それでも彼らの物語は心に響く。へこたれることなく前を向いて生きていこうとする姿が印象に残る。いつの時代も人間には生きていく上で、困難に立ち向かう英雄とその物語が必要だ。彼らの体験は文学作品に昇華されたことで遠い昔の人に起こったできごとにとどまることなく、現代に生きるわれわれの物語として生まれ変わった。

先の見通せない時代を生き、未来へと向かうわれわれが困難に直面した時いかに切り抜けるか、あるいはどんな覚悟で乗り切ればいいのか、過酷な現実に示唆を与えるバイブルでもあるのだ。

今回わたしが甚八や長平、ジョン万次郎らの漂流の現場を探し求めていくうちにわかってきた

ことがある。

彼らは始めから英雄だったわけではない。決して自らの力だけで生き延びたのではなかった。彼らを救ったのは洞窟に置かれていた救援物資であり、メッセージだった。会ったこともない昔の漂流者から差しのべられた生きる糧だった。彼らはそれに勇気づけられ、島を離れる時に今度は後から来るであろう漂流民に道具や書き置きを残していった。

彼らが真の英雄になったのはその時だ。

江戸時代の人だけではない。明治時代の開拓民、昭和の兵士、そして中央気象台の観測員。島に来る人たちはバトンをつなぐランナーように洞窟でつながり合っていた。まるで生命の灯火を受け渡しするかのように。

漂流民の洞窟はほとんどが失われてしまった。それでもわたしはわずかな可能性を信じ、少ない文献と現地での限られた見聞を頼りにしながら、玉置里に残る二つの洞窟が長平の洞窟だと確信できる根拠を見つけ出すことができた。

それらが二つの大噴火の影響を免れたことも奇跡的だが、時代とともにやって来た者に利用され、形を変えながら残っていたことは感動的ですらあった。

二つの洞窟は今も鳥島にある。遥か五百八十キロメートル北方にある日本本土に向かい、ひっそりと海を望んでいる。それは鳥島で生き抜いた人間の不屈の精神のありようを裏づける確かな物証に違いない。それればかりか未来の漂流者にさえ、生き延びる支えを与えてくれるはずだ。

生きることさえ困難な鳥島で生き抜いた長平たちは、なぜ後から来る同じ境遇の人間を救おうとしたのか。なぜそんなことができたのか。

彼らのことを考えるたびに、その問いはわたしの胸中に強く迫ってきた。自分にそんなことができるだろうか。我が身の命をつなぎとめるだけで、あるいは故郷に帰れる日が来ることを祈るのが精一杯で、とても他人のことにまで考えは及ばない。

極限状態に追いつめられても人間らしく生き抜くことを忘れなかった彼らの凜とした姿。絶望のどん底に突き落とされてもなお、純粋で博愛の精神に満ちた生き方を示した漂流民たちに、わたしは同じ日本人として清々しくも、誇らしい気分を味わった。

鹿児島県の志布志市には、長平とともに帰国を果たした地元の漂流者たちを讃える数え唄が伝わっている。一般に名前さえ知られることがない漂流者だが、彼らの精神は郷里の人々の心に根ざし今なお受け継がれている。

一つとの　人なき　島に　はなされて
あわれを　人々　聞きたまえ　話そうかいな
二つとの　不思議な　風に　はなされて
いく日を　たどゆる　波の上　雨風かいな
三つとの　見るに　恐ろし　青海の

思いの　深さは　いざ知れず　どうしようかいな

四つとの　世に　あるうちの　さしかたを
思えば　つらき　風の神　うらみるかいな

五つとの　糸の　もつれを　とるよりも
苦しきものは　わが　心　くだこうかいな

六つとの　昔の世にも　このような
ことがあるとは　つゆしらず　天罰《てんばつ》かいな

七つとの　なげきの　うちの　喜びは
向うに　見えし　伊豆の海　そら　島かいな

八つとの　やっと　小舟を　おしつけて
そのとき　いきを　ほっと　つき　上ろうかいな

九つとの　ここは　いずくと　白鳥の

おはねを　つんで　いく年を　くらそうかいな
十つとの　とにかく　小舟を　つくり　たて
わが　故郷に　帆をあげて　帰ろうかいな
九つとの　今日の　日よりは　さらさらと
おもかじ　とりかじ　そら　いらぬ　神風かいな
八つとの　やさしき　人は　青島の
浦より　おくる　八丈ヶ島　までかいな
七つとの　何も　よし　あしは　いわねども
うれしき　涙で　かおと　かお　見合おうかいな
六つとの　向うに　見えしは　伊豆の国
それより　ぜんぜん　日の本に　とりいるかいな
五つとの　いけな　たからが　あるとても

わしが　いのちな《に》や　かえられぬ　どうしよかいな
四つとの　よその者じゃと　わが　妻を
思いの　ままに　したたかに　だまそうかいな
三つとの　見苦《みぐ》るし　さまを　ふり　すてて
錦の　袖を　ふりあげて　帰ろうかいな
二つとの　二人の　親たちゃ　浅香山
影さえ　見えぬ　山の井の　いづくもかいな
一つとの　人の　噂《うわさ》と　なった　身は
神や　仏に　助けられ　この世に　生きた
よろこびを　はなそうかいな

（『民俗資料調査報告書（二）――志布志の民謡等調査報告――』二〇〇〇）

エピローグ

高知市を車で出発したわたしは、国道五五号線を東へと向かった。

漂流民のことを本格的に調べ始めた二〇〇九年初夏。鳥島に出かける前のことだ。

二十キロメートルほど進み、土佐くろしお鉄道の香我美駅に到着した。無人の高架駅ということもあり周囲は人影もなく閑散としていた。海が近いらしい。風にはほのかに潮気が感じられた。わたしは車を降りて駅前を見回した。銅像や石碑がまとめて置かれている場所がある。その中に立つ小さな墓石が目についた。


「無人嶋　野村長平　文政四巳《み》年　四月八日」


鳥島から生還を果たした長平の墓だ。享年六十。彼は本土の土を踏んでから二十四年後に生涯を閉じた（写真44）。

無人島でたくましく生き抜いた姿は同時代の人々の心に深く刻まれた。

杉田玄白は一七九七（寛政九）年九月二十九日の日記に「一人残不火食五年」（『杉田玄白日記——鷧斎《いさい》日録——』）と長平のことを記している。一人で島に取り残され、煮炊きをしない食事をして五年間（実際には十二年四ヵ月の漂流中、単独だったのは一年五ヵ月ほど）を生き延びたという意味だ。また松平定信は『花月草紙《かげつそうし》』の中に「しらぬ島とらへて、そのかは（皮）をはぎて身にまとひ、肉をほして食にたくはふ」と長平らのことを書き、「一船のうちの英雄、かならず生のこりて、かくある也けり」と結んだ。小さな一艘の船にも英雄がいて、必ず生き残る者がいるものだ

写真 44

高知県香南市香我美町にある長平の墓。帰国後、彼は野村姓を名乗ったことがうかがえる。名前の上に無人嶋とあだ名が記されている

と讃えた。

祖国での大きな反響を知れば知るほど、帰郷後の長平について興味が湧いた。彼はどんな余生を送ったのか。わたしは市役所を訪ね、文化財や郷土史に詳しい担当者に尋ねてみた。ところが返答はあっけないもので、記録は何も残っていない。

墓碑に刻まれた「無人嶋」という彼のあだ名が残っているだけだ。

長平はそう呼ばれることをどう感じていたのか。今となっては推し量りようもない。

彼の悲惨な境遇や体験を知った地元の人々は、驚きや同情、近寄りがたさや畏怖の念が交差するまま、そう呼ぶしかなかったのか。

鳥島の漂流民の中には帰国後に自らの名前を鳥島鴨助と名乗った者もいた。長平とともに生還を果たした大坂船の三之助だ。

冷静に考えると、そこに一つの現実が浮かび上がってくる。

鳥島は本土の人々にとっては無人島にすぎなかった。人々が長平に与えたあだ名はそのことを物語っている。

追跡にひと区切りがついた今、わたしはそれが大きな意味をはらんでいると感じるようになった。現代の日本人にとっても鳥島は依然として遠い存在だ。江戸時代と何も変わっていない。なぜこれほどまでに遠いのか。わたしがたどり着いた答えは単純だった。現代の日本人にとっても鳥島は、長平のあだ名と同じ無人島にすぎないのだ。

長平の墓参りをした後、わたしはジョン万次郎の生誕地にも足を運んだ。

高知県南西部。土佐清水市の足摺岬にある中ノ浜は、湾を望む狭い土地に多くの家が肩を寄せ合うように立ち並んでいる。その小さな漁村は今でも集落の中を通る細い道や坂など彼が生きていた頃の雰囲気を偲ばせている。

近くにある記念碑や資料館に立ち寄ってみた。そこで帰国後の万次郎の足取りを追うと意外なことに気づいた。鳥島漂流から二十二年後の一八六三（文久三）年。彼は再び鳥島へと出かけていった。無人島に漂流した者が生還後、島を懐かしく思い出すことはあるだろう。しかし実際に訪れた者はいるだろうか。

万次郎は何のために鳥島に出かけたのか。

わたしは驚くべき事実を知った。彼は島に上陸し、高札を立てた。

船長　中浜万次郎
大日本属島　鳥島　文久三癸亥《みずのとい》三月二十四日改建之

（『小笠原島紀事』国立国会図書館蔵）

日本近海を外国船がうろうろしていた幕末。黙っていれば鳥島は欧米の領土になってしまうかもしれないという危機感が、彼に行動を起こさせたのに違いない。

生きるか死ぬかの苦境を味わわされ、水さえない憎むべき火山島を日本の領土として宣言するとは——。そこにジョン万次郎という男のとてつもなく大きな器を見せつけられる。

鳥島に高札を掲げたジョン万次郎の行動はシンボリックだ。鳥島が日本の領土であることを外国に示したばかりでなく、国内の人々にも大きなメッセージを投げかけたはずだ。誰もが顧みない無人島でさえも、日本である。そこには同じ歴史や文化を共有した日本人が足跡を残しているのだ。

高札は時代を超えて、現代のわれわれに向けられたメッセージでもありはしないか。そこには再発見されるべき国土があり、知られざる日本が眠っている。長平のあだ名とジョン万次郎の高札。それは今もわれわれに訴えかけてくる。

船舶も航海技術も格段に進歩し、鳥島に行くことが可能になった現代。ところが皮肉なことに、今度は上陸や調査に規制がかけられてしまった。天然記念物に指定されているので一般人の上陸はできない。アホウドリの保護を最優先するために、過去の人間の営みを探し求める遺跡調査の道は閉ざされている。残念ながら鳥島はジョン万次郎の頃と変わらぬ無人島のままだ。

これまでの追跡により、わたしは防空壕と考えられてきた二つの洞窟が長平の洞窟だったという確信を手にした。現地調査を行い、物的証拠をつかめれば確実性は増すだろう。洞窟には後世に人の手が加えられている分、手つかずの遺物が見つけられる可能性は高くはないかもしれない。それでも発掘調査を行う価値は十分にあるし、結果次第では遺跡を保護する必要も出てくる。

現実的にはアホウドリの個体数が増えて安定するまでの間、現地調査の実現はもうしばらく時間がかかるかもしれない。

とはいえ悠長に構えてもいられない。活火山の鳥島では、いつまた噴火が起きてもおかしくはない。次に火山が爆発を起こせば二つの洞窟は吹き飛ばされ、溶岩流の下に埋もれてしまうかもしれない。遺跡が消失すれば、今度こそ歴史までが忘却の彼方に葬り去られてしまうように思えてならない。それでいいのだろうか。

鳥島は無人島であって、無人島ではない。江戸時代の漂流民を調べていくうちに、誰も住んでいないはずの鳥島にもちゃんと日本人の足跡があり、歴史があることを知った。人間臭いドラマは冒険小説のようにスリリングで、推理小説のようにぐいぐいとわたしを引き込んでいった。

振り返れば対談をした荒俣宏氏の言葉には含蓄があった。鳥島は地図にこそ存在しているが、その歴史は顧みられることがない。そんな未探検のままの現場が今なお日本にあるのだ。いや、首都の東京都にさえ知られざる日本が潜んでいたとは驚くべきことだ。

探検の余地があるにもかかわらず、現地踏査の道が閉ざされてしまったのは残念でならない。逆境の中、わたしが長平の洞窟にたどり着くことができたのは手を差しのべてくれた人たちの存在があったからだ。

彼らは鳥島の探検にどんな価値を見いだしてくれたのか。

現代の探検は地図の空白を埋めることではなく、人々の意識の空白を埋めるために現場から何を持ち帰ることができるかにかかっている。

最果てとも思える鳥島の地からわたしが現代社会に持ち帰ったものとは何だったのか。

それは単なる無人島の漂流者の洞窟にとどまらない。

大きく構えるなら、日本に数多ある無人島の再発見と言ってもいいかもしれない。普段意識することのない、放擲《ほうてき》された土地にとてつもない宝が隠されていた。それは日本人が生死の間をさまよいながらも示した生きる姿勢であり、美徳だった。勇気と忍耐が生み出した人間の大いなる可能性だった。悲惨な境遇にあっても他人を思いやる博愛の精神であった。『ロビンソン漂流記』になど決して劣らない、世界に誇れる実話であった。その現場が今なお日本に残されているということが何より心を熱くさせた。

六千八百を超える日本の島にはそれぞれ日本人が歩んできた足あとが残され、無人島にすらわれわれの知らない驚くべきドラマが埋もれていることだろう。そこはわれわれにとっての秘境、いまだ知ることのない異境に等しい。日本人が再発見しなければならない、新たな国土と言ってもいい。

鳥島はその中にあるほんの一つの島だ。日本の無人島には想像を超えた潜在的価値が秘められているはずだ。わたしにはそこがまるでコロンブスの新世界のように見える。

知られざる日本をもっと探りたい。次世代にも探検の意義と併せて語り伝えていきたい。そのためにも再び鳥島へ行きたい。次こそは二つの洞窟を調査し、長平が確かにそこにいたという動かぬ証拠を持ち帰りたい。そして現場を保護したい。未来の世代に伝える、日本人の精神遺産として。

たどり着いた長平の洞窟は、わたしにとって飽くなき探検の新たな始まりでもある。

エンディングノート

二〇一五年、年末。わたしのもとに一通のメールが届いた。NHKのドキュメンタリー番組の製作者からで、伊豆鳥島で漂流民の足跡を探す企画に興味はないかと尋ねてきた。計画では長谷川博氏がアホウドリ調査で鳥島に渡る時期にロケを行い、漂流民の洞窟などを探す心づもりのようだ。彼は長谷川氏からわたしのことを聞いたらしい。

わたしはこれまでの追跡が番組作りに役立つはずだと確信した。再び現場に立てば長平の洞窟以外にも北崖（漂流里）やジョン万次郎の洞窟について新たな手がかりを見つけられるかもしれない。すぐにその人に会い、企画に参加したいと答えた。そして鳥島の漂流民に関心を寄せる、同志と言える人に出会えたことが何より嬉しいと伝えた。

玉置里に残る二つの洞窟を再訪したい。それが長平のものかどうか、考古学的にも確かめたい。わたしはその思いを抱き続けていた。そんなこれまでの閉塞感を何とかして打ち破りたい。新たに浮上したテレビ番組の仕事は、鳥島での現地調査にいい変化をもたらしてくれるのではないか。期待を寄せる一方、わたしは専門家を必要とする発掘調査には固執しないことにした。突き止めた長平の洞窟を学術的に発掘してみたいという願いはあるが、許可を取る上でハードルが高くなる。それよりも今はテレビの紀行番組を通じて鳥島のこと、漂着した漂流民がいたことを一人でも多くの人に知ってもらう方が先決だ。

そう思ったのには理由があった。二〇一四年十月。テレビのニュースを見ていたわたしは画面に釘付けとなった。伊豆鳥島に二百隻以上の外国船が押し寄せてきた。宝石サンゴを求めてやって来た中国漁船だ。鳥島は一般人の上陸が禁じられている。その無人島にそれほど多くの船がやって来た例は聞いたことがない。彼らはこれまでもたびたび鳥島に来ていたのか、あるいは今回、政治的な意図で送り込まれてきたのか。どちらにしても厄介な問題だ。

彼らが島の沖合に留まる期間が長引くにつれ、別に心配なことも出てきた。黙っていたら勝手に上陸されるのではないか。台風が来れば上陸を認めないわけにはいかなくなる。そうすれば洞窟が破壊される可能性だってある。

鳥島が危機にある。中国船が押し寄せて来た以上、尖閣諸島のようになってしまうかもしれない。何とかしなければならない。漂流民を追う番組が放送されれば鳥島のことを認知する人は増えるはずだ。それが鳥島を守ることにつながるだろう。

二〇一六年一月。ＮＨＫで番組を製作することが本決まりとなった。わたしにも再び鳥島に出かけるチャンスがめぐってきた。ところが番組の製作者が鳥島の上陸申請をしようとすると、窓口の東京都からすぐに返答があったという。製作者はわたしにメールを送ってきた。

アホウドリの保護に関わること以外の目的で鳥島に上陸することは許可できない。以前高橋さんの申請も不許可にした経緯があり、今回も、漂流民の痕跡調査を考えているならそれは許可できないと言われました。

漂流民に関することはそもそも不許可というのだ。鳥島で漂流民を追跡する番組企画は幻となった。またか。わたしは落胆した。同時に、やりきれない思いがした。発掘調査はともかく、歴史を紹介するテレビ番組の企画まで頭ごなしに拒絶されるなんて。

わたしは長谷川氏にメールを送った。NHK側にわたしを推薦してくれたのは彼だったし、八方ふさがりの現状を伝えて理解を得たい。ところが彼からの返事は淡々としたものだった。

以前に「アホウドリが鳥島にいない時期であれば、鳥たちに直接影響を及ぼさないから、許可されるかもしれない」と助言したかと思います。しかし、それ（漂流民の調査）が不許可になったのであれば、今後も文化庁が許可を出すことは考えられません。天然保護区域の必要がなくなって鳥島が指定解除されるまでは、アホウドリの保全に無関係な活動は排除されるでしょう。（中略）あくまで僕の推測です。どうぞお元気で。

七年に及んだわたしの追跡。それは長谷川氏との出会いから始まった。

わたしは彼が口にした「鳥たちに直接影響を及ぼさないから、許可されるかもしれない」という一言を護符のように心に抱き、今の今まで突き進んできた。鳥島に四十年以上関わり続けている彼が漂流民調査の価値を理解してくれる。それがわたしの活動を裏書きしてくれるものだった。

ところがメールの返事を読み終え、大切にしていた拠り所が消えた。鳥島の漂流民に関心を抱く長谷川氏の淡々とした言葉には、厳しい現実を自らに言い聞かせる時の諦観が滲んでいた。

わたしが鳥島に行く日はもう来ないかもしれない……。突然、これまで考えたこともなかったような一言が立ち上がった。

暗黒の世界のようだった溶岩地帯。アホウドリのヒナたち。観測所の廃墟。波をかぶるゴムボートの上で波間に見えたA港。鳥島で見た様々な風景が次々と頭の中に現れ、消えた。それらは遠く、いとおしいものに感じられた。

わたしが鳥島に上陸できたのは千載一遇の体験だった。火山学者の松島健氏や山階鳥類研究所の佐藤文男氏たち。レールが交差するように彼らと出会わなければ、鳥島に出かけることはできなかった。

一期一会。人ばかりではない。わたしにとって鳥島もそんな存在だったのかもしれない。

鳥島に行かなければ、二つの洞窟を見つけることはなかった。そして時がめぐっても、洞窟の存在はわたしの心にとどまり続けた。最初は防空壕と言われるまま鵜呑みにするしかなかったが、現地で目にした島の地形をもとに考え、思い続け、ついに長平の洞窟だという確信を手にした。

一度きり、七日というわずかの滞在ながら、それはわたしが鳥島で探し出したいものだった。二つの洞窟は、偶然見つかったのではなく、出会うべくして出会ったものだった。

探検とは、土地神と心を通じ合わせることだ。土地神から許しが得られた時、特別に土地の神秘に触れることができる。

二つの洞窟は、一度しか上陸が許されない運命であるわたしに、鳥島の土地神がそっと手を差しのべ、授けてくれたものだったのだ――。突然、感情が高ぶり、感謝の気持ちが心を満たした。探検にだって一期一会はある。わたしが鳥島に行くことはもうないかもしれない。土地神と心が通じ合えること以上に探検家が誉れとすることなど他にないのだから。

それに気づいた今、これまでの追跡行にようやく終止符を打てる思いがした。

思えば漂流民追跡はそれ自体が漂流みたいなものだった。調査ばかりではない。この一冊の本を世に送り出すことさえ漂流そのものと言ってよかった。

もともと本書は某大手出版社の企画会議で決定が下り、刊行に向けて準備をしていたものだった。ところが編集者から電話で一方的に打ち切りを伝えられた。理由は編集長が替わったためというおよそ受け入れがたいものだった。

出版事情が悪化の一途をたどる現在、もしかしたら本書は日の目を見ないかもしれない。不安に苛まれたその時、わたしは漂流民の言葉を思い出した。鳥島で遠くの海に浮かぶ船を見つけた時の甚八たちの心の叫びだ。

「魂は責てあの船に乗らん」

わたしにとって探検の一部始終を記した本こそ、社会とつながる生命線だ。その道が断たれてしまえば、鳥島での体験や発見は人に知られることなく埋もれてしまう。生還できなかった漂流者たちが心に秘め失われた物語と同じく、わたしのストーリーも鳥島から抜け出せないまま、そこが墓場となってしまう。

わたしは誓った。魂だけはせめて本という船に乗せ、鳥島を脱出しなければならない。

幸いにも草思社編集部の貞島一秀氏が助け舟を出してくれて、一冊の本として世に送り届けることができた。彼が根気づよくつき合ってくれなければ、わたしの魂は鳥島に閉ざされたままだったろう。

待っていてくれる人がいるから、漂流民は帰って来られた。

半ば漂流したも同然だったわたしにとって、たどり着くべき目的地は読者だった。

だから最後に伝えたい。縁あって本書を手に取り、ここまで読んでくれてありがとう。貴方がいたから、わたしは今こうして一つの体験を語り伝えることができた。これまでわたしの身近で鳥島の探検を支えてくれた人たちはもちろんのこと、本書を通じて探検に参加してくれた読者の皆さんにも感謝し、この一期一会を胸に刻みたい。

アホウドリの保護が優先される鳥島には当面、他の目的で上陸することは難しいだろう。読者の中には刊行後何十年も経ってから本書を手にする人がいるかもしれない。もしその時に鳥島への上陸の規制が解かれ、漂流民の洞窟が手つかずのまま残されていたなら、それを調査、保護してもらいたい。本書は果てしない時間の海を漂い、未来のエクスプローラーたちへと流れ着くメッセージボトルでもあってほしいと願う。

二〇一六年四月。遥か南、鳥島へとつながる空を仰ぎ見つつ。

髙橋大輔

引用文献

秋澤繁 他編「岸本長平無人島江漂流之覺」「土佐國舩無人嶋漂流之記上」「無人嶋漂流記」『土佐国史料集成　土佐國群書類從』第七巻 二〇〇五 高知県立図書館

荒川秀俊編『気象史料シリーズ二　異国漂流記集』一九六二 吉川弘文館

荒川秀俊編「無人しまへ漂着之もの吟味書」『近世漂流記集』一九六九 法政大学出版局

池田晧 編「無人島漂流記」『日本庶民生活史料集成　第五巻　漂流』一九六八 三一書房

井伏鱒二『さざなみ軍記・ジョン万次郎漂流記』一九八六 新潮社

大熊良一『小笠原諸島異国船来航記』一九八五 近藤出版社

太田孝太郎編「無人島漂着物語」『南部叢書』第十冊 一九二九 南部叢書刊行會

織田作之助『漂流』一九五六 現代社

川合彦充『日本人漂流記』一九六七 社会思想社

神沢杜口「翁草」『日本随筆大成　新装版』〈第三期〉二十 一九九六 吉川弘文館

菅茶山「筆のすさび」『日本随筆大成　新装版』〈第一期〉一 一九九三 吉川弘文館

気象庁編『南鳥島・鳥島の気象累年報および調査報告』一九六二 気象庁

気象庁鳥島クラブ「鳥島」編集委員会編『鳥島』一九六七 刀江書院

近藤富蔵『八丈実記』第二巻 一九六九 緑地社

坂田諸遠編『小笠原島紀事』三十一巻首一巻巻之十二国立国会図書館蔵

震災豫防調査會「震災豫防調査會報告」第四十三號 一九〇三

杉靖三郎校編『杉田玄白日記――鷧斎日録――』一九八一 青史社

杉本健・石橋秀巳・松島健「伊豆鳥島火山の岩石学的研究」『火山』第五十巻 第二号 二〇〇五 日本火山学会

曽槃「日州船漂落紀事」「無人島談話」『石井研堂コレクション江戸漂流記総集』第一巻 一九九二 日本評論社

高田衛・原道生編「九州肥前寺江村金左衛門船、荒浜御城米積乎下り候に付、大坂北堀備前屋亀次郎船に相成、無人島え漂流之日記」『漂流奇談集成』叢書江戸文庫一 一九九〇 国書刊行会

常谷幸雄「鳥島の景観と植生」『南鳥島・鳥島の気象累年報および調査報告』一九六二 気象庁

デフォー『ロビンソン漂流記』一九五一 吉田健一訳 新潮社

東京都編「鳥嶋在留日誌」「鳥嶋拝借並定期船御寄嶋願」『東京市史稿・市街篇　第七十二』一九八一 東京都

東京都教育庁社会教育部文化課編　「文化財の保護」第十六号 一九八四

東京都総務局災害対策部防災計画課編「伊豆諸島における火山噴火の特質及び火山防災に関する調査研究資料集」地学編 一九九二 東京都

那加野久廣編『民俗資料調査報告書(二)――志布志の民謡等調査報告――』志布志町教育委員会　二〇〇〇

中濱博『中濱万次郎――「アメリカ」を初めて伝えた日本人――』冨山房インターナショナル 二〇〇五

中村茂夫「終戦時の鳥島の記録」『鳥島』一九六七 刀江書院

西尾実 松平定光校訂『花月草紙』一九三九 岩波書店

新田次郎『強力伝・孤島』一九六五 新潮社

新田次郎「孤島精神」『鳥島』一九六七 刀江書院

新田次郎『火の島・火山群』新田次郎全集第十巻 一九七四 新潮社

能崎知文『カモメの船長さん 能崎船長の実践ヨット塾』二〇一三 舵社

平岡昭利『アホウドリと「帝国」日本の拡大――南洋の島々への進出から侵略へ――』二〇一二 明石書店

藤澤格『アホウドリ』一九六七 刀江書院

淵本一「鳥島の歴史」『鳥島』一九六七 刀江書院

マルクス『資本論 (一)』向坂逸郎訳 一九六九 岩波書店

宮坂達己「鳥島事始め　第一～三回」「きしょう春秋」一九八六

望月雅彦「玉置半右衛門と鳥島開拓――明治期邦人の南洋進山の視点から――」『南島史学』第四十号 一九九二 南島史学会

桃西河「坐臥記」『続日本随筆大成』一 一九七九 吉川弘文館

森越良編「湊村八右衛門物語」八戸古文書勉強会 一九九二 八戸市立図書館蔵

山片蟠桃「夢ノ代」『日本思想大系四十三　富永仲基　山片蟠桃』一九七三 岩波書店

山下和秀『東京都・豆南諸島まるごと探検』二〇〇一 三五館

山下恒夫再編「遠州船無人島物語」「延宝九年酉歳御浦方記録写」「土州人長平漂流日記」『石井研堂コレクション江戸漂流記総集』第一巻 一九九二 日本評論社

山下恒夫再編「漂客談奇」「満次郎漂流記」「長崎奉行所吟味書・一」『石井研堂コレクション江戸漂流記総集』第五巻 一九九二 日本評論社

吉村昭『漂流』一九八〇 新潮社

渡部栄一「鳥島のあほう鳥」『南鳥島・鳥島の気象累年報および調査報告』一九六三 気象庁

◆その他参考資料

加藤賢三「無人島鳥島　奥山村分校一年生」一～二十五 一九八六～一九八七 南海タイムス

川澄哲夫編『増補改訂版中浜万次郎集成』二〇〇一 小学館

小林郁『鳥島漂着物語――十八世紀庶民の無人島体験』二〇〇三 成山堂書店

長谷川博『アホウドリに夢中』二〇〇六 新日本出版社

八丈島インタープリテーション協会・植物ガイドブック作成部会『八丈島の植物ガイドブック』二〇〇七 八丈島観光振興実行委員会

春名徹『世界を見てしまった男たち』一九八一 文藝春秋

著者略歴———
高橋大輔　たかはし・だいすけ
一九六六年、秋田市生まれ。探検家、作家。「物語を旅する」をテーマに、世界各地に伝わる神話や伝説の背景を探るべく、旅を重ねている。二〇〇五年、米国のナショナル ジオグラフィック協会から支援を受け、実在したロビンソン・クルーソーの住居跡を発見。探検家クラブ（ニューヨーク）、王立地理学協会（ロンドン）のフェロー会員。著書に『12月25日の怪物』（草思社）、『ロビンソン・クルーソーを探して』（新潮文庫）、『浦島太郎はどこへ行ったのか』（新潮社）、『間宮林蔵・探検家一代』（中公新書ラクレ）、『命を救った道具たち』（アスペクト）などがある。

探検家髙橋大輔公式 Facebookページ
https://www.facebook.com/tankenka

漂流の島
江戸時代の鳥島漂流民たちを追う

2016年 5月25日　第1刷発行
2021年11月25日　第4刷発行

著　者　髙橋大輔
装幀者　間村俊一
発行者　藤田　博
発行所　株式会社 草思社
〒160-0022　東京都新宿区新宿1-10-1
電話　営業 03(4580)7676　編集 03(4580)7680
振替　00170-9-23552

本文組版　鈴木知哉
印刷所　中央精版印刷株式会社
製本所　加藤製本株式会社

ISBN978-4-7942-2202-2 Printed in Japan　検印省略